现代人力资源开发与管理系列教程

丛书主编⊙张培德 胡志民
本书主编⊙张培德
副 主 编⊙邢纪红 李 刚

# Assessment and Management of Performance

# 绩效考核与管理

（第二版）

● “孙悟空是好员工吗？”成君忆先生出版了《孙悟空是个好员工》一书，而何明敏编著的《孙悟空不是个好员工》一书也相继出版。不同的考评者站在不同的立场，运用不同的技术标准，会得出不同的结论。

●同样，我们在惊叹米卢带领中国国家足球队冲出亚洲、走向世界、实现中国人47年梦想的同时，也会在头脑中闪现这样一个问题：中国国家足球队的水平真的很高吗？这前后的变化到底是什么原因造成的？

●我们的疑问还有很多很多……

●国家人力资源和社会保障部的一位领导曾说过：“绩效考核是一个世界性的难题。”

●为此，本书作者大胆创新，提出了建立绩效考核闭环系统的设想，以系统工程的理论和方法来揭示这一谜底，通过构造考评主体、考评工具、考评指标、考评对象等四大体系，以使考核变得容易把握，也能产生更好的结果。本书不仅从概念和理论上阐述了绩效考核与管理，并详细展示了绩效计划、绩效实施、绩效考评、绩效反馈、绩效改进等环节，具有很强的实务操作性。

●本书内容专业，观点新颖，对绩效专业课程的开拓和发展有一定的积极作用，具有一定的创新和实用性。本书适合于人力资源管理本科专业和相近专业、相近文化程度的读者阅读，还适合企业人力资源管理工作者使用。

●本书各章以案例为引导提出讨论题，便于针对案例和该章内容进行讨论研究，每章末附有专门的案例分析供参考。在各章结束后，还提供了相应的思考题，能方便读者进一步学习。

華東理工大學出版社
EAST CHINA UNIVERSITY OF SCIENCE AND TECHNOLOGY PRESS
·上海·

**图书在版编目(CIP)数据**

绩效考核与管理/张培德本书主编. —2版. —上海:华东理工大学出版社，2014.7(2023.10重印)

现代人力资源开发与管理系列教程

ISBN 978-7-5628-3848-7

Ⅰ.①绩… Ⅱ.①张… Ⅲ.①企业管理—人事管理—教材 Ⅳ.①F272.92

中国版本图书馆CIP数据核字(2014)第053373号

现代人力资源开发与管理系列教程

**绩效考核与管理(第二版)**

**本书主编**/ 张培德
**本书副主编**/ 邢纪红　李　刚
**责任编辑**/ 唐晓婷
**责任校对**/ 金慧娟
**封面设计**/ 戚亮轩
**出版发行**/ 华东理工大学出版社有限公司
地　址:上海市梅陇路130号，200237
电　话:(021)64250306(营销部)
(021)64253797(编辑室)
传　真:(021)64252707
网　址:press.ecust.edu.cn
**印　　刷**/ 广东虎彩云印刷有限公司
**开　　本**/ 787mm×960mm　1/16
**印　　张**/ 18
**字　　数**/ 321千字
**版　　次**/ 2014年7月第2版
**印　　次**/ 2023年10月第7次
**书　　号**/ ISBN 978-7-5628-3848-7
**定　　价**/ 38.00元

联系我们:电子邮箱 zongbianban@ecustpress.cn
官方微博 e.weibo.com/ecustpress
天猫旗舰店 http://hdlgdxcbs.tmall.com

華東理工大學出版社

# 内容提要

“孙悟空到底是好员工吗？”成君忆先生专门出版了《孙悟空是个好员工》一书，肯定了孙悟空是好员工。而何明敏编著的“孙悟空不是个好员工”一书紧随其后。不同的考评者，站在不同的立场，运用不同的技术标准，会得出不同的结论。

我们在惊叹米卢带领中国国家足球队冲出亚洲、走向世界、实现中国人47年梦想的同时，也立刻在头脑中闪现这样一个问题：中国国家足球队的水平真的很高吗？这到底是什么原因？

我们的疑问有很多很多……

绩效考核是一个世界性的难题，不同的考评者，站在不同的立场、运用不同的技术标准，会得出不同的结果。

为此，本书作者大胆创新，视绩效考核与管理为工程系统，在绩效管理P-D-C-A基础上，提出了建立绩效考核闭环系统的设想，以系统工程理论和方法揭示这一谜底，在其闭环系统中构造考评主体、考评工具、考评指标、考评对象等四大体系，以使考核变得容易把握，也能产生很好的结果。同时，本书不仅从概念上理论上搞清绩效考核与管理，并详细阐述绩效计划、绩效实施、绩效考评、绩效反馈、绩效改进等环节，帮助读者操作和运用绩效考核与管理。

本书内容专业、观点新颖，对绩效专业课程的开拓和发展有一定的积极作用，具有一定的创新性和实用性。本书适合于人力资源管理本科专业和相近专业、相近文化程度读者阅读；本书还适合企业人力资源工作者使用。

本书每章以案例为引导，提出讨论题便于针对案例和该章内容予以讨论研究，并在每章末附有专门的案例分析供参考。在学习完每章后，提供相应思考题和参考文献，便于进一步学习。

## 编委会名单

# 再版总序

白驹过隙，转眼已是龙年暑期。回顾2005年丛书策划伊始至2010年“现代人力资源开发与管理系列教程”12种一套图书全部出版问世，其间我们经历了太多的酸甜苦辣，作者们度过了诸多的不眠之夜，大家不辞辛劳实地考察、力主创新，终于完成了第一部含有浓厚“乡土气息”的、可适用于人力资源管理专业、工商管理专业、行政管理专业、旅游管理专业本科，以及可供快速掌握、系统了解、简便轻松学习的考研进修班、实战应用班、自学考试班等使用的，具有权威、快速、简便、系统、创新特色的系列教程。

本书系无论是第一版还是第二版均含有“一张名片效应”“250效应”和“三大走路连锁效应”的创新特色：本书系首先运用“一张名片效应”，各书统一运用最精炼语言、最清晰思路、最具代表性的案例导入，统一编写原则和叙述方式，将各书的所有内容概括在250～300页的篇幅内讲述清楚相关功能模块；本书系又运用“250效应”，让读者通过每书仅十章的内容，就能系统了解国内外人力资源专业的典型理论、法则、方法；同时本书系通过每书各章的案例引导、讨论题、思考题以及章后的归纳小结，引发读者新的思考和创新的理念、原则、效应，以期达到举一反三的效果。

这使我们想起了曾有记者问米卢：“为什么你在中国能取得成功？”

米卢回答：“因为我听不懂中国话！”

这不就是典型的“走自己的路，让别人说去吧！”的翻版吗？

在商场中，还有一句话：“走别人的路，让别人无路可走！”“商场如战场！你死我活在战场！”

但是，在提倡“和谐社会”的氛围中，我们该如何“走别人的路”呢？

为此，我们在现代理才领域内，创新了“三大走路连锁效应”及其方法，以达到和谐共赢之目的：

◎第一种就是“鲶鱼效应”，即“走别人的路，让别人跟着我走！”

◎第二种就是“茚鱼效应”，即“走别人的路，我跟着别人走！”

◎第三种就是“航母效应”，即“走别人的路，让我们一起走！”

本书系第二版则更多地体现了“现代人力资源开发与管理”在国内外经典理念和方法基础上的新概念、新原理、新法则、新效应等原创精神和原创实力。

真诚感谢出版社对我们的支持，衷心感谢广大读者的厚爱，使本书系获得了“十一五”上海重点图书的荣耀，其中有的书种还获得了“中国大学出版社优秀教材”的褒奖。由于本书系第一版书种较多，集中出版时间较紧，加之形势在不断变化；目前来看，各书种中的确还存在一些需要不断更新和修正完善的内容。特别是这几年，经过大量的实践、调查、论证之积累，我们感到很有必要着手本书系第二版的修订工作，以使本书系的编撰能更加精益求精。

多少年来，无论是党政干部、政府部门，还是企业单位，大家都在关心一个共同的问题：如何提高员工的工作积极性？如何提高公众的满意度？如何进行绩效管理和有效激励？实际上到目前为止，无论是西方管理学家提出的经济人假设、社会人假设、自动人假设，还是复杂人假设；或者我们多少年所探讨的“金钱激励”“金色降落伞激励”，还是“金色手铐—股权激励”等都无法真正解决长效激励之问题，或者无法达到长效激励之目的，而本书系主编及各书作者们经过多年的潜心研究和课题项目以及广泛授课互动，通过发表大量的文章，出版各类书籍，从事各类课题研究和咨询项目的实践，集聚了大量国内外前辈和大师精彩的理论及案例，并通过实战创新了许多新理念、新方法，这些都将成为本书系第二版各种书增加的重要内容。

在近年来的实践中出现了许多值得研究的问题。例如，“名扬天下”的“帕累托 2∶8 定律”引出的“取优而立效应”；选拔领导干部引出的“借力而行—贤者居上法则”；围绕习近平同志“如何考察干部的德”设问引出的“组织人识别培训原则”；针对西方通过 BSC 跨越工业化时代解决绩效考核根源问题，引出的东方智慧“五行管理方略”；针对 2008 年金融风暴、大学生自主创业失败多多的根源，以及老年人问题，引出的“金矿人才概念”“中高年人才理念”和“惠力资本提升方法”；尤其是针对企业、政府以及第三部门的招聘、选拔、甄选、测试、培训、绩效考核中存在的“烧香拜佛”“人人都是人才”“一个萝卜一个坑”“能力越强破坏力越大”“只用德才兼备的‘优品’”“能岗匹配”“岗人匹配”“凭感觉招聘人”“谁都可进 HR 部门工作”等许多人力资源管理方面的认识误区，以及社会上出现的“富士康职工 N 跳问题”“达人秀评比问题”“孙悟空是否为好员工问题”“跨部门沟通与团队协作问题”等。本书系从人力资源规划、组织文化、工作分析、人员识别、现代理才方略、绩效考核与管理、人才市场管理、政策法规与 HR 相关法律等方面，结合西方“麦克利兰”提出的“岗位胜任素质模型”，创新性地提出了“C－P－I－W 模式”等。这些问题和提出的观点，都将成为本书系第二版的重要内容。

值得一提的是，两位丛书主编和一些作者是中国第一套人才中介师、中介员的教材编写者和资格考试的辅导教师，有的还获得了中国人才测评师资格，特别是 2008 年《中华人民共和国劳动合同法》实施后，两位主编就亲莅上海社科院、上海成人教育协会、上海人才行业协会，从法律的刚性角度和人力资源柔性管理角度讲授了“在新劳动法实施背景下的 HR 与相关法律”和“现代理才方略与 HR”两大课程，向相关管理人员零距离咨询“现代人力资源开发与管理”问题。同时，张培德教授还在复旦大学、交通大学、同济大学、澳大利亚 EMBA、美国 EMBA、夏威夷国家大学、维多利亚学院等国内外几十所高校，以及在山东省人事厅、安徽省合肥组织部、湖南省株洲组织部、江苏省无锡人事局等诸多政府公共管理部门，并面向大庆油田、上海东方传媒、华东电力系统、上海电力、韩国摩比斯、世界总裁协会、人力资源专业委员会以及云南、广东、河北、辽宁、湖南、湖北、河南、四川等 10 多个省市自治区进行报告和讲学，就人力资源管理、人才中介、人才测评技术、人才选拔与培育、工作分析与绩效考核实务，现代人力资源发展趋势与创新、中国 HR 现状分析与解决方案、跨部门沟通管理、职业生涯规划与设计，现代人力资源管理的新理念、新方法、新发展等广泛的话题，阐述自己独到的见解。

随着人力资源管理的新发展，特别是“富士康”员工 N 跳现象出现后，本书系第二版将以更新的视野描绘“现代人力资源管理”的新阶段，强调当今人力资源管理已经跨过“工业化时代模式”。过去那种仅仅以“事情、任务”为导向的“2T 人事管理模式”已经成为过去，而且当下一直在参照的麦克利兰“胜任力模型”，即以“岗位、职位”为导向的“2P

人力资源管理模式”也已不合时宜；因为富士康事件给了我们启迪，习近平同志提出的“对干部的德如何考核”的问题也引人思考。

为此，本书系第二版从现代人力资源管理新高度，依据当今“E时代模式”的特点，突出了“轻松工作＋快乐工作”的“以职业规划与组织文化相匹配为导向的2C模式”进行撰写；同时，本书系也把激励提升到一个“长效激励”的更新高度，竭力从E时代角度解决员工既能“胜任工作”，又能“满意工作”的现代人力资源管理全新模式；本书系对张国荣跳楼、刘谦的成功、爱因斯坦拒当总统等许多案例，以及员工职业生涯规划与设计、岗人匹配、组织文化的建立、目标的设定、组织架构的形成、人员的选拔、流程的建立、制度的完善、市场模式的探讨、沟通交流的强化、惠力资本的提升等社会的热点及工作中经常碰到的问题，提出了一些新思路和新方法。

与时俱进，不断前进。本书系全体编委会和各位作者将竭尽全力做好相关图书第二版的改版和修订工作，进一步提高质量，以不辜负广大读者的好评和肯定。

丛书主编：张培德　胡志民

2014年3月22日

# 序

在当今社会，谁都知道“人力资源是第一资源”，谁都了解人力资源代表着核心竞争力。可是有多少人能真正知晓和领悟人力资源的丰富内涵？又有多少人能回答哪些人才是真正的人才？没有管理学、经济学、心理学和法学的知识基础，很难真正学好、学透本学科。从这个意义上说，人力资源又应该是一个多学科交叉的专业。

人才是立国之本，社会发展需要大量人才，但人才不可能自然造就，而需要不断培养。那种认为“人人都是人才”“有用的就是人才”“合适的就是人才”“内有素质，外有贡献的就是人才”等说法是不全面的，甚至是错误的，会造成思想上的混乱和人才培养的缺失。在各种有关“人力资源”的书籍中，对于“人力资源”的定义不下上百种，而美国密歇根大学的人力资源管理专家戴维·优立取(Davy Urich)只用了八个字就概括了人力资源的含义，即：HR＝投入程度×能力水平，具有画龙点睛和一锤定音之效。

曾有一位中学校友与我谈起他的一段工作经历，颇耐人寻味。他在大学时攻读的是化学专业，毕业后被分配到一家化工企业的生产部门工作。后来由于年轻人多了，他被“挤出”了生产部门。于是他想到销售部门工作，一方面销售部门绩效工资比较高，另一方面他认为凭着他对专业的熟悉程度和外向型的性格完全能胜任此项工作，可是销售部门嫌他年龄太大了。有人建议他去厂办公室试试，说那里会比较适合他，但结果被告知办公室已满员。他到处寻找着适合他的位置，最后因与领导关系不错，他被关照到了“最不需要技术和专业”的人力资源管理部门。

听了他的这段经历，我们不禁要问：难道人力资源管理部门谁都可以去吗？人力资源管理的重要性真的是“说起来重要，做起来次要，忙起来可以不要”吗？果真“人人都是人才”，人力资源管理部门可以犹如“姜太公钓鱼——愿者上钩”了吗？难道企业对人才的招聘、甄选、培训、考核、薪酬设计等就是老板一句话的事吗？

本丛书的出版就是要使广大读者对人力资源管理有一个正确的认识，特别是对传统的人事管理和现代人力资源管理的区别有一个根本的了解。为了对以往“人事管理”和“人力资源管理”概念混淆的情况加以澄清，也为了突出现代人力资源管理与传统人事管理的区别，我们特把本套丛书命名为“现代人力资源开发与管理系列教程”。

为了适合中国普通高等学校人力资源管理专业学生、企事业单位的管理人员，以及人力资源管理的业内人士使用，我们本着“前沿、热点、创新”的宗旨，结合中国国情，采用理论与实务相结合的写作手法，力求将本丛书编写成普及性、大众化的人力资源管理书籍。

本系列教程共由12种书组成，涵盖了人力资源开发与管理本科教学的所有基础课程。为便于阅读和使用，本丛书的编写参照了国际上的最新模式，即先引导案例，并针对案例或本书要涉及的内容提出多道思考题进行互动讨论，然后概述本书的要点和引言进行详细剖析，再展开理论分析和实务操作及实践研究。

由于水平有限，本教程中不当之处在所难免，恳请各位读者批评指正！同时也衷心希望本系列教程的出版能对读者有所裨益和启迪！

丛书主编：张培德　胡志民

2008年1月

# 再版前言

看过“达人秀”吗？

当“英国达人”“美国达人”“澳洲达人”红遍全世界时，中国版“达人秀”也闪亮登场了。可无论是哪国“达人秀”，在评委的打分和评价、在观众的欢呼声中，总有叫人大跌眼镜之时……

就拿中国“达人秀”来讲吧，许多人赞同评委的打分和评价；但是也有不少人意见相左。网站上的评价也褒贬不一：“中国达人秀第×季总决赛的结果真是太恶心了”“完全同意，某某某就是赤裸裸地为某某某拉票，当中国观众是傻子吗！”“……请问达人秀评委，你们到底是秀达人还是秀同情、秀怜悯？如果评委做不到从理性的角度去评判选手的话，那么还是请你们回家抱小孩吧！咱老百姓伤不起！”

这真是“公说公有理，婆说婆有理”呀！为什么会有如此不同的评价结果呢？

问题就在于“达人秀”的评价标准究竟是什么？到底该由“谁”来评价？

实际上，我们若看过“相约星期六”配对、“百里挑一”找对象、“毛脚女婿见丈母娘”“帮女郎”等各种节目，无论是选择“最心仪”或“最不心仪”，还是“最终”牵手成功的结果，有时候我们真的很难苟同。如果询问“后援队”的意见，也往往会众口难调。为什么会这样呢？

纵观古今中外，人们对历史事件和人物的评价也常常南辕北辙，各不相同。比如，反法西斯战争60周年时对斯大林的评价，东方国家普遍评价较高，称其对取得卫国战争的胜利立下了汗马功劳；而西方国家普遍评价较低，有的国家甚至把斯大林说成了“暴君”。

国家人力资源和社会保障部专家曾认为，“绩效考核是一个世界性的难题”。究其原因，在于绩效评价（考核）的导向和体系问题，即评价者、评价指标、评价工具、评价方法、评价时间等关键点的确定。

为了解决这“世界性”难题的评价问题，以及从中总结出绩效提升的规律和技巧方法，我们均以系统工程的视角，把由P（计划）－D（实施）－C（评价或考核）－A（改进）构成绩效管理系统中的“C”也看成一个独立的“绩效考核系统”，而这个小系统均由考评主体、考评工具、考评指标、考评对象四大体系构成。通过大量实践和论证，这个由四大体系组成的“绩效考核系统”的创新即解决了“世界难题”，由此它也使绩效考核或评价变得较为容易把握了。

为与本书系保持一致，本书也由十个章节组成，并各有重点：第一章绩效考核与管理的概述突出了考核的意义、作用、目的；第二章绩效考核中的主要问题收集了绩效考核中的常见问题和解决方案；第三章提高绩效相关因素的分析强调了提高绩效的各种方法和途径；第四章的绩效计划、第五章的绩效实施、第六章的绩效考评、第七章的绩效反馈、第八章的绩效改进这四章系绩效管理的操作运用，其中第六章绩效考评重点突出了考核系统中的四大体系；第九章非系统的绩效考核技术和第十章典型的系统绩效考核技术，则分别从非系统的绩效考核技术和典型的系统绩效考核技术进行了更为详细的阐述。

要搞好绩效考核与管理工作，不仅需要厘清概念，还必须学会实践运用。为便于学习和掌握绩效考核与管理内容，本书的十个章节也可以被视为三大篇，即“绩效考核与管理”的基础篇、系统篇、工具篇三大部分。其中第一至三章可视作绩效考核与管理课程第一部分“基础篇”。主要阐述绩效考核与管理的概念、意义；存在的各种问题以及提升绩效的方法和相关因素分析。而第二部分的“系统篇”则包括了大系统部分和小系统部分，即绩效管理系统和绩效考核系统。全部第四至八章主要阐述P－D－C－A 绩效管理大系统，其中第六章专门阐述了由四大体系组成的绩效考核小系统，其内容颇有创意。第三部分的第九至十章可作为绩效考核与管理专门的工具篇，可分为非系统的绩效考核技术和典型常用的系统绩效考核技术两大类型。

本书内容专业，观点新颖，具有一定的创新性和实用性，对绩效管理专业课程的开拓和发展有一定的积极作用。本书适合于人力资源管理本科专业和非人力资源管理本科专业学生阅读，也适合于相近文化程度和相近专业的读者阅读；本书还适合于企业人力资源管理工作者使用。

本书每章以实用案例为引导，提出讨论题以便于针对案例和该章内容进行讨论研究，并在每章末附有专门的案例分析供参考。在学习完每章后,本书还提供了相应的思考题和参考文献,便于读者进一步学习。

本书每章原则上设有四节,最多不超过五节,以控制字数和学习时间。每章末提供的参考文献,可帮助读者扩大课外阅读量和接触实践机会。选用本教程,以安排40～60课时为佳,MBA或高级研修班也可集中选择20课时。

本书第一部分第一～三章由邢纪红负责撰写,第二部分第四～八章由张培德等负责撰写,第三部分第九～十章由李刚等负责撰写。第二版的本书按邢纪红提出的三大部分进行了调整和统审。

本书在整个编写和取材、收集、分析、成文过程中,得到了上海教育考试院、上海师范大学继续教育学院、上海师范大学人力资源开发和管理研究所、上海师范大学人力资源管理系、上海优立取管理咨询公司、上海优立取人力资源管理技术学校、美国夏威夷国家大学、中国人力资源管理学院、世界成功人士联谊会、亚晨科技集团、中国非营利组织研究会、中国当代名人研究院、美国环球战略联盟等有关单位的支持和帮助,以及社会各方人力资源专家、学者、业内人士的大力支持和帮助;并获得了彭剑锋、赵曙明、商红日、杨连生、王通讯、沈荣华、肖鸣政、俞志坚、易发久、李德伟、石宝峰、曹晓峰、梁开广、张序城、朱庆阳、曹鹏、金贤、黄鹏人、郑小龙等的思想火花、课题研究、专题探讨、专著论文的启迪和支持,特别是冯立平、刘晓春、王晓灵、李德伟、倪宁、鄢皖川、周洪、金国盛、朱俊艳等为本书的出版和修订做了大量的工作,在此一并表示感谢!对于本书所引用和参考论著文献的各位作者,在此也表示衷心的感谢!

为了方便第二版本教材的教学,本人制作了可供参考选用的教学或培训用PPT,有需要者可通过华东理工大学出版社官方网址(http://press.ecust.edu.cn),输入本书名后下载。如有教学上的问题或需求,也欢迎与我邮件联系(Email):13386131716@163.com。

形势在不断地变化,要求也在不断提高,因我们水平有限,经修订后的第二版本书亦难免有错误和问题,恳望读者批评指正。

张培德　邢纪红　李刚

2014.2.14

目录

# 第一章 绩效考核管理概述



引导案例

## 孙悟空是好员工吗

一本《孙悟空是个好员工》激起众多职场员工的追捧，为此，2004年11月2日该书作者成君忆先生获得了第四届亚太人力资源协会颁发的优秀著作奖。的确，在他的这本书中，把孙悟空描写得智勇双全，英勇无比，简直全是优点，是我们应该学习的榜样！

可是，同年中国戏剧出版社的《孙悟空不是好员工》一书也正式出版。

用《南京晨报》某作者的话来讲，这样"赤裸裸"的直接对抗，可谓书界少见。出版方则认为，这也是一种学术争鸣，并表示这是一种公平的出版竞争，提出不同的观点，有利于"学术争鸣"，这是正常的出版现象。

在《孙悟空是个好员工》一书中，作者成君忆先生把孙悟空称为有潜力的好员工，七十二般变化是应变力，一个筋斗能翻十万八千里是行动力，大闹天宫的职场新人孙悟空，被戴上的金箍是员工行为规范。

而在《孙悟空不是好员工》一书中，作者则认为孙悟空不是个好员工，并列出了他许多缺点。比如他对"取经"事业一无所知，频频请众神来帮忙；没有独当一面的能力，曾经的率性今难改；缺少好员工必要的美德等等。并认为领导不会喜欢这样的员工做自己的属下。

实际上，同获第四届亚太人力资源协会教育精英奖的张培德先生与成君忆先生，也曾于2005年5月在上海师范大学同台演讲"孙悟空的成功与团队绩效"，他们均分析了孙悟空在参加西天取经前后的历史，特别提到孙悟空在西天取经之前连"弼马温"都做不好，如何能称其为"好员工"呢?！孙悟空跟着唐僧团队去西天取经所经历的这81场"考试"，完全靠孙悟空自己的本事独立完成的也只有60%……从考评的角度也只能刚刚称为"合格"的"员工"。

请问，谁的观点正确?

**案例讨论题：**

1. 你认为孙悟空是个好员工吗？为什么？
2. 在日常生活工作中，我们到底该如何评价对错？好坏？
3. 何谓绩效？何谓绩效评价？何谓绩效管理？
4. 如何提升你的绩效？绩效应与哪些因素有关？

评价的类型有五种，如图 1－1 所示。本章重点讨论绩效考核，也称为考核性评估或考核性评价。

通过本章的学习，读者能了解绩效考核的含义，明确绩效考核的目的、意义、用途以及日常绩效考核应包括的内容和选取考核内容的准则；熟悉进行绩效考核的过程和程序；掌握选择绩效考核的途径和提高绩效考核的技巧；熟练运用绩效考核的方法。

在人力资源管理中根据目的和用途的不同，传统的做法一般将人员评价分为：用于合理配置人力资源为目的的配置性评价、用于诊断和分析有问题人员素质根源的诊断性评价、用于招聘人员区分等级的选拔性评价、用于人员技能提高培训为目的的开发性评价，以及用于对人员业绩作出鉴定的考核性评价等五大类型。随着形势的发展与社会需求的扩大，人力资源的职业生涯设计与规划日益重要，于是顺应职业规划和实际工作中的需求出现了第六种评价，即为明确职业倾向而进行的个性特点、兴趣爱好、合适职业群体为特征的趣商性评价，这也是当今社会发展的趋势之一。

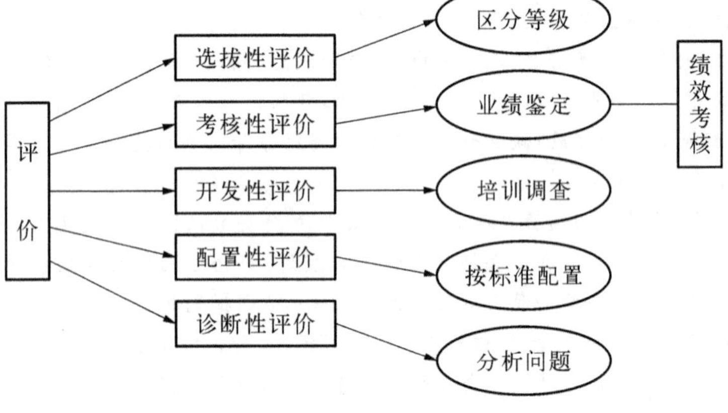


**图 1－1　评价的五大类型**

# 第一节　绩效考核的含义与作用

进入新世纪的现代组织要提高效益，不仅要靠产品、技术和资金，也要靠人力资源。一般认为，产品、技术、资金、人力资源和管理是制约一个组织经济效益和社会效益提高的基本因素。但在人力资源管理中，绩效考核既是重要的人力资源管理工具，又是最重要、最基础的环节，这个环节对整个组织的影响非同一般。事实上，凡涉及员工的调任、升迁、加薪等重大决定，都必须依据有效的绩效考核；同时，绩效考核还可改善工作人员的工作表现，充分挖掘和发挥工作人员的潜能和积极性，以求更好地达到组织制订的目标，并提高工作人员的满意程度和成就感。当然，这一目标的实现需要学习，也需要沟通。

在绩效考核中，员工的实际工作表现经过考察与测评，可通过访谈或其他各种渠道，将结果向被考核员工反馈，并听取其反应、说明和申诉。因此，真正的绩效考核应具有促进上、下级间沟通，彼此了解对方期望的作用。

## 一、绩效考核的含义

绩效考核(Performance Appraisal)，又称员工考核、人事考评、绩效评价等，它是指对员工或工作人员的工作行为和结果进行的系统评价，是一种正式的工作人员考评制度。对基层人员，绩效考核通常采用结果趋向性考评；对工作人员的实际工作结果进行业绩鉴定，就是考核工作人员的实际工作绩效。通过绩效考核，可以知晓员工的实际能力和不足，了解与组织的期望和目标的差距，有利于员工改进工作和提高工作效率。

### （一）绩效考核与绩效管理的主要区别

绩效考核是绩效管理过程中最能体现管理效果的一个重要环节。绩效管理是人力资源管理的核心之一，成功实施绩效管理，不但能帮助组织提高管理效率，帮助管理者提高管理水平，提升人力资源管理者的价值，实现人力资源管理者的角色转换，而且更能提升人力资源管理部门的地位，从管理金字塔的执行地位向金字塔的顶峰——决策地位转化。可以说，绩效管理是人力资源管理者的二次创业，是人力资源管理者发起的一场战斗和管理革命；良好的绩效管理能有利于组织目标和个人目标的联系与整合,以获得更高的组织效率。实际上,绩效管理也是组织和个人对所要达到的目标建立共同理解的过程,是管理和开发人才的过程,这不仅有利于实现个人的短期目标和长期目标,而且能使组织整体的绩效不断提高。

绩效考核对任何一个组织来说都是一项十分重要的工作,这是组织的实际管理者和从事人力资源管理研究的学者们所公认的。为了切实有效地实施绩效考核和管理,我们必须了解这两者的区别,以更好地产生良好绩效。

在人力资源管理中,绩效管理与绩效考核的主要区别如表1-1所示。

**表1-1 绩效管理与绩效考核的主要区别**

| 绩效管理 | 绩效考核 |
| --- | --- |
| · 含有计划、组织、指挥、协调和控制的一个完整的管理过程 | · 绩效管理过程中的一个重要阶段和评价环节 |
| · 侧重于信息的传播和效率、绩效的提高 | · 侧重于考核、评估和鉴定 |
| · 从时间上来看,必须经历管理活动的全部过程 | · 从时间上来看,出现在指定的某一时期 |
| · 从管理计划的制订开始就进行事先的沟通与实施 | · 在约定时期内所从事工作后的绩效考核 |

## (二)绩效考核的含义

绩效考核是评估工作人员在某一个约定时期内对组织作出成绩过程的评价。有效实施绩效考核的前提就是对绩效考核有一个清楚、全面的认识。

### 1. 绩效考核的各种定义

我们先来看看以下一些专家、学者对绩效考核的研究定义:

(1) 对组织中成员的贡献进行排序。

(2) 为客观地了解员工的能力、工作状态和适应性,对员工的个性、资质、习惯和态度,以及对组织的相对价值进行有组织的、实事求是的考评,它是考评的程序、规范、方法的总和。

(3) 对员工现任职务状况的出色程度以及担任更高一级职务的潜力进行有组织的、定期的并且是尽可能客观的考评。

(4) 人事管理系统的组成部分,由考核者对被考核者的日常职务行为进行观察、记录,并在事实的基础上,按照一定的目的进行的考评,以达到培养、开发和利用组织成员能力的目的。

(5) 定期考评和考察个人或工作团队工作业绩的一种正式制度。

2. 绩效考核的较好定义

综上所述，绩效考核的含义简单地说，是指用系统的方法、原理来评定、测量员工在职务上的工作行为和工作效果。而具体地说，绩效考核是完成战略性目标的一种结构化方法，是衡量组织成员是否完成目标的手段。这一过程包括由战略目标驱动并与业务流程相联系的对组织、部门和个体的绩效考核。

绩效考核应包括三个层面的含义：

(1) 绩效考核是从企业经营目标出发，对员工工作进行考评，并使考评结果与其他人力资源管理职能相结合，推动企业经营目标的实现。

(2) 绩效考核是人力资源管理系统的组成部分，它是运用一套系统和一贯的制度性规范、程序和方法进行的考评。

(3) 绩效考核是对组织成员在日常工作中所表现的能力、态度和业绩进行以事实为依据的评价。

## （三）绩效考核的特点

深入理解绩效考核，需要知晓绩效考核的一些特点。

(1) 绩效考核是人事管理系统的组成部分。绩效考核是一种正式的员工考核制度，是人事管理系统不可缺少的正式制度，它通过系统的方法、原理来评定和测量员工在职务上的工作行为和工作成果。绩效考核是企业管理者与员工之间的一项管理沟通活动，其结果可以直接影响薪酬的调整。

(2) 绩效考核本身是一种绩效控制的手段。通过考核了解和检验员工的绩效以及组织的绩效，并通过结果的反馈实现员工绩效的提升和组织管理的改善；同时，它也是对员工业绩的评定与认可，因此其具有激励功能，能使员工体验到成就感、自豪感，从而增强其工作满意度。另外，考核的结果还可用于确定员工的晋升、奖惩和各种利益的分配，提高工作效率、改善绩效。

(3) 绩效考核过程是战略目标的衡量。绩效考核就是企业管理者期望企业、部门和员工个体产生的行为表现及结果，从而对企业、部门和员工个体产生的行为表现及结果的分解表达过程，就是绩效考核中最富有技术挑战性的课题：企业运营关键绩效指标体系的制订。

(4) 绩效考核能评价员工与组织要求的差距，是衡量、评价组织成员的程序、规范、方法的总和。绩效考核应客观反映组织、部门和员工个体产生的行为表现及结果，判断其是否符合组织期望。

(5) 绩效考核是和一定目的紧密联系的管理活动。绩效考核总是按照一定的目的进行评价，绩效考核的结果可以直接影响员工的薪酬调整、奖金发放及职务升降等诸多利益，有助于提升员工和组织的绩效。

## 二、绩效考核的目的

绩效考核是人力资源开发与管理的重要环节，是其他环节如奖惩、培训、辞退、职务任用和升降等正确实施的基础与依据。

1. 绩效考核的八大目的

美国组织行为学家约翰·伊凡斯维奇认为，绩效考核可以达到以下八个方面的目的：

(1) 为工作人员的晋升、降职、调职和离职提供依据；

(2) 组织对工作人员绩效考核的反馈；

(3) 对工作人员和团队对组织的贡献进行考评；

(4) 为工作人员的薪酬决策提供依据；

(5) 对招聘选择和工作分配的决策进行考评；

(6) 了解工作人员和团队有关培训和教育的需要；

(7) 对培训和工作人员职业生涯规划效果进行考评；

(8) 为工作计划、预算考评和人力资源规划提供信息。

2. 绩效考核不是目的，而是一种手段

绩效考核本身不是目的，而仅仅是手段，只有通过考评才能检查员工的工作结果与目标的差距，才能通过协调和控制来矫正员工的行为。它是一种衡量、评价、影响员工工作表现的正式系统，以此来揭示员工工作的有效性和其未来工作的潜能，从而使其本身、组织乃至社会都受益。

实际上，绩效考核是以充分发挥组织成员的积极性和实现组织目标为目的的，对员工的表现和实绩进行实事求是的评价，同时也要考评组织成员的能力和工作适应性等方面的情况。它是人力资源开发与管理中一项重要的基础性工作，旨在通过科学的方法、原理来评定和测量工作人员职务方面的工作行为和工作效能。它一般涉及员工绩效的识别、测评及员工培训开发等方面。

对许多组织来说，如果能有效考核员工的绩效，则不仅能掌握员工对组织的贡献大小，更可在整体上为人力资源的开发和管理提供有价值的考评资料。

组织通过对其员工工作绩效的考评，获得反馈信息，便可据此制订相应的人事决策与措施，调整和改进组织效能。建立组织员工考评制度，是提高员工队伍素质的需要，是充分调动员工积极性的手段，是组织劳动管理科学化的重要基础。例如国家各级政府机关公开对国家公务员的考评，有利于依法对公务员进行管理、优胜劣汰，有利于人民群众对公务员进行必要的监督。绩效考核也是组织管理者与员工之间的一项管理沟通活动，是员工和领导就绩效问题所进行的双向沟通的一个过程。在这个过程中，领导与员工在沟通的基础上，帮助员工确立绩效发展目标，通过过程的持续沟通，对员工的绩效能力进行辅导，帮助员工不断实现绩效目标。在此基础上，作为一段时间绩效的总结，领导可通过科学的手段和工具对员工的绩效进行考评，确立员工的绩效等级，找出员工工作上的不足，进而制订相应的改进计划，帮助员工朝更高的绩效目标迈进。

3. 在绩效考核过程中要学会朝前看

在绩效考核过程中一定要学会朝前看，要把握绩效考核主要的参考点是“未来”，这样才能有利于目标的完善和实现。所以绩效考核表面上是与原定标准的比较，实际上并不是为了解释“过去”如何，而是通过考评这一手段，把得到的考评结果作为修正某项工作或规划某个员工未来的依据，以强化对员工及实际工作的开发。

彼德·德鲁克说得好，“组织的目的是通过员工力量的结合取得协同效应，并避开他们的不足。”这就是进行绩效考核的真正目的。

通过有效的绩效考核，还可以鉴定人事选拔和培训的效果。考核一方面是监督和管理员工的工作，另一方面表明组织对员工工作价值的肯定。通过绩效考核，管理者和人力资源部门可以及时、准确地获得员工的工作信息。通过这些信息的整理和分析，可以及时发现政策中的不足和问题，从而为改进组织在预算、人力资源规划等方面的政策提供有效的依据。

## 三、绩效考核的意义

为什么要进行绩效考核？绩效考核重要吗？毋庸置疑，考核具有积极的意义。但绩效考核犹如一把双刃剑，做好了可激活整个企业；反之，就会产生诸多问题，进而导致许多意想不到的后果。

### （一）绩效考核的积极意义

一个良好的绩效考核系统不仅能够总结员工、团体或组织前一段时期的业绩，更能全方位地促进向上下级、管理层沟通信息。具体来说，其意义主要体现在以下四个方面。

1. 促进上下级沟通

良好的绩效考核不仅能考查并测评员工的实际工作表现，还可通过面谈或其他渠道，将考核结果反馈给员工，并听取其反映、说明和申诉。此时绩效考核可以促进管理层与员工的沟通，了解彼此对对方的期望。

2. 提高员工业绩

良好的绩效考核主要通过两种途径实现这一目标。首先引导员工的行为趋向于组织的目标。优秀的绩效考核往往通过集中关注员工的目标来促进组织目标的实现。这样,考核便使员工知道了组织对他们的期望是什么,使其行为的修正更符合组织的要求。其次,优秀的绩效考核给组织提供了一个系统地监督其下属工作绩效的方法。这样的监督能使组织通过承认和奖励员工良好的工作绩效以激励其员工绩效"达标"。当出现不尽如人意的问题时,组织可以通过帮助员工改善其绩效问题而促进员工的成熟。

**3. 提高工作满意度**

如何提高员工的满意度?员工通常认为,诸如加薪和升职的奖励应以功劳和过去的绩效为标准。当使用一些未经深思熟虑的考核或其他依据时,员工会很不满意,很可能会转到其他组织寻求发展,这就增加了组织职位的流动性,给组织业务带来负面影响。

从这个意义上来说,优秀的绩效考核可以降低流动性,因为员工会更愿意留在一个他们认为公平、进步和有朝气的氛围中工作,而有效的绩效考核将有助于营造这种氛围。

**4. 能为适当的人力资源开发与管理提供决策**

绩效考核系统能够为制订人力资源开发与管理决策提供信息。事实也证明,以准确考核为基础的薪资决策能够通过鼓舞员工的士气来提高组织业绩。

### (二)绩效考核的消极作用

不理想的绩效考核会浪费员工、组织和人力资源部门宝贵的时间。因此,如果我们要做绩效考核,就要把它做好。

不理想的绩效考核不仅会浪费时间和资源,而且还会影响企业管理层的可信度,影响企业的文化氛围,特别是不公平的方法会使管理者和员工、职能部门和业务部门处于对立地位,会严重挫伤各级员工的工作积极性和士气。因此,好的方法能解决问题,差的方法则会制造问题。

缺乏有效的绩效管理会给组织和员工都带来很多烦恼:管理者会觉得时间不够用,无法进行过细的管理;员工则会觉得对自己的工作缺乏了解,工作显得不够积极主动;员工对谁应该做什么和谁应该对什么负责会有异议;若员工给组织提供的重要信息太少,或问题发现太晚,则员工会重复犯相同的错误。另外,如果员工觉得不了解自己是工作得好还是不好、不知道自己有什么样的权力,工作完成很好时没有得到认可,没有机会学习新技能,自己不能做任何简单的决策,缺乏完成工作所需要资源的话,则会失去动力。

### (三)让绩效管理插上翅膀

有效的绩效管理会给日常管理工作带来巨大的好处。尽管绩效管理不能直接解决所有问题,但它为处理好其中大部分管理问题提供了解决的手段。如果绩效管理运用得当,对每个方面,包括员工、上级主管和组织都会有很大的帮助。只要管理者投入一定的时间,和员工形成良好的合作关系,绩效管理就可以达到预期目标。



## 四、绩效考核的用途

绩效考核最显而易见的用途是为员工的工资调整、职务变更提供依据。但它的用途不仅仅是这些,通过绩效考核还可以使员工明白组织对自己的评价以及自己的优势、不足和努力方向,这对员工改进自己的工作有很大好处。另外,绩效考核还可以在管理者和员工之间建立起一个正式的沟通桥梁,促进管理者与员工之间的理解和协作。

绩效考核有许多用途,具体而言主要有八个方面,如图 1-2 所示。

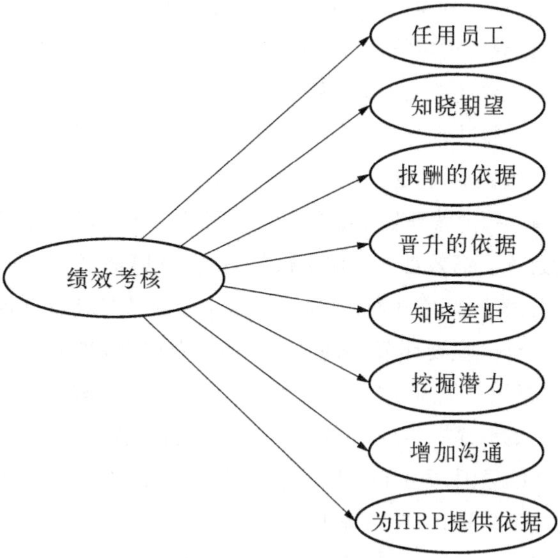


**图 1-2 绩效考核的用途**

具体说明如下:

(1) 任用员工。通过绩效考核,能了解哪些员工适合留下,哪些员工适合干什么工作,以便进行合理的工作岗位的配置。

(2) 知晓期望。每位员工都希望自己在工作中能有所发展,组织的职业生涯规划就是为了满足员工的自我发展需要。但是,仅仅有目标而没有进行引导,也往往会使员工不知所措。绩效考核就是这样一个导航器,它可以让员工清楚自己需要改进的地方，为员工指明了前进的方向，为员工的自我发展铺平道路。

(3) 报酬的依据。绩效考核会为每位员工得出一个考核评价结论，这个结论不论是描述性的还是量化的，都可以作为员工薪酬调整、奖金发放的重要依据。这个考评结论对员工本人是公开的，并且要获得员工的认同。所以，以它作为依据是非常有说服力的。

(4) 晋升的依据。员工的职务调整包括员工的晋升、降职、调岗，甚至辞退。绩效考核的结果会客观地对员工是否适合该岗位做出明确的评判。基于这种评判而进行的职务调整，往往会令员工本人和其他工作人员更容易接受和认同。

(5) 知晓差距。通过考评，可以让员工了解组织的期望，知晓与组织要求间的差距。虽然管理者和员工可能会经常见面，并且可能经常谈论一些工作上的计划和任务，但是员工还是很难清楚地了解组织对自己的评价和期望。绩效考核是一种正规的、周期性的对员工进行评价的系统，由于评价结果是向员工公开的，员工就有机会清楚组织对其的评价和期望。这样可以防止员工不正确地估计自己在组织中的位置和作用，从而减少一些不必要的抱怨。对于普通员工而言，能够获得参与目标设定的机会，获得对技能及行为的反馈，不断改进、学习；能够获得讨论和规划个人发展及职业生涯的机会，增加认同感和成就感。

(6) 挖掘潜力。通过绩效考核可以挖掘员工的潜力，使他们向更有挑战性或更能发挥潜能的工作岗位流动，这可能会产生意想不到的工作成效。

(7) 增加沟通。绩效管理是上级与员工之间就工作职责和提高工作绩效问题持续进行的沟通过程。绩效管理工作不仅是对目标(事情)的管理工作，更重要的是对人的管理与开发工作，它对组织、领导和员工个人都具有很重要的意义。考核沟通是绩效考核的一个重要环节，它是指管理者(考评者)和员工面对面地对考核结果进行讨论，并指出其优点、缺点和需改进的地方。考核沟通为管理者和员工之间创造了一个正式的沟通机会，利用这个沟通机会，管理者可以及时了解员工的实际工作状况及深层次的原因，员工也可以了解到管理者的管理思路和计划。考核沟通促进了管理者与员工之间的相互了解和信任，提高了管理的透明度和工作效率。

(8) 为 HRP 提供依据。HRP 就是人力资源规划。通过绩效考核，组织的管理者和人力资源部门可以及时、准确地获得员工的工作信息，从而为人力资源规划提供依据。通过这些信息的整理和分析，可以对组织的招聘制度、选择方式、激励政策及培训制度等一系列管理政策的效果进行考评，以便及时发现政策中的不足和问题，从而为改进组织政策提供有效的依据。

对于组织而言，通过绩效管理，能够发现组织中存在的问题，并不断改进，在提高绩效的同时，增加人力资源价值；能够作出正确的雇佣决策，使用正确的人做正确的事；能够奖励及留住表现好的员工等。

而对于管理人员来说，绩效管理这个工具能够提供对自己管理方式的持续反馈，帮助提高管理技能；能确保员工对部门和组织计划及目标的投入，最终改善部门和组织的绩效表现。

## 第二节　绩效考核的流程与原则

在实际工作中，人们经常忽视绩效考核的真正价值，总认为考核就是为了发奖金，考核就是“走流程”，结果只是领导和本人对过去所做过的工作打打分，高分者，可以多拿些奖金。这种认识就会造成领导和员工都讨厌考核，根本起不了什么激励作用。

### 一、最常见的考核程序

我们经常遇到下面这样一些考核程序：

(1) 领导要求考核；

(2) 人力资源部门制订考核方案，并做考核解释；

(3) 员工个人总结；

(4) 上级主管给下级员工打分；

(5) 兑现奖金；

(6) 人力资源部门归档。

由于考核的标准、绩效记录等并不完整和全面，因此很多管理者害怕给员工做考核，员工对这种考核并不满意，也起不了考核的真正作用。

### 二、两个方面的误解

为什么会出现这种司空见惯的考核程序呢？关键存在两个方面的误解。

(1) 认为绩效考核只是打分和评级。实际上，绩效考核固然需要打分或评级，但如果绩效考核只简化成“事后的评判”，简单地打分或评级，其价值就会受到怀疑。

(2) 认为绩效考核是独立存在的，或为考核而考核。实际上，绩效考核只是组织管理的一个环节，它需要有其他相关工作做基础，比如：① 合理的绩效目标；

② 明确的绩效标准；③ 绩效辅导和客观绩效记录；④ 绩效改进和员工技能发展；⑤ 绩效考核没有依据或标准，因此无法在目标计划的实现和考核标准之间做比较，容易出现领导主观考核的情况，对员工没有说服力；⑥ 考核方案过于简单或过于复杂。

被考核的员工和考核员工的经理人对绩效考核缺乏理解，这是因为不少公司没有给经理人提供说明或培训，使得经理人认为这是不得已而为之，考核自然成了"鸡肋"。

## 三、正确的绩效考核流程

正确的绩效考核流程一般包括十大步骤：① 取得高层管理者的支持；② 设定绩效目标和制订完善的实施计划；③ 确定考评标准和方法；④ 广泛的宣传和持续不断的沟通；⑤ 培训考评者和直线领导；⑥ 实施绩效考核；⑦ 收集数据信息形成文档记录；⑧ 分析绩效考核；⑨ 绩效的诊断和提高；⑩ 绩效考核结果反馈和再运用。如图 1－3 所示[①]。

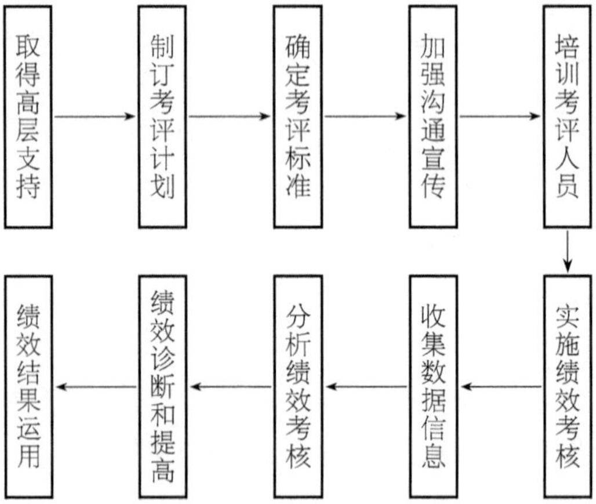


**图 1－3　正确绩效考核的流程**

1. 取得高层支持

绩效管理是组织管理的一个重要改革措施，仅凭人力资源部门不足以推动整个组织的绩效管理的实施。因此，取得高层管理者的认同和支持显得特别重要。

人力资源管理部门的员工首先应主动与高层管理者探讨绩效管理的理论、方

① 吴志华，张培德等编：《人力资源开发与管理》，高等教育出版社 2004 年版。

法、意义和作用，说服高层管理者支持绩效考核，这样就能在高层管理者的支持和主持下进行实践推动。当然，每一个环节都要向高层管理者汇报，并通过高层管理者的意志将其传达下去，使绩效管理的每个环节都落到实处，收到效果。

2. 制订考评计划

为了保证绩效考核顺利进行，必须事先制订完善的实施计划，这就需要在明确考评目标的前提下，有目的地选择考评对象、内容、时间等。

3. 确定考评标准

绩效考核必须要确定标准，以作为分析和考察员工的尺度。绩效考核的标准一般可分为客观标准和主观标准。客观标准也可称为硬指标，如出勤率、废品率、文化程度等以客观现实为依据，是不以考评者或员工的个人意志为转移的。主观标准也可称为软指标，如在评选“优秀”时，可以规定15%的员工可选为各级“优秀”。当然，在选用绩效考核的方法时必须注意，对于不同的对象，必须选用不同的方法。比如，采取“一一相互比较”的方法，此时每个人都是被比较的对象，又都是比较的尺度，这样就会造成“主观标准”在不同群体中的差别。如果对每一个员工单独做出“好”与“不好”的评价，就可能引起混乱。

4. 加强沟通宣传

这一阶段需同时进行两方面的工作，一是要宣传，二是要沟通。

绩效考核的顺利实施离不开广泛的宣传和贯彻。具体可通过组织的内刊、宣传栏、局域网等媒介手段对绩效考核的标准、方法、意义和作用等进行宣传，制造声势。通过提高领导与员工对绩效管理的感性认识和重视，为绩效考核的推进打下坚实的群众基础，可减少实施的阻力。

沟通是一切管理工作必不可少的重要手段，也是绩效考核实施的重要手段，持续不断的沟通具有关键性作用。当然，沟通应采取开放性方式、及时性方式、针对性方式、连续性方式、建设性方式，这样才会产生效果。

(1) 所谓开发性方式就是要真诚、坦率，以“心”交流。一切的沟通都是以真诚、坦率为前提的，都是为了预防问题和解决问题。以“心”交流、坦率地沟通才能尽可能地从对方那里获得信息，进而帮助对方解决问题、提供协助，也能不断提高领导的沟通技能和沟通效率。

(2) 所谓及时性方式就是在计划实施之前和实施之中及时沟通。尽可能在问题出现或矛盾发生之前就通过沟通将之消灭于无形中或及时解决处理，所以及时性是沟通的又一个重要原则。

(3) 所谓针对性方式就是要强调沟通应该具体，并具有针对性。具体事情具体对待，不能泛泛而谈。泛泛的沟通既无效果，也无效率，所以管理者必须珍惜沟通的机会，关注具体问题的探讨和解决。

(4) 所谓连续性方式就是强调沟通应该经常而定期地进行。要与领导和员工约定好沟通的时间和时间间隔,保持沟通的经常性和连续性。

(5) 所谓建设性方式就是强调沟通的结果应该是具有建设性的,给员工未来绩效的改善和提高提供建设性的建议,帮助员工提高绩效水平。

5. 培训考评人员

培训考评人员和直线领导人员是绩效考核的一个重要步骤。好的考评方法和手段必须要由高素质的管理者来组织实施,因此对考评人员和直线领导人员的培训必不可少。要让管理者深刻掌握绩效考核的理念,改变旧的管理观念,掌握绩效考核的流程、方法和技巧,使得每个管理者都掌握绩效考核方法。

6. 实施绩效考核

绩效考核的推行必须由政策保证,因此,在上述工作的基础上,出台相关的政策措施非常必要。

在政策中,可以规定高层管理者、HR 领导、直线领导和员工各自的绩效责任,规定绩效考核的方法和流程,规定绩效考核结果的运用等,组织可以依据自己的实际情况具体对待。

绩效考核一般在年底举行。员工绩效目标完成得怎么样、组织绩效工作的效果如何,通过绩效考核可以一目了然。

绩效考核也是一个总结提高的过程,总结过去的结果,分析问题的原因,制定相应的对策,便于组织绩效管理的提高和发展。

7. 收集数据信息

收集数据和相关信息,记录员工的绩效表现,形成必要的文档记录。

绩效目标最终要通过绩效考核来衡量,绩效考核必须要依据员工经历的期限和过程,根据员工的绩效来进行,因此有关员工绩效的信息资料的收集就显得特别重要。

在这个环节中,领导要注意观察员工的行为表现并做记录,同时要注意保留与员工沟通的结果记录,必要的时候,请员工签字认可,避免在年终考评的时候出现意见分歧。

做文档的一个最大好处是使绩效考核时不出现意外,使考评的结果有据可查,确保公平、公正。

绩效考核是一项长期、复杂的工作,对于作为考评基础的数据收集工作要求很高。

8. 分析绩效考核

分析绩效考核这一阶段的任务是根据考评的目的、标准和方法,对所收集的数据进行分析、处理、综合。其具体过程如下:

(1) 划分等级。把每一个考评项目,如出勤、责任心、工作绩效等,按一定的标准划分为不同等级,一般可分为 3～5 个等级,如优、良、合格、稍差、不合格。

(2) 对单一考评项目进行量化。为了能把不同性质的项目综合在一起,就必须对每个考评项目进行量化,不同等级赋予不同数值,用以反映实际特征。如:"优"为 10 分,"良"为 8 分,"合格"为 6 分,"稍差"为 4 分,"不合格"为 2 分。

(3) 对同一项目的不同考评结果进行综合。在有多人参与的情况下,同一项目的考评结果会不相同。为综合这些意见,可采用算术平均法或加权平均法。仍以五等级为例,3 个人对某员工工作能力的考评分别为 10 分、6 分、2 分。如采用算术平均法,该员工的工作能力应为 6 分;若采用加权平均法,3 人分别为其上司、同事、下属,其考评结果的重要程度不同,可赋予他们不同的权重,如上司定为 50%,同事 30%,下属 20%,则该员工的工作能力为 $10\times50\%+6\times30\%+2\times20\%=7.2$ 分,介于"良"与"合格"之间。

(4) 对不同项目的考评结果进行综合。有时为达到某一考评目标要考察多个考评项目,只有把这些不同的考评项目综合在一起,才能得到较全面的客观结论。一般采用加权平均法,当然,具体权重要根据考评目的、员工的层次和具体职务来定。

9. 绩效诊断和提高

没有完美的绩效管理体系,任何绩效管理都需要不断改善和提高。因此,在绩效考核结束后,全面审视组织绩效管理的政策、方法、手段及其他的细节并进行诊断,以不断改进和提高组织的绩效管理水平。

10. 绩效结果运用

得出绩效考核的结果不是目的,它并不意味着绩效考核工作的结束。在绩效考核过程中获得的大量有用信息必须反馈和运用到组织的各项管理活动中。具体要求如下:

(1) 向员工反馈考评结果,帮助员工找到问题、明确方向,这对员工改进工作、提高绩效会有促进作用;

(2) 为人事决策如任用、晋级、加薪、奖励等提供依据;

(3) 检查组织管理的各项政策,如员工配置、员工培训等方面是否有失误,还存在哪些问题等。

## 四、保证公正考评的原则与实施

要进行绩效考核必须要保证公正考评,因此必须要掌握绩效考核的五大原则,这样才能更好地实施考评;否则不但起不了什么作用,反而破坏了组织形象,挫伤了员工的积极性。

## （一）绩效考核的一般原则

通过什么途径来获得考评者的支持，并能获得客观、公正的考评结果，起到激励和标杆作用，以下五条原则至关重要。

### 1. 客观、公正原则

考评应客观、公正，才能激励员工，才能使考核的结果发挥应有的作用。所谓客观即实事求是，要做到评价客观、自我评价客观；公正即不偏不倚，它要求考评者无论对上司还是对部下，都要公平地评价，按照规定的考评标准，一视同仁地进行考评。

### 2. 科学、简便原则

科学、简便即要求考评从标准确定到考评结果的运用，整个过程设计要符合客观规律，正确运用现代化科技手段，准确地评价各级各类员工的行为表现。同时，考评的具体操作要简便，以尽可能少的投入，达到尽可能好的考评效果。

### 3. 注重实绩的原则

注重实绩的原则就是指员工通过主观努力，为社会做出并得到社会承认的劳动成果以及完成工作的数量、质量和效益。它是员工知识、能力、态度等综合素质的反映。在考评过程中，坚持注重实绩原则即要求在对员工做考评结论和决定奖惩时，以其工作实绩为根本依据。

### 4. 区分能级的原则

区分能级的原则就是在绩效考核中对不同类型和不同能级的员工应有不同的考评标准，目的是为了区别参加考评者的才能高低和贡献大小，以便发现人才、选拔人才和合理地使用各类人才。坚持多途径、多能级的考评原则，能实现对不同能力的员工授予不同的职称和职权，对不同贡献的员工给予不同的待遇和奖励，做到“职以能授、勋以功授”。

### 5. 连贯性的原则

连贯性的原则就是对于员工的考察不能看其一时一事，应全面地、历史地看待。要做到全面和准确，则要坚持考评的阶段性和连续性相结合。

## （二）保证考核过程的公平性

带有偏见的考核（或者偏见的知觉）可能使员工滋生对主管和组织的反感。一个组织在进行绩效考核时必须采取相应措施，以保证考核过程的公平性。

### 1. 评估管理机构评审

为保证公平，大多数组织要求对已经完成的考核进行评估管理机构评审。

典型的情况是由负责绩效考核的最高主管和专门的专家委员会来检查考评错误。举例说，高层经理能准确地指出一些考评者是否比其他人更宽厚或更严厉，他们还能确定是否有光环效应导致的误差。当一名员工在每个因素上都获得相同的评定，或以偏概全，就证明有光环效应。当这些“症候”被准确地指出后，评估管理机构应该要求考评者给出合理解释，也可要求考评者重新做一个评价。

2. 建立上诉系统

如果员工对给予他们的考核结果感到不满意，上诉系统可为员工提供一种获得公正的解决方法和途径。建立这样一个系统的原因是：

(1) 它允许员工们表达出他们关心的事；

(2) 有助于得到更准确的评分；

(3) 能化解内部矛盾，避免外部第三方(如法院)的介入。

## 第三节　绩效考核的内容与准则

员工绩效考核是按照一定的标准，采用科学的方法，检查和评定组织的工作人员对职位所规定的职责的履行程度，以确定其工作成绩的管理方法。其主要目的在于通过对员工全面综合的考评，判断他们是否称职，并以此作为组织人力资源管理的基本依据，切实保证员工的报酬、晋升、调动、职业技能开发、激励、辞退等工作的科学性。同时，也可以检查组织管理各项政策，如员工配置、员工培训等方面是否有失误。

对于绩效考核的内容，也依据员工在多方面情况下的行为而有所不同。一般来说，考评的内容取决于考评的目的，没有目的的考评是没有价值的。由于绩效考核的对象、目的和范围复杂多样，因此绩效考核的内容也比较复杂。我们可以将考核内容从几个方面来进行划分。

### 一、取决于行为表现的绩效考核内容

以员工行为表现的基本方面作为考评内容来进行划分，主要可以分为品行、能力、态度、业绩四个方面。

1. 品行

古今中外，对品行的评价始终是人事考核因素结构中的重要内容。品行即德，

是人的精神境界、道德品质和思想追求的综合体现，德决定一个人的行为方向，即为什么而做，行为的强弱决定做的努力程度，行为方式决定采取何种手段达到目的。德的标准不是抽象的、一成不变的，不同时代、不同行业、不同层次对德都有不同的标准。

不对员工进行品德方面的考核，往往会使公司遭受意想不到的损害。一些资深的人力资源经理认为，在创业时期，只求其才，不顾其德，只能是权宜之计；守业阶段，要靠"德"来巩固业绩，聚拢人才，则必须德才兼备才行。

当今社会，有专家认为"德"至少包括——义、信、勇、谋。具体来讲，"义"就是在取得成绩时保持平静的心态，不过分炫耀；"信"就是讲信用，答应过的事情一定尽全力办到；"勇"则指面对困难毫不畏惧，并且想办法克服困难，取得最后的成功；针对多变的环境，随机应变掌握主动，这就是"谋"。

实际上，在日常的工作过程中，做事的风格，例如，是否尊重别人、善于与其他同事合作，是否尊重事实、知错必改，是否遵纪守法、维护公共利益，能否保守公司的商业秘密，是否言行一致，能否公正地对待下属，是否两袖清风、洁身自爱，是否在任何场合都有一样的表现等等，这些都是品德的具体表现，都应当是员工品德考核的内容。

2. 能力

"能力"是指人的能力素质，即认识世界和改造世界的能力。能力是完成工作的本领，在实际工作中一般包括动手操作能力、认识能力、思维能力、表达能力、研究能力、组织指挥能力、协调能力、决策能力等。对不同的职位，在考评过程中应各有侧重，区别对待。

能力的高低可用单位时间内完成的任务量来表示。但有些人在企业中工作得非常好，可能是因为他们所从事的职务工作十分简单，十分容易；相反，另一些人在企业中干得十分吃力，工作完成得不那么出色，也许是因为他们所担当的工作任务很艰难、很复杂。不能因此就认为前者对企业的贡献大，后者对企业的贡献小，这样的评价是不公平的。

因此，能力不同，所担当的工作的重要性、复杂性和困难程度不同，贡献也就不同。

对一个组织来说，不仅要追求现实的效率，还要追求未来可能的效率，希望把一些有能力的人提升到更重要的岗位，希望使现有岗位上的人能发挥其能力。所以，能力考核不仅仅是一种公平评价的手段，而且也是充分利用企业人力资源的一种手段。

能力与业绩有显著的差异，业绩是外在的，是可以把握的，而能力是内在的，难以衡量和比较。这是事实，也是能力考核的难点。

3. 态度

工作态度可通过“勤”来反映。它主要体现在员工的日常工作表现上，如工作的积极性、主动性、创造性、努力程度以及出勤率。对“勤”的考评不仅要有对量的衡量，如缺席率、出勤率，也要有对质的考评，即是否以满腔的热情积极、主动地投入工作。

一般来说，能力越强，业绩就可能越好。可是有一种现象使我们无法把两者等同起来，这就是在企业中经常可以见到的现象：一个人能力很强，但出工不出力；而另一个人能力不强，却兢兢业业，干得很不错。两种不同的工作态度，就产生了截然不同的工作结果，这与能力无直接关系，主要与工作态度有关。所以，需要对员工的“工作态度”进行考核。

对于工作态度这一点，日本的士光敏夫有着独到的见解。他从自己常年从事的经营管理工作中深刻地体会到：“人们能力的高低强弱之差固然是不能否定的，但这绝不是人们工作好坏的关键，工作好坏的关键在于其有没有干好工作的强烈欲望。”他总结说：“人们能够具有对工作的强烈欲望并且能长久地存在下去，这是最重要的。具有这种强烈欲望的人，才可以说是具有成功法宝的人。”同时，他还认为：尽管有的人很有才能，但由于缺乏对工作的热情和欲望，一段时间以后，也会产生很大的差异。士光敏夫个人成功的经历就是一个强烈的工作热情充分表现的证明。

士光敏夫年轻时，在石川岛造船所和石川岛芝浦透平会社工作过，就是凭着一股子热情和强烈的欲望，才使他获得了成功。直到现在，他还是每天早晨 4 点钟起床，上午 7 点钟就到达东芝总社上班，晚上 11 点钟才睡觉。他这种工作习惯已经有 60 多年了。

当时在石川岛的人员中，充满了一种“为了事业的人请来，为了工资的人请走”的工作气氛，因此吸引了大批技术高超、事业心强的人来这里工作。此时的士光敏夫只是一名技术员，为了不使自己落后，他一方面努力提高技术，另一方面攻读德语。由于他的热情和工作欲望，在石川岛期间，他研制成功了国产发动机，并使大量使用进口产品的厂家开始使用国产品。

直到今天，当有人问起此事时，士光敏夫总是说：“我没有什么超人的才能，但我有着永不熄灭的工作热情和强烈的工作欲望。”

可以这么说，工作态度是工作能力向工作业绩转换的“中介”。但有一点我们必须承认：即使工作态度不错，工作能力也未必一定能全部转换为工作业绩。这是因为从能力向业绩转换的过程中，还需要除个人努力因素之外的一些“辅助条件”，有些是内部条件，如分工是否合适、指令是否正确、工作场地是否良好等；还有些是外部条件，如市场恶化、产品卖不出去、原材料短缺等。

另外,态度考核与能力考核的关系是不管你的职位高低,不管你的能力大小,态度考核只考核你是否尽了力,是否有干劲、有热情,是否忠于职守,是否服从命令等。考核中要特别注意这些二级指标。

4. 业绩

"业绩"是指员工的工作成绩与效果,包括完成工作的数量、质量和经济效益。在组织中岗位、责任不同的人,其工作绩效的考评重点也有侧重。对"绩"的考评是对员工绩效考核的重点。

对于任何企业,只有创造出一定的利润,才能继续生存和发展,对于公共部门也必须注意业绩,对员工来讲也需要讲究工作业绩。

"业绩考核"就是对行为的结果进行考核和评价。结果可能有效,也有可能无效,行为结果的有效性是对"目的"而言的。所以,业绩往往被认为是有效的结果,称作成果、效果或绩效等。同样,业绩对目的而言,又被认为是一种"贡献"和"价值",业绩的大小,被认为是贡献或价值的大小,即贡献度或价值量。业绩考核,就是考核组织成员对组织的贡献,或者对组织成员的价值进行评价。

考核是一个被广泛运用的概念,评先进、评劳模、评积极分子、评议干部,大都带有这种色彩。这是因为人们普遍认为业绩应该具有客观可比性,唯有依靠业绩对人进行评价才有可能是公平或公正的。

## 二、取决于岗位分析的绩效考核内容

为了使绩效考核更具有可靠性和可操作性,在对岗位的工作内容分析的基础上,根据组织的管理特点和实际情况,对考评内容可进行以下分类:

(1) 工作成绩。"工作成绩"是指在考评期内员工的关键工作成绩,往往列举1～3项最关键的即可,由任务布置者进行考评,如对于开发人员可以是考评期的开发任务,销售人员可以是考评期的销售绩效。"重要任务"考评具有目标管理考评的性质。对于没有关键工作的员工(如清洁工),则不进行"重要任务"的考评。

(2) 日常工作。"日常工作"的考评条款一般以岗位职责范围内的内容为准,由直接上级主管进行考评。如果岗位职责的内容过于繁杂,可以仅选取重要项目进行考评。它具有考评工作过程的性质。

(3) 工作态度。"工作态度"的考评可选取能够对工作产生影响的个人态度,如对组织文化的认知与认同、工作热情、礼貌程度等,可由部门内部同事或被服务者主持。对于不同岗位的考评有不同的侧重,比如,"工作热情"是行政工作人员的一个重要指标,而"工作细致"可能更适合财务人员。

(4) 工作能力。“工作能力”的考评可选取能够对工作产生影响的个人能力，如协作精神、工作技能、潜能等具体项目进行考评，也可由部门内部同事或被服务者主持。

## 三、针对不同层次的绩效考核内容与形式

### 1. 针对不同层次的绩效考核的内容

不同层次的绩效考核要求不一样，权重也不一样。高层强调造势和决策力，一线领导强调做事和执行力。

(1) 高层管理者：“做正确的事。”因此，主要针对基于战略目标实施的 KPI 指标考核，同时也要考核管理状况。

(2) 基层管理者：“正确地做事。”因此，主要基于 KPI 指标落实的工作目标完成情况进行考核。

(3) 操作类和一线人员：这类人员的考核相对比较简单，因为大多数是可以计量的，因此主要基于绩效原则的计量考核。

### 2. 针对不同层次的绩效考核的形式

采用哪种考核形式主要取决于考核对象的职位特点、考核内容和考核目的。

(1) 对于高层管理者职位的要求是“做正确的事”，考核内容主要是针对战略目标实施的 KPI 指标和管理状况，不仅强调“会做事”，更要关注“思路清晰”，因此述职考核形式恰好能够达到这样的目的。

(2) 对于基层管理者的要求是“正确地做事”，考核内容主要是基于 KPI 指标落实的工作目标完成情况。同时，中层管理者承担着上传下达的职能，如何将高层管理者承担的基于战略的 KPI 目标和关键措施落实，中层管理者至关重要。因此，对于中层管理者，不少企业也采用述职考核的方式，通过述职，一方面让高层确信中层在沿着预定的目标前进，同时，也便于高层管理者及时掌握环境变化信息，及时调整思路，采取针对性的应对措施。

(3) 对于一线和操作类人员的考核相对比较简单，因为大多数是可以计量的，考核内容包括：工作计划的完成情况、工作职责的履行情况，以及工作执行过程中的规范性、主动性、责任性等关键行为。因此，考核形式更多采用的是考核表格的方式，上下级将考核内容列入考核表，最后依照预定的目标和要求进行评价。考核形式更多采用的是过程记录表。

## 四、选取考评内容的准则及其分析

### （一）选取考评内容的准则

考评内容若以岗位的工作职责为基础来确定，则需注意遵循三个准则。

1. 与组织文化和管理理念相一致的准则

考评内容实际上就是对员工工作行为、态度、绩效等方面的要求和目标，它是员工行为的导向。考评内容是组织文化和管理理念的具体化和形象化，在考评内容中必须明确：组织在鼓励什么、反对什么，给员工以正确的指引。

2. 绩效考核要有侧重的准则

考评内容不可能涵盖该岗位上的所有工作内容，为了提高考评的效率，降低考评成本，并且让员工清楚工作的关键点，考评内容应该选择岗位工作的主要内容进行考评，不要面面俱到。这些主要内容实际上已经占据了员工 80％的工作精力和时间。另外，对难以考评的内容也要谨慎处理，认真地分析它的可操作性和它在岗位整体工作中的作用。

3. 绩效考核不考评无关内容准则

绩效考核是对员工的工作考评，对一些纯粹的个人生活习惯等与工作无关的内容以及不影响工作的其他任何事情都不要进行考评。比如说，员工的生活习惯、行为举止、个人癖好等内容都不宜作为考评内容出现，如果这些内容妨碍到工作，其结果自然会影响到相关工作的考评成绩。

### （二）关于绩效考核“侧重”准则的分析

选取考评内容的三大准则中关于绩效考核特别要强调的所谓“有侧重”的准则，具体地分析就是要突出三个准则。

1. 重视工作成果准则

如果只求目的而不问过程，管理者就会以工作成果来考评员工绩效。

2. 参考工作行为准则

这些工作行为不一定非得要与个人生产力有关，只要是能提高组织效能、促进协调或合作、有助于团队工作与组织绩效的工作行为，都可以列入绩效考核的考量中。

3. 考量个人特质准则

这些特质如态度良好、有自信、值得信赖、看起来很忙或经验丰富等，和员工是否能有好的工作成果并无太大关联，却被广泛用于考评员工的绩效。

# 第四节 构建有效的绩效考核系统

一个有效的绩效考核系统不仅仅是一个拥有精确的考核目标和量化指标的系统，而是配合操作这些工具的高效能管理团队与确保绩效管理操作效果的环境机制形成的一个综合的系统，这就像打仗不仅仅靠的是武器精良、弹药充足，还要靠队伍的能力、后勤保障，以及先进的战略思想。

## 一、绩效考核系统的建立

建立良好的绩效考核系统，组织必须做到：

(1) 确立组织的事业目标及其对人力资源管理的期望和要求；

(2) 进行工作分析，确定各项工作的职责和责任，以此为基础发展相应的绩效考核标准；

(3) 选择恰当、有效的绩效考核方法来评价员工的工作表现和工作成果；

(4) 在考评之前向员工传达对其工作成果的期望；

(5) 建立与工作绩效相关的反馈机制；

(6) 评价 PAS(有效绩效考核系统)对于达到既定目标的有效程度，在此基础上对 PAS 作必要的修订。①

## 二、有效的绩效考核系统的特征

一个有效的绩效考核系统应该能帮助组织、经理和员工取得成功，它通过帮助经理和员工不断提高工作绩效来使组织实现它的长期和短期目标，并且在实践过程中能够避免许多日常工作中的烦恼。

那么，绩效考核系统的有效性到底取决于什么呢？在美国进行的一项对全美范围内 3 000 多家组织的调查显示，最经常被提及的人力资源管理功能是员工的绩效考核，但是却有近 50%的员工认为组织正规的绩效考核体系是无效的。追究其原因，可以这样推理，一个真正有效的绩效考核系统应该具有六个方面的性质，即敏感性、可靠性、准确性、实用性、可接受性和标

① 引自商红日主编：《人力资源管理》，上海人民出版社 2001 年版。

准性。

1. 敏感性

敏感性指的是工作绩效评价系统具有区分工作效率高的员工和工作效率低的员工的能力,否则就既不利于组织进行管理决策,也不利于员工自身的发展,而只能挫伤主管人员和员工的积极性。如果工作评价的目的是作为升迁、推荐等人事管理决策的依据,评价系统就需要收集关于员工之间工作情况差别的信息;如果工作评价的目的是促进员工的成长和发展,评价系统就需要收集员工在不同的阶段自身工作情况差别的信息。总而言之,对与考评有关的信息,它应有敏捷的反应能力,并将其用于考评当中。

2. 可靠性

绩效考核体系的可靠性指的是考评者判定、评价的一致性,即不同的考评者对同一个员工所做的评价应该基本相同。当然,考评者应该有足够的机会观察员工的工作情况和工作条件。否则不同考评人员的考评结果有较大差异,将极大地影响整个绩效考核系统的效力与形象,不利于系统的正常运转。

研究结果表明,只有来自组织中相同级别的考评者才可能对同一名员工的工作绩效得出一致性的评价结果。

3. 准确性

绩效考核的准确性指的是应该把工作标准和组织目标联系起来,把工作要素和评价内容联系起来,以此作为明确一项工作成败的界限。工作绩效标准是就一项工作的数量和质量要求,具体规定员工的行为是否可接受的界限。绩效考核的准确性要求对工作分析、工作标准和工作绩效评价系统进行周期性的调整和修改。

因为只有准确的考评结果才可以体现员工的实际工作绩效水平,以不准确的考评结果为基础的决策是无效的,所以后者如果在法律上受到挑战将难以辩护。此外,当考评结果不能准确反映员工的绩效水平时,员工将会对该系统失去信任,造成士气消沉。

不准确的原因通常有晕轮效应、过于宽松或过于严格、带有过多主观因素、个人偏见、近期行为偏见以及考评者的结论性角色等。讨论绩效考核系统的这一要素并力图改进应该是至关重要的。

4. 实用性

所谓实用性是指绩效考核系统要易于被管理人员及员工理解和使用。在考评过程中要把工作标准与组织目标联系起来,要把通过工作分析得到的工作指标与考评范围联系起来,即明确工作要求的数量和质量。如果考评系统过于复杂,员工看不清楚工作和绩效之间的联系以及考评结果的根据,管理人员不清楚或不理解考评的标准,就必然导致员工及管理人员的不满和抵制。

实际上,绩效考核系统的实用性就是指评价系统的设计、实施和信息利用都需要花费时间、努力和金钱,组织使用绩效考核系统的收益必须要大于其成本。

5. 可接受性

所谓可接受性是指包括员工绩效考核在内的任何人力资源管理方案必须取得与该方案有关人员的支持或接受才能够真正实施,否则将会遇到巨大的阻力。因此,企业必须重视员工的参与和支持。不考虑组织中的人际因素,就是再好的考评方法也无济于事。任何人力资源管理措施的实施,并不是人与人之间力量的较量。如果采取这种态度,只能降低管理措施的可接受性。一般来讲,只要将工作要求详细、准确地告诉员工,并征求员工的意见,可接受性就会大大提高。

绩效考核体系只有得到管理工作人员和员工的支持才能推行。因此,绩效考核体系经常需要员工的参与。绩效评价中技术方法的正确性和员工对评价系统的态度都很重要。

6. 标准性

在进入考评期之前,一个合格的绩效考核系统就应让员工及经理们明了对他们的业绩期望,从而让他们根据目标来调整自己的行为,以使两者更为协调,而非冲突。

考评标准应该清晰地被界定,以便员工确切地知道公司对他们的期望是什么。例如,"在一小时内干完活"的标准要比"工作快速"的标准清晰得多。使用清晰的绩效标准不仅能帮助指引员工的行为,而且还能帮助主管提供更准确的评分。例如,不同的主管可能对"工作快速"的确切含义存在着分歧,但他们对"一小时"则不会有什么认识上的偏差与分歧。

## 三、绩效考核系统的功能

有效的绩效考核系统要达到三个层面的目的:员工个体层面、业务流程层面、组织策略层面。

1. 员工个体层面

引导激励员工——绩效考核将个体的目标与整个企业的战略联系在一起,确保一个共同的努力方向。

对员工和团队对组织的贡献进行考评:

(1) 辨认杰出绩效;

(2) 确认差的绩效;

(3) 了解组织每个人的绩效水平并提供建设性的反馈;

(4) 帮助管理者们强化下属人员已有的正确行为;

(5) 使得管理者及其下属人员有机会通过制订计划来克服在工作绩效评价过程中所揭示出来的那些低效率的行为;

(6) 对员工进行甄别与区分;

(7) 使优秀人才脱颖而出;

(8) 了解员工培训和教育的需要;

(9) 根据员工的优点和弱点制订员工的个人职业发展规划;

(10) 使员工了解公司对其工作的评价;

(11) 使员工知道自己改进工作的方向;

(12) 有利于员工个人的职业生涯发展;

(13) 为员工的薪酬决策提供依据;

(14) 解决涨工资和发奖金的问题:谁该涨,谁不该涨,该涨多少,等等;

(15) 为员工的晋升、降职、调职和离职提供依据;

(16) 解决员工的人事调整问题,谁该晋升,谁该调岗,谁该辞退,等等;

(17) 淘汰不适合的人员。

**2. 业务流程层面**

改进管理流程——绩效考核为企业在特定的流程获得运营成功提供能够反映情况的数据和目标,确保企业关注到资源的合理分配和发展的驱动力。

(1) 对招聘选择和工作分配的决策进行考评;

(2) 对培训和员工职业生涯规划效果进行考评;

(3) 加强工作的计划性,从粗放管理逐步向可监控考核的方向转变。

**3. 组织策略层面**

反映企业状况——绩效考核提供一种可行的机制,以衡量企业在完成近期及长期战略目标中的成绩。

(1) 为工作计划、预算考评和人力资源规划提供信息;

(2) 目标由上至下逐层分解成目标树或目标金字塔;

(3) 监控发展;

(4) 集中力量,指明方向;

(5) 提高整体绩效水平;

(6) 与其他公司或行业基准进行比较;

(7) 促进变革;

(8) 达成企业总体目标。

绩效考核的目的不同,其内容也不一样。绩效考核是一项严肃而细致的管理工作。能否达到考评的预期目的,取决于考评系统的设计、考评方法的选择以及考评程序等诸多因素。而在这诸多因素中,建立一个良好的绩效考核系统,应该说是一个前提性的制约因素。

若以图 1-4 所示的以多种目标为指向而建立的绩效考核模型为例,则可通过这个模型了解绩效考核系统的结构性特征。此模型中包含诸多的三角关系,考评目的不同,绩效考核的系统结构就不一样。

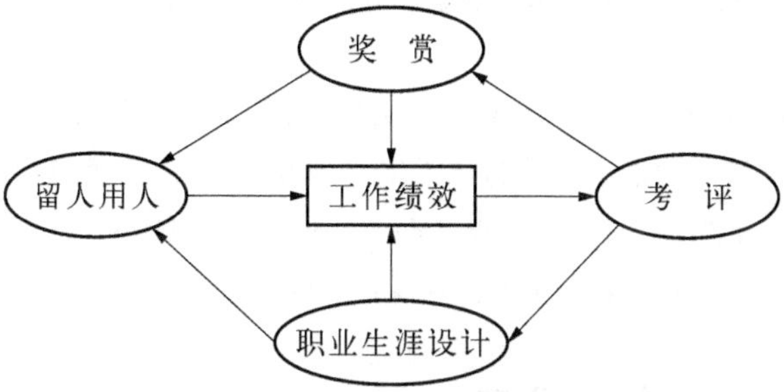


**图 1-4 以多种目标为指向而建立的绩效考核模型①**

该模型包括六个有目标的"三角关系",如图 1-5 所示。

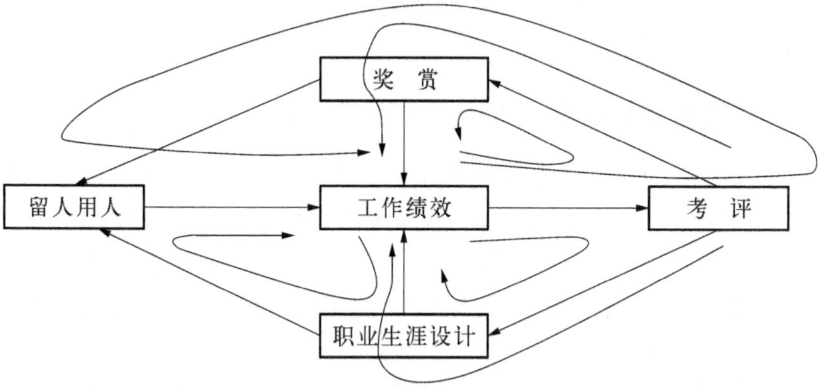


**图 1-5 六个有目标的"三角关系"**

第一个三角形若以职业生涯设计为指向,则"工作绩效—考评—职业生涯设计"为三角形;

第二个三角形若以激励人员为指向,则"工作绩效—考评—奖赏"为三角形;

第三个三角形若以留人用人为指向,则"工作绩效—考评—奖赏—留人用人—工作绩效"为三角形;

第四个三角形若也以留人用人为指向,则"工作绩效—职业生涯设计—留人用

① 商红日主编:《人力资源管理》,上海人民出版社 2001 年版。

人—工作绩效”为三角形；

第五个三角形若以提高工作绩效为指向，则“考评—奖赏—工作绩效”为三角形；

第六个三角形若也以提高工作绩效为指向，则“考评—职业生涯设计—工作绩效”为三角形。

从图 1－5 可看出，考评目标可根据不同的需要组合成不同的三角形，这样就能使绩效考核更客观、更有效。

当然，建立绩效考核系统必须要围绕五“W”，即 WHO、WHAT、HOW、WHY、WHICH，也就是建立的这个绩效考核系统必须要解决关于“谁考评”(WHO)、“考评什么”(WHAT)、“为什么考评”(WHY)、“如何考评”(HOW)、“考评后做什么的系统回答及其操作上的制度与技术上的规定”(WHICH)。

## 四、绩效管理的角色分工

绩效管理是整个组织的行为，绩效管理和绩效考核的成功既要获取全体人员的支持，又要把其作为所有管理者的责任，更要成为人力资源部门以及部门管理者的职责范围之一。

### （一）绩效考核必须获取全体人员的支持

一个考核系统如果没有全体人员的支持，就不能完全成功，它必须能被考核者、被考核者和企业高层所接受。如果被考核者不赞同这个系统，他们就会直接抵制和消极怠工。如果考核者认为系统不实用，认为它是浪费时间而没有真正价值，他们可能就不会恰当地填表格或根本不填。如果没有企业高层的支持，该套考核系统可能根本就无法真正实施。

该系统的开发者应该如何保证那些使用该系统的人接受和支持它呢？

**1. 赢得高层的支持**

没有企业高层的支持，该系统注定要失败。不仅要使高层同意将考核系统推广，而且要争取高层在政策与权力方面的支持，并为考核系统的开发投入充足的资源。

**2. 寻求各个直线管理者的协助**

各级直线经理实际上是人力资源管理的第一经理，他们必须承担相应的人力资源管理工作。考核是各级管理者不可推卸的责任，因为员工的绩效就是他们的绩效，而且他们不仅要成为下属员工绩效的考核者，还要作为员工绩效改善和员工职业能力不断提升的有效推动者。

3. 获得员工的充分理解

绩效考核的目的之一，是为了实现公平的管理，这是所有员工所关心的问题。必须使员工认识到考核的必要性以及考核对员工利益的影响，使员工树立正确的绩效价值倾向，同时鼓励各级员工参与考核系统的规划与开发工作，加强他们对绩效考核的理解与支持。

## （二）绩效考核是人力资源部门管理者的职责之一

对于人力资源部门以及部门的管理者，在绩效考核工作中要承担以下几项主要职责。

1. 设计绩效考核体系

如果没有一个有效的绩效考核系统，经理们在提供有意义的评分方面会有很大压力。例如，一位经理如果被要求用一种图解式评定量表来提供评分，他会感到很难给出准确的评分和有用的反馈，因为绩效标准在这些工具上被定义得过于模糊了。

2. 为参与绩效考核的考评者提供培训

人力资源部门需要向参与绩效考核的考评者提供适当的培训。考评者需要明白为什么准确的评分和有效的反馈是重要的，以及这些结果是如何得到的。对考评者的培训通常集中在以下几个方面：

(1) 如何进行考评面谈；

(2) 如何提供绩效反馈；

(3) 如何设定绩效标准；

(4) 如何运用绩效考核工具；

(5) 如何选择适当的绩效考核方法；

(6) 如何确认良好的绩效；

(7) 避免考评中的各项失误。

3. 监督和评价绩效考核系统的实施

人力资源部门要负责对整个绩效考核系统进行监督和评价，以保证它们能被恰当地实施。

(1) 监督。包括采取步骤以保证每次考评都得以及时实施、指示得到落实。

(2) 评价。大多数企业通过测量使用者对绩效考核系统的满意度来评价它们。

## （三）非人力资源部门及部门管理者的职责

绩效考核绝不单单是人力资源部门的事情，恰恰相反，这项工作是企业所有管理者的责任，在某种程度上，绩效考核工作甚至代表了一个企业管理水平的高低。

对于非人力资源部门以及部门管理者，则要在绩效考核工作中承担以下主要职责：

(1) 与员工进行沟通，制订考核的项目和标准；

(2) 负责实施本部门的绩效考核工作；

(3) 审核本部门员工的考核结果，并对考核的最终结果负责；

(4) 具体向本部门的员工进行考核结果的反馈，与员工一起制订绩效改进的计划；

(5) 向人力资源部门反馈本部门员工对考核制度和考核方案的看法、意见以及建议；

(6) 根据考核结果，在职权范围内做出相应的人事决策。

## 本章小结

尽管绩效考核的含义繁多，但归纳起来可以从三个层面来理解：① 绩效考核是从企业经营目标出发对员工工作进行考评，并使考评结果与其他人力资源管理职能相结合，推动企业经营目标的实现；② 绩效考核是人力资源管理系统的组成部分，它是运用一套系统的规范性制度、程序和方法进行的考评；③ 绩效考核是对组织成员在日常工作中所表现的能力、态度和业绩，进行以事实为依据的评价。

美国组织行为学家约翰·伊凡斯维奇认为，绩效考核可以达到八个方面的目的。实际上绩效考核本身绝不是目的，而仅仅是一种手段；只有通过考评才能检查我们的工作与目标的差距，才可协调、控制并矫正我们的行为。

绩效考核有许多用处，具体而言，主要有任用员工、知晓期望、报酬依据、晋升依据、知晓差距、挖掘潜力、增加沟通、为 HRP 提供依据等八方面的用途。

正确的绩效考核流程一般应该经历十大步骤：取得高层管理者的支持、设定绩效目标和制订完善的实施计划、确定考评标准和方法、广泛宣传和持续不断地沟通、培训考评者和直线领导、实施绩效考核、收集数据信息形成文档记录、分析绩效考核、绩效的诊断和提高、绩效考核结果反馈和再运用等。

绩效考核的内容比较复杂，我们可以从取决于行为表现的绩效考核内容、取决于对岗位的工作内容分析的绩效考核内容、针对不同层次的绩效考核内容等方面进行划分。

一个有效的绩效考核系统不仅仅拥有精确的考核目标和量化的指标，而是一个配合操作这些工具的高效能管理团队与确保绩效管理操作效果的环境机制形成的一个综合的系统。有效的绩效考核系统要达到三个层面的目的：员工个体层面、业务流程层面和组织策略层面。

## 案例分析

成君忆先生出版的《孙悟空是好员工》一书，轰动九州；而何明敏编著的《孙悟空不是个好员工》一书，惊动学界。谁是谁非？谁对谁错？至今争论不断。这不仅反映了当今中国评价的问题，实际上这也是一个古今中外普遍存在的问题。

比如，如何评价哥白尼？如何评价斯大林？如何评价秦始皇？又如何评价米卢？如此等等。

这不仅是一个中国的问题，也是一个世界性的难题！

实际上，不同的时代、不同的立场、不同的评价者，都会产生相左的结论。此可谓是"仁者见仁，智者见智"！案例中张先生特别提到以什么为导向，以及考评者的不同、考评指标的不同、考评对象的不同、考评工具的不同，甚至考评时限的不同，都会产生不同的评价结果。

因此，我们必须要强调不同的考评者，站在不同的立场，运用不同的标准，采用不同的评价工具，则会得出不同的结论。同时，我们要特别关注的是以什么为"导向"。这在本书的后续几章都会陆续予以讲解。

有关内容还可参阅张培德主编的《现代理才方略与HR》一书的第九章"绩效考核系统与体系分类分析"的介绍，这里就不再赘述了。

## 思考题

1. 如何概括地从三个层面来理解绩效考核的含义？

2. 美国组织行为学家约翰·伊凡斯维奇认为，绩效考核可以达到哪八个方面的目的？

3. 如何理解绩效考核不是目的，而是手段？

4. 具体而言，绩效考核有哪八方面的用途？

5. 正确的绩效考核流程一般应该经历哪十大步骤？

6. 绩效考核的一般原则是什么？如何保证考核过程的公平性？

7. 绩效考核的内容可以划分为哪三大方面？

8. 有效的绩效考核系统有哪些特征？应该从哪三个层面来达到目的？

# 第二章 绩效考核中的主要问题

引导案例

## 某国有企业的绩效考核

A公司成立于20世纪50年代初，经过五十多年的努力，在业内已具有较高的知名度，并获得了较大的发展。由于国家政策的变化，该公司面临着众多小企业的挑战，为此公司从前几年开始着手从管理上进行突破。

A公司的做法是由公司的高层领导与相关的职能部门人员组成考核小组。考核的方式和程序通常包括：被考核者填写述职报告；在本单位内召开全体职工大会进行述职；民意测评（范围涵盖全体职工）；向科级干部甚至全体职工征求意见（访谈）；考核小组进行汇总，写出评价意见，并征求主管、副总的意见后报公司总经理。

考核的内容主要包含三个方面：① 被考核单位的经营管理情况，包括该单位的财务情况、经营情况、管理目标的实现等方面；② 被考核者的德、能、勤、绩及管理工作情况；③ 下一步工作打算以及重点努力的方向。具体的考核细目侧重于经营指标的完成和政治思想品德，对于能力的定义则比较抽象。各业务部门（子公司）都在年初与总公司对于自己部门的任务指标进行了讨价还价。

对中层干部的考核完成后，公司领导在年终总结会上进行说明，并将具体情况反馈给个人。对于一般员工的考核则由各部门的领导掌握。子公司的领导对于下属业务人员的考核通常是看经营指标的完成情况（该公司中所有子公司的业务员均有经营指标的任务）；对于非业务人员的考核，无论是总公司还是子公司，均由各部门的领导自行决定。通常的做法，就是到了年终要分奖金了，部门领导才会对自己的下属做一个笼统的排序。

这种考核方法，使得员工的参与程度较高，公司在第一年进行操作时，获得了比较大的成功。但是，被考核者觉得自己的部门与其他部门相比，由于历史条件和现实条件不同，年初所定的指标不同，相互之间无法比较，心里还是不服。进行到第二年时，大家已经丧失了第一次考核时的热情。第三年、第四年进行考核时，员工考虑前两年考核的结果出来后，业绩好或差的领导并没有任何区别，自己还得在其手下干活，领导来找员工谈话，员工也只是敷衍了事。被考核者认为年年都是那套考核方式，没有新意，因而失去积极性。

**案例讨论题：**

1. A公司的绩效考核为什么不理想？
2. 在考核的过程中哪些是可取的？哪些是不可取的？
3. 你认为A公司应该怎么做？哪些地方应该改进？
4. 通过A公司的案例，你认为在绩效考核中应该注意什么？

绩效考核是人力资源管理理论中最为引人注目的热点问题，也是人力资源管理中的一个难点。传统的管理学家对于绩效考核的观点有两种：第一种是以管理大师彼得·德鲁克为代表的鼓吹派，在其代表作《管理实践》中提出了至理名言"考评，否则放弃"；第二种是反对派，其代表人物当属戴明，在其名著《质量管理》中猛烈抨击了绩效考核，列举多项绩效考核的"罪状"，认为绩效考核有可能使员工误入歧途，使管理偏离方向。实践证明，人们越来越赞同鼓吹派的观点，因为绩效考核的确能够帮助组织解决大量的问题，并且对于组织管理大有裨益。

所谓绩效考核，是一种正式的员工考评制度，是对员工在工作过程中表现出来的工作业绩、工作能力、工作态度以及个人品德等进行评价，并用之判断员工与岗位的要求是否相称。它是企业管理者与员工之间进行管理沟通的一项重要活动。绩效考核的结果可以直接影响到薪酬调整、奖金发放及职务升降等诸多员工的切身利益，其最终目的是改善员工的工作表现，在实现企业经营目标的同时，提高员工的满意程度和未来的成就感，最终达到企业和个人发展的"双赢"。

绩效管理流程主要包括：

第一步，制订考核计划，其中包括：① 明确考核的目的和对象；② 选择考核内容和方法；③ 确定考核时间。

第二步，进行技术准备。绩效考核是一项技术性很强的工作，其技术准备主要包括确定考核标准、选择或设计考核方法以及培训考核人员。

第三步，选拔考核人员，然后通过培训，可以使考核人员了解考核原则，熟悉考核标准，掌握考核方法，克服常见偏差。

第四步，收集资料信息。收集资料信息是要建立一套与考核指标体系有关的制度，并采取各种有效的方法来落实。

第五步，做出分析评价，其中包括：① 确定单项的等级和分值；② 对同一项目各考核来源结果的综合；③ 对不同项目考核结果的综合。

第六步，考核结果反馈。

第七步，考核结果运用，也可以说就是进入了绩效管理的流程。

从上节对于绩效考核的含义、原则、流程的介绍，以及本节绩效管理流程的介绍，我们不难发现，绩效考核是通过对员工在工作中的表现进行评价来判断员工与岗位的要求是否相称，以此来激励员工，推进公司的发展。而这是一系列的过程，既需要先前的准备(包括制订计划、做技术的准备以及收集资料)，从而做出分析和评价，更重要的是对考核结果反馈，并将考核结果运用到整个绩效管理的流程当中去。这绝对不是一蹴而就的事情，每一个环节都不能缺少，缺少了准备，考核不能顺利进行；若缺少了对考核结果的反馈及运用，就会陷入为考核而考核的误区。

中国人力资源开发网(以下简称"中人网")于 2004 年 11—12 月进行了大规模的中国企业绩效考核现状调查，如图 2-1 所示。

结果显示：国内企业的绩效管理体系建设尚处于初级阶段，具体表现为：

(1) 大部分被调查企业对绩效管理的认识不够；

(2) 大部分被调查企业的绩效管理体系尚不完善，还存在许多需要调整的地方；

(3) 大部分被调查企业对绩效管理的满意度不高。

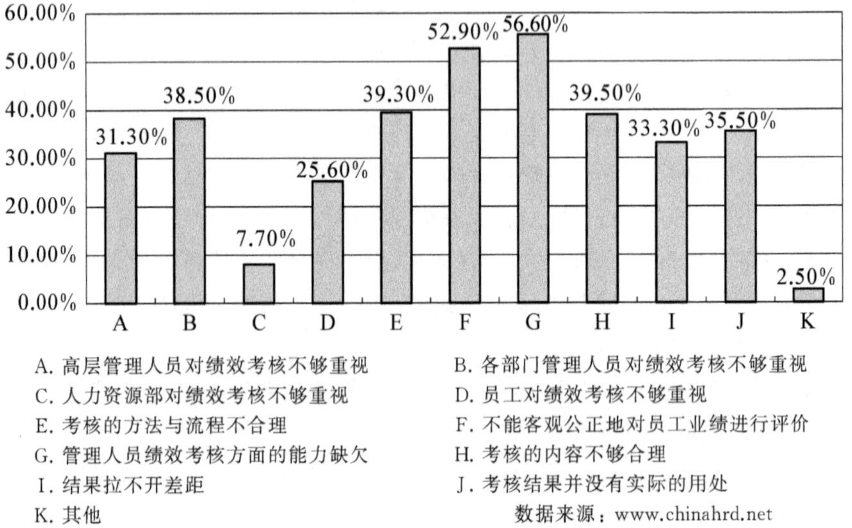


**图 2-1 中人网对于企业绩效考核问题的调查①**

从图 2-1 可以看出，企业年终绩效考核存在的主要问题依次分别是：管理人员绩效考核方面的能力欠缺(56.60%)；不能客观、公正地对员工业绩进行评价(52.90%)；考核的内容不够合理(39.50%)；考核的方法与流程不合理(39.30%)；

① 中人网对于企业绩效考核问题的调查，www.chinahrd.net。

各部门管理人员对绩效考核不够重视(38.50%);考核结果并没有实际的用处(35.50%);结果拉不开差距(33.30%);高层管理人员对绩效考核不重视(31.30%)。从这一调查结果可以看出,国内企业的年终考核可以说在各个环节都存在问题:高层管理人员对绩效考核不够重视;业务部门的管理人员对绩效考核也不够重视,并且缺乏绩效考核方面的能力,也不能对员工的业绩进行客观、公正的评价,导致考核结果拉不开差距;人力资源部对绩效考核虽然很重视,但是绩效考核系统的内容、方法与流程都存在很多不合理的地方,考核的结果也没有什么实质性的用处。

从中我们可以归纳出主要问题在于:

(1) 绩效凭感觉考核;

(2) 绩效凭关系考核;

(3) 绩效为考核而考核。

(4) 以及其他的问题。

# 第一节　仅凭感觉的绩效考核

## 一、管理人员绩效考核方面的能力欠缺以及对考核人员培训的不足

### 1. 企业部门管理者素质低

绩效考核工作的推行是否有效,企业部门管理者的素质是保证。作为一线业务部门的负责人,很重要的职责是进行部门管理和团队建设,而在如今市场和企业内部经营指标的双重压力下,部门负责人往往更重视业务的开展而忽视管理职责,甚至认为管理是额外的工作量,所以在进行绩效考核的时候,经常会有抱怨。于是,考核成了负担,中层管理者的这种心态严重阻碍了绩效考核的推进。在实际考核过程中,他们信息面窄,选择具有很强的主观性,往往凭感觉考核,制订考核指标缺乏有效的相关依据,只是顺着其他企业的潮流进行考核。因此对于企业要达到什么样的目标和实现什么样的员工素质,他们毫无头绪,因而也不能正确地对绩效考核的结果进行系统的分析及找出差距的原因。

### 2. 对考核人员的培训不足

绩效考核作为绩效管理过程当中的重要步骤,其考核主体同时也在绩效管理

的过程中承担了重要的角色。对绩效考核者的培训工作对于实现绩效考核的目标乃至绩效管理的目标都是非常重要的环节。

即使企业的绩效考核系统已经对员工的工作标准和绩效评价的程序进行了明确的规定,但是并不能确保绩效考核的结果得到员工的认同,使绩效考核产生预期的行为引导作用。绩效考核的意义并不在于如何准确地区分出人的"三六九等",而在于提供一种行为引导,使员工的工作行为符合企业对他们的期望,从而实现企业的战略目标。当员工的上级管理者作为绩效考核主体时,考核者在绩效考核乃至绩效管理中更是承担了重要的职责。而事实上,我国企业往往是先照搬别人的考核体系,然后就不经消化地在企业内部实施,很少对考核人员进行培训,这样就会形成主观偏差,陷入一些常见的误区。因此,对考核人员培训的一个重要的目的就是为了避免误区的产生。

评价误区的类型有以下几种:

(1) 晕轮误差,又称晕轮效应。当我们以个体的某一种特征形成对个体的一个总体印象时,我们就是受到了晕轮效应的影响,具体指由于整体印象而影响个别特性评价的倾向。

(2) 逻辑误差。指的是考核人员在对某些逻辑关系的评价根本进行评价时,使用简单的推理而造成的误差。产生逻辑误差的原因是由于两个评价要素之间的高相关。

晕轮误差与逻辑误差的本质区别是:晕轮误差只在同一个人的各个特点之间发生作用,在绩效考核中是在对同一个人的各个评价指标进行评价时出现的;而逻辑误差与被考核者的个人因素无关,它是由于考核人员认为评价要素之间存在一致的逻辑关系而产生的。

(3) 宽大化倾向。这是全世界最为盛行的评价误差行为。考核人员对考核对象所做的评价往往高于其实际成绩,产生的原因主要有:考核人员为了保护下属,避免留下不良绩效的书面记录,因此不愿意严格地评价部下;考核人员希望自己部下的成绩优于其他部门员工的成绩;考核人员对考核工作缺乏自信心,避免引起评价争议;评价要素的评价标准不明确;考核人员想要鼓励工作表现有进步的员工。

(4) 严格化倾向。这是与宽大化倾向相对应的另一种可能的评价者行为倾向。严格化倾向是指考核人员对员工工作业绩的评价过分严格的倾向,产生的原因有:考核人员对各种评价因素缺乏足够的了解;为了处罚一个顽固的或难以对付的员工;为了迫使一个有问题的员工主动辞职;为一次有计划的解雇制造一个有说服力的记录;为了缩减凭业绩提薪的下属的数量;为了遵守组织的规定(组织不提倡管理者给出高评价)。

(5) 中心化倾向。这是指考核人员对一组评价对象做出的评价结果相差不多，或都集中在评价尺度的中心附近，导致评价成绩拉不开距离。产生的原因有：人们往往不愿意做出“极好”、“极差”之类的极端评价；对考核对象不甚了解，难以做出准确的评价；评价要素的说明不完整、评价方法不明确；有些企业要求考核人员对过高或过低的评价写出书面鉴定，怕引起争议。

(6) 首因误差，亦称第一印象误差。它是指员工在绩效考核初期的绩效表现对考核人员评价其以后的绩效表现产生延续性影响。

(7) 近期行为误差。是指考核人员只凭员工的近期(绩效评价期间的最后阶段)行为表现进行评价，即员工在绩效考核期间的最后阶段绩效表现的好坏，导致评价者对其在整个评价期间的业绩表现得出相同的结论。

(8) 考核人员个人偏见。它是指考核人员在进行各种评价时，可能在员工的个人特征，如种族、民族、性别、年龄、性格、爱好等方面存在偏见，或者偏爱与自己的行为或人格相近的人，造成人为的不公平。考核人员个人偏见可能表现在：对与自己关系不错、志趣相投的人会给予较高的评价；对女性、老年人等持有偏见，给予较低的评价等。

(9) 溢出误差。它是指因被考核者在评价期之前的绩效失误而降低其评价等级。为了避免评价误区的发生，我们应该鼓励考核人员记录评价期间发生的关键事件，在对考核者进行培训时应对这种错误加以强调。

这些误区的产生都是由于在绩效考核之前缺乏对考核人员的培训，使得其在考核过程中凭感觉进行考核。避免考核者产生误区最主要的方法就是：通过培训使考核人员认识种种评价误区，从而使他们有意识地避免这些误区的产生。

具体来说，为了避免上述误区，可以采用的方法有：

(1) 将绩效考核指标界定清晰，以避免晕轮误差、逻辑误差以及各种错误倾向的发生。

(2) 使考核人员正确认识绩效考核的目的，以避免宽大倾向及中心化倾向。

(3) 在必要的时候，结合使用比较法(包括排序法、一一对比法、人物比较法和强制分配法)，以避免宽大化倾向、严格化倾向和中心化倾向。

(4) 宽大化倾向和中心化倾向的产生原因之一是考核者对被考核者缺乏足够的了解，从而使他们对于评价的结果缺乏信心，因而倾向于做出中心化的评价。解决这一问题的方法就是使考核者有足够的时间和渠道加强对被考核者的了解，在必要的时候甚至可以延期进行考核。

(5) 考核者缺乏信心还可能源于对考核体系本身缺乏信心，解决这一问题最重要的手段就是通过培训使他们了解评价系统的科学性和重要性，这样可以在一定程度上避免宽大化倾向和中心化倾向的发生。

(6) 通过培训使考核者学会如何收集资料作为评价依据,以避免首因误差、近期行为误差和溢出误差。通过使考核者学习如何科学地收集考核中使用的事实依据来避免这三类误差的发生。

中国人自古就有不得罪人的文化积淀,大多数主管都不愿做反面评价,他们还担心:被评为劣等表现会对员工造成负面影响、打击员工的工作信心和士气。在主管人员如此不甘愿的心态和感觉下,所做的考核必定是含糊混淆的,无法对员工起到正面、有效的引导作用。由于主观的成见或无心之小差错,都足以使绩效考核产生错误。就员工本身而言,他们多数认为自己最好的一面难以有机会以常态呈现给主管,因此,考核结果当中经常出现如"普通"、"合乎标准"等中等评价。现对上述所提到的各种误差及相应的培训进行针对性的重点总结,如表 2-1 所示。

**表 2-1　绩效考核常见误差及解决方法**

| 误区类型 | 具体描述 | 培训重点 |
| --- | --- | --- |
| 晕轮误差/晕轮效应 (halo effect) | 由考核对象的某一特征印象决定了总体看法 | 清晰界定绩效考核指标 |
| 逻辑误差(logic error) | 使用简单的推理而造成的误差 | |
| 考核人员个人偏见 | 考核人员在进行评价时,可能在员工的个人特征,如种族、民族、性别等方面存在偏见,造成人为的不公平 | |
| 宽大化倾向 (leniency tendency) | 对考核对象所做的评价高于其实际成绩 | 结合使用比较法(包括排序法、一一对比法、人物比较法和强制分配法) |
| 严格化倾向 | 对考核对象所做的评价过分严格 | |
| 中心化倾向 (central tendency) | 对一组评价对象做出的评价结果相差不多,导致评价成绩拉不开距离 | |
| 首因误差 | 员工在绩效考核初期的绩效表现对考核人员评价其以后的绩效表现产生延续性影响 | 考核人员记录评价期间发生的关键事件 |
| 近期行为误差 | 考核人员只凭员工的近期(绩效评价期间的最后阶段)行为表现进行评价 | |
| 溢出误差 | 由于被考核者在评价期之前的绩效失误而降低其评价等级 | |

## 二、绩效考核的目标不明确

现在许多企业强调引进先进的绩效考核体系，但有很多领导者还只是片面地以为考核就是奖优罚劣，对绩效考核的最终目的没有一个清楚的认识。绩效考核的根本目的是要促进员工的工作效果和效率，改进绩效。因此绩效考核是考核员工是否按照工作规定完成工作任务，其根本目的是改进。考核结果的好坏不是目的，而是要分析原因。考核结果不仅可用于分配报酬，还可用于晋升、培训、岗位调整等，但很多企业仅将考核结果简单地用于解决薪酬问题，这样就陷入了为考核而考核的误区。在我国，由于一些企业目的不明确，因此在设计绩效考核体系时往往表现出非科学性，如考核原则混乱，在考核内容、项目设定等方面无相关性，体现长官意志和个人好恶，凭感觉考核现象严重；绩效考核体系更改随意，缺乏政策的连续性和一致性。绩效考核只是一种管理的手段，是以有效的绩效考核创建高绩效的员工队伍，对员工的阶段性工作表现进行考评，而并不是管理的目的。由于目的性不明确，以及对考核意义的误解，使得领导者在考核过程中更增加了随意性。

从理论上而言，单位绩效、部门绩效、个人绩效是自上而下的三个层次，在设定考核目标时只需要严格按照纵向分解思路就可以逐级分解了。但是在实际操作中，某些工作的绩效结果并不一定会从员工的工作绩效中体现，而是从部门的绩效中予以反映，尤其是部门“夹缝”中的工作和需要通过合作才能完成的工作更是如此。在此情况下生搬硬套地采取自上而下分解目标的方式，将部门目标分解到个人头上是难以行得通的。因此在目标分解的时候，很容易顾此失彼，如果仅针对员工个人的绩效结果进行考核，必然埋没其对部门或团队的贡献，忽视对团队与部门绩效的责任感，相对削弱整个部门的凝聚力和战斗力，现代管理所提倡的员工之间的团队协调与配合也将受到极大的挑战。

从绩效管理的概念可以看出，绩效管理是发现问题、改正错误、开发和利用人力资源来提高个人和组织绩效。绩效考核只是手段，不是目的，但是在我国的公务员中，则存在着一些错误的认识，甚至认为绩效考核只是填张表，表个态，考核的时候看上级领导的“指示”，使考核流于形式，而且，如果采用这样的考核结果，将严重影响工资分配、职位晋升等工作的公正性和客观性，考核未能发挥其应有的激励公务员积极性和主观能动性的作用，容易导致的结果就是助长“重视拉关系，轻视干实事”的反向激励现象。

## 三、考核指标体系不健全，缺乏科学性

### （一）考核指标不明确

绩效考核没有依据或标准，这就更滋长了凭感觉考核的现象。许多企业在定

义绩效考核指标时，仅仅停留在考核德、能、勤、绩或者一些笼统的概念上，如团队精神、工作创新等，他们认为绩效考核指标越模糊就越全面。但事实并非如此，由于考核指标得不到有效的量化和细化，员工并不知道在日常工作中应该如何去做，以及做到什么程度可能得到高分。那么员工完全有理由认为，考核结果是由考核者主观臆断、凭感觉做出的判定，绩效考核只不过是形式上走过场而已。

有时候绩效考核标准不够清楚，考核标准和指标脱离岗位职责、脱离工作任务，或者考核标准不现实，各种指标体系不稳定、不统一，难以在大范围内或相对历史中进行比较，这些都使得考核结果可比性不强，对企业经营状况评价和经营者业绩评价难以形成权威结论。在绩效考核标准中还存在一些难以量化的因素，比如工作态度、协作关系、事业心等，对这些因素的考核没有一个确切的指标，主观随意性较大；此外，企业很难证明某些看似重要的考核标准是与工作绩效有关的，主管在考核时，容易情绪化；有时候主管因为平时没有记录员工表现的习惯，考核时缺乏参考资料，容易造成信息失真甚至目标偏离，以至员工不服考核结果。

## （二）考核指标体系缺乏科学性

### 1. 设计考核指标之前缺乏工作分析

在我国的企业中，工作分析还未受到普遍的重视，岗位职责模糊。工作分析是一切人力资源管理工作的基础，是设计绩效考核指标的根本依据。根据考核目的，对被考核对象的岗位的工作内容、性质以及完成这些工作所应具备的条件等进行研究和分析，从而了解被考核者在该岗位工作所应达到的目标、采取的工作方式等，初步确定绩效考核的各项要素。没有就工作内容做出明确的说明，这样一是失去了判断一个岗位工作完成与否的依据，使岗位目标难以确定，导致难以进行科学考评；二是各岗位忙闲不均，存在着同一职级的不同岗位之间工作量的大小、难易程度差别较大。结果，在其他表现差不多、工作任务也都完成的情况下，往往在工作量大、工作难度高的岗位上工作的员工没有被评为优秀。工作分析本应是绩效考核中的第一个主要环节，但我国很多企业还远没有做好，在没有明确的工作分析的情况下，绩效考核标准很难被科学地设计，考核结果就不能起到应有的作用。

### 2. 考核原则的混乱和自相矛盾

绩效考核体系的非科学性还表现为考核原则的混乱和自相矛盾上。在考核内容上，项目设定以及权重设置等方面表现出无相关性，随意性突出，常常仅体现个人好恶和领导意志；绩效考核体系缺乏严肃性，任意更改，难以保证政策上的连续性和一致性；指标的设立过于简单，往往只针对工作质量、数量和合作态度进行考核。影响员工绩效的因素其实是多方面的，既包括员工个人的技能和态度，也包括劳动场所的布局、设备与原料的供应以及任务的性质等客观因素。所以除了对工作质量和产量进行考评外，还应对员工的工作态度、能耗、出勤及团队合作等方面进行综合考虑，逐一考评，尽管各维度的权重可能不同。

对于企业经营者来说，考核指标的确定这个问题一直难以解决。利润、股票价值、销售额、资产额等等，经营者的业绩应与哪个或哪几个指标挂钩，这是一个目标导向的问题。由于"道德风险"和"逆向选择"的存在，经营者的努力程度和能力是"不可观投入"，为此必须寻找一些可以观测的替代指标来衡量经营者的努力程度和能力，从而使经营者的报酬能真实反映经营者的贡献。但是，可观测的指标常常具有相互冲突的多维特性，过于强调某一方面特性可能会产生不适当的激励作用。如完全依赖利润指标，有可能激励经营者为追求利润而采取"拼设备"的短期化行为。可观测的指标不仅为经营者的决策行为所影响，还受到许多非经营者所控因素的影响，如果经营者的报酬与这些指标"挂钩"，有可能表现为不公平，从而产生副作用。如利润指标除受经营者的能力和努力程度影响外，还受到企业条件、外部环境等多方面因素的影响。由于这两方面的困难，经营者的业绩与哪些指标"挂钩"这个问题难以有统一的定论。

目前从先进的平衡记分卡法的角度看，一个完整的企业业绩评价指标体系，应包括财务类指标和非财务类指标。财务类指标具体包括盈利指标、营运指标、偿债指标等，非财务类指标包括从顾客角度、员工角度、经营管理过程角度、社会机构角度对企业的评价。"评价标准"的问题取决于一个组织体系的价值观，建立什么样的"评价标准"，就意味着这个组织体系鼓励自己的成员做什么样的人。在这个问题上有两种倾向：一是重素质，二是重业绩。实际上两者不可偏废，因为"成事"和"育人"是相辅相成的。过于重"素质"，会使人束手束脚，过分重视个人行为和人际关系，不讲实效，而且妨碍人的个性和创造力的发挥，最终将不利于组织整体和社会的发展。这是中国几千年来的人员评价传统的最大弊病。而过于重"业绩"，又易鼓励侥幸心理，令人投机取巧、走捷径、急功近利、不择手段。一套好的考核标准，必须在"业绩"和"素质"之间安排好恰当的比例。应该在突出业绩的前提下，兼顾对素质的要求。评价方法的问题，就是"如何把所需要的人员发现出来"的问题。在"评价方法"上，有定性的评价和定量的评价。一般对业绩的评价易于定量，对素质的评价只能以定性为主。由于定性评价很难建立一套客观、明确的"田径标准"，而只有由评委打分的"体操标准"，因而不能不带有较大的主观性和模糊性。在考核制度中需要设计各种方法和公式来实现"模数转换"，将定性的东西定量化，以提高其客观性和准确性。

许多企业，尤其是一些高科技型企业，工程设计、科研开发人员、市场销售与售后服务人员以及管理人员的工作一直是绩效考核工作的难点，因为他们的工作与生产工人、操作人员相比具有复杂性、创造性等特点，在考核实施过程中对考核指标的把握上有一定的难度。但他们也确实需要得到科学、合理、公正的评价与认可,否则他们的工作积极性很难得到维持和提高,优胜劣汰的竞争环境也形成不了。为了保证有一套科学有效的考核标准,进行有效的工作分析、确认每个人的绩效考核指标,就成为确立这些员工考核标准的必要环节。因此,企业应通过调查问卷、访谈等方式,加强与各主管和员工之间的沟通和理解,在公司中为每位员工做出工作职位说明书,让员工对自己工作的流程与职责有十分明确的认识,也使员工从心理意识上进入状态,接受考核。不同的岗位、不同的职责要求、不同的工作职位说明书,考核指标也理所当然地有所不同。当然,在对考核指标的把握上,最重要的是要抓住关键绩效指标(Key Performance Indicator,KPI)。关键绩效指标考核体系是一整套覆盖各项职能和各个层次的关键业绩指标管理系统,通过设立3～5个关键指标将个人业绩与公司业绩紧密联系在一起,用以指导员工的工作。

# 第二节　仅凭关系的绩效考核

人是感情动物,因此不可避免地会把感情带入其所从事的活动中,绩效考核也不例外。无论考核者喜欢或不喜欢(熟悉或不熟悉)被考核者,都会对考核结果产生影响。考核者往往会给自己喜欢(或熟悉)的人较高的评价,而对自己不喜欢(或不熟悉)的人给予较低的评价。

## 一、考核主体单一,容易造成凭关系考核

绩效考核的考核者有时会出现信息面太窄、选择失误的情况。选择失误分为两种类型:第一类是只有唯一的考核者即员工的顶头上司。由于单个人不可能完全得知考核对象的信息,在信息不对称的情况下,单个考核者很难得出客观可靠的结论,最后就会陷入如上所说的误区,即在进行各种评价时,可能在员工的个人特征,如种族、民族、性别、年龄、性格、爱好等方面存在偏见,或者偏爱与自己的行为或人格相近的人,造成人为的不公平。第二类是有多个考核者但分工不清。对于员工的考核,企业的每层上级都有权修改员工的考评语,各层领导由于所处的角度不同,所掌握的信息不同,可能会产生意见分歧,这样容易产生多头考评的弊端,最终不得不以最高领导人的评定为准。其结果是:一方面,被考核者的直接上级感到自己没有实权而丧失了责任感;另一方面,员工也会认为直接上级没有权威而不服

从领导,走“上层路线”,使企业内的正常指挥秩序遭到破坏。此外,考评结果的最终裁决权掌握在最高领导者手中,实际上是把员工对考评结果可能存在的不满转嫁到最高领导者身上,现实中员工对企业领导者的不满大多就是这样产生的,这可能会造成企业的最高领导者威信的丧失。

使用多个考核者,使考核者数量增大,获得更准确信息的可能性也会增加。这种方法常用在跳水、体操之类的体育比赛中。多个考核者同时判断一个动作,去掉最高分和最低分,最后得分由剩下的几个分数相加平均而得。考核由谁来执行的问题直接影响到绩效考核的效果,一般认为,采取集体评价的方法,去掉最高分和最低分,取其平均分,避免一对一的考核。目前大多数企业采用的方式正是由考核小组实施考核,考核小组由各部门的主要人员和公司正、副总经理组成。这种方式可以反映出员工在各个方面的差别,但也有一些不利的方面,如由于考核主体摆不正自己和员工的位置关系,习惯于高高在上,发号施令,因此在考核时自觉或不自觉地充当着法官的角色,而被考核者则无奈或麻木地处于被宣判者的地位。这种在地位上被扭曲的考核,会导致一些素质不高的管理者将考核作为拉帮结派、玩弄权术的工具,同时也容易使广大员工对考核工作产生反感、厌倦甚至憎恨的心理,从而人为地拉大了和管理者的距离。这种考核,无论是对组织还是对员工都是有百害而无一益的。通常来说,不同的绩效指标信息需要从不同的主体处获得,因此,应该让对某个绩效指标最有发言权的主体对该绩效指标进行评价。考核关系和管理关系保持一致是一种有效的方式,因为管理者对被管理者最有发言权。当然,管理者也不可能得到被管理者全部绩效指标的信息,还需要从被管理者的其他方面获得信息。

对解决考核主体单一的问题,可采取如下解决方案。

(1) 变“法官”式考核为“教练”式考核。近年来,在人力资源管理领域引入了一个新的概念,那就是“教练”。它把绩效管理带入了一个新的境界,是新世纪人力资源管理理念和实践的一个重大突破,对于管理者如何带领好一个团队具有重要的指导意义。“教练”一词在体育界是被使用得最多的,原是特指在某项技能方面能够给运动员制订培训计划、安排日程训练、临场指导比赛的人。现在赋予“教练”的工作内容除上述之外,身体保健、饮食结构、心理沟通、训练时间之外的生活安排等都得顾及。他们与运动员之间既是管理者与被管理者的关系,更是师生关系、伙伴关系。企业中的“教练”是指能够掌握和运用一套现代科学知识与管理技术,通过对员工调整心态、挖掘潜能、调动积极性、激发创造力等手段,帮助员工提高工作绩效的管理者。他们的最终目的是使员工成为事业和生活方面的成功者,以达到员工个人业绩与组织业绩双赢的效果。只有这样,在企业的绩效考核中考核主体才会真正成为“教练”而非法官,考核方式才会从法官式考核变为“教练”式考核。在成功实施变"法官式"考核为"教练"式考核的基础上,可适当结合 360 度考核法,也就是从多个角度来反映员工的工作,它基于上级、同事、下级、客户与自我等信息来源,收集信息,考评绩效,并提供反馈。这使得考评结果更加客观、全面和可靠,剔除了凭关系考核的因素。特别是对反馈过程的重视,使得考评不但能发现问题,还为解决问题提供了一个很好的渠道。

(2) 摒弃传统的绩效考核关系的不足,建立现代绩效考核关系。上级考评就是由上级主管人员担任考评者,根据自己对被考评人的了解对每个被考评者的绩效进行考评。这种考评方式的改进就是加入自我考评的因素,在绩效考核过程中,首先由被考评者本人对自己在某一时期内(如半年或一年)的工作表现情况进行自我对照性的总结和自我考评,然后再由其直接上级对员工的自评提出考评意见,最后再由上一级主管根据被考评人的自评和其直接上司的意见提出最后的考评意见,即上级考评为主,自我考评为辅。这种考评方式被我国大部分企业所采用,但这种考评方式归根到底是单向绩效考核,有失公允。双向考评的方法是把传统的单向绩效讨论变成了双向协作,使经理和员工都受益。双向考评就是考评的信息和反馈双向流动,不仅从上级主管流向下属员工,也从下级流向上级,即上级考评下级绩效的同时,下级也考评上级的绩效。双向考评的最大特点是领导和员工都站在相同的位置上,通过双方的沟通建立起一种合作精神。

(3) 建立团队间考评关系。在绩效考核系统中,除了要对个人进行考评之外,还需要对团队绩效进行考评。以往对每个部门工作目标的完成情况进行考评时,往往忽略了部门间的合作。而只有通过部门间的良好合作才有利于整个组织目标的达成,特别是对于业务支持部门来说,其他部门对于他们所提供的服务支持的满意程度至关重要。因此在绩效考核中应加入部门间工作满意度考评。

(4) 360 度考核多主体评价,获取全方位信息,评价更客观。上面的三种方法都提到了 360 度考核方法,可见 360 度考核在现代人力资源管理中的重要性。那么什么是 360 度考核? 360 度考核(360-degree feedback)作为绩效管理的一种新工具,正越来越多地被国际知名大企业使用。据调查,在《财富》杂志排名前 1 000 位的企业中,已有 90%的企业在使用不同形式的 360 度考核法,比如 IBM、摩托罗拉、摩根士坦利、诺基亚、福特、迪士尼、西屋、美国联邦银行等,都把 360 度考核用于人力资源管理和开发中。现代经济的飞速发展,要求企业的组织结构、组织管理、组织文化不断调整,以适应这种变化;知识经济时代的到来,要求企业加快建立职业经理人队伍;而扁平化结构、矩阵式管理、参与式管理、团队协作、关注员工职业生涯发展、注重客户满意度等新的管理理念和管理方式,都使得传统人力资源的自上而下的单向业绩考核方式和结果导向不再适应当今人力资源管理的需要。

360 度考核法正是适应了这一需要而产生的。从国内外现有的考核工具看，360 度考核法是其中相对客观、全面、科学的一种考核方法。传统的考核，多是自上而下，由上级主管对下属工作进行的单向评定。而 360 度考核，被考核者的考评者，不仅有其上级主管，还包括其他与之密切接触的人员，如同事、下属、客户，以及本人自评。它是一种从不同层面的人员中收集考评信息、从多个视角对员工进行综合绩效考核并提供反馈的方法，或者说是一种基于上级、同事、下级和客户等信息资源的收集信息、考评绩效并提供反馈的方法。360 度，顾名思义，就是多角度或全视角，这种方法的出发点就是从所有可能的渠道收集信息。图 2－2 是 360 度考核法示意图。

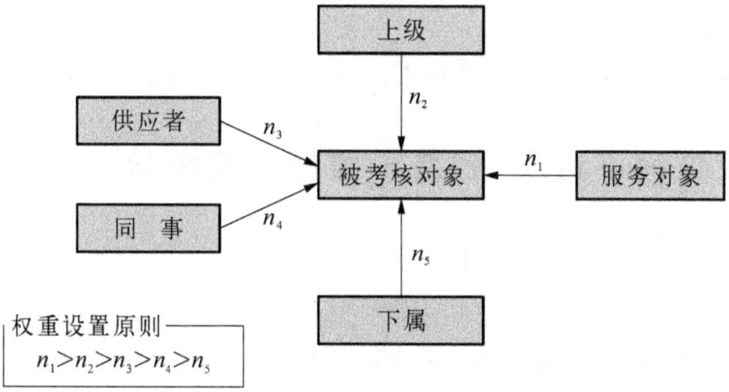


**图 2－2　360 度考核法示意图**[①]

图 2－2 反映出 360 度考核法中被考核者的考评者主要来自上级、下属、供应者、同事和服务对象，且他们之间的权重设置是遵照如图 2－2 所示 $n_1 > n_2 > n_3 > n_4 > n_5$ 的原则实行。

在实际操作中，360 度考核法应遵循如下原则：

（1）每位被考评者的考评者总人数一般不少于 7 人，不多于 15 人 。一般来说，参评人数达到 6～10 人左右就可以保证考评结果较高的稳定性。图 2－3 反映的是考评人数与考评信度之间的关系，通过图 2－3 我们可以看出，当考评人数达到 6 人以后，考核的信度已经稳定在 0.5～0.6 之间。

（2）确保评分者与受评者之间有足够的工作接触。并且要求共事 6 个月以上，而不仅仅是一般的认识关系。

（3）与受评者有竞争关系或利益关系的人员不得参与评分。在可能的情况下可以让受评者参与推荐 360 度考核评分人员，以确保受评者对最终考评结果的认

① 360 度考核法示意图，www.chinahrd.net。

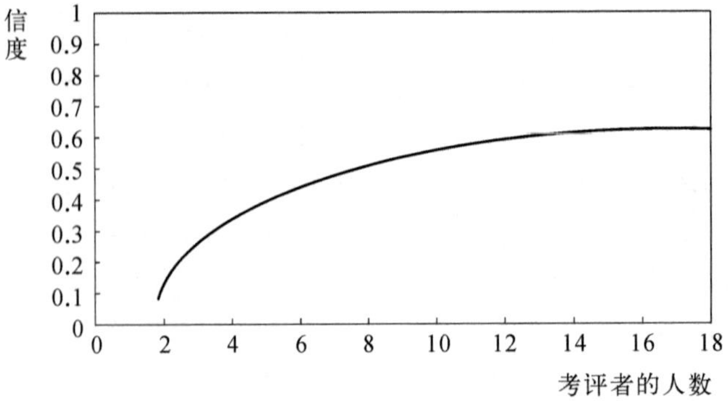


**图 2－3　360 度考核的信度：究竟多少考评者较好**[①]

可接受度。

(4) 强调服务对象的评价权重最大，正如图 2－2 所示。

## 二、考核过程不透明，容易导致凭关系考核

绩效考核工作应着眼于员工能力的提高及潜能的发挥，在执行过程中应该是公开透明的。许多企业已经制定和实施了完备的绩效考核，但是在实际考核过程中不能落实。比如一些企业根本没有平时考核，或平时考核不严格。仅仅是年终部门领导组成考核小组对部门成员进行考核，并且考核过程不公开。这样员工内心都认为绩效考核只是一种形式而已，出现所谓“平时干和不干一个样，干多干少一个样；领导说你行你就行，说你不行你就不行”的消极情绪，没有人真正对绩效考核结果进行认真分析，没有真正利用绩效考核过程和考核结果来帮助员工在绩效、行为、能力、责任等方面得到切实提高。

绩效考核是识别、观察、测量和开发组织中人的绩效的过程，以更为有效地达到组织的目标，同时有助于员工认识和接受反馈、迎合员工的工作需求以及指导员工的职业生涯(Lansbury，1988)。绩效考核方法如同无形的指挥棒，引导着员工的行为，也影响着员工的心理感受。良好的绩效考核可以准确评价员工的各个方面，为员工的薪酬和晋升等提供可靠的依据，从而有效激励员工。绩效考核的公平感是个体根据一定的公平标准，对绩效考核进行的价值判断和评价。对公平感的分类有多种，主要有单因素论(Adams，1965)、双因素论(Taibaut 和 Walker，1975)、三因素论(Masterson 和 Lewis，2000)、四因素论(Colquitt，2001)。本书采用最广的分类方法，即将公平分为分配公平和程序公平两个维度来讨论。

① 根据 Page(1984)和 Jackson (1996)理论整理而得。

1. **分配公平**

公平理论(Adams,1965)认为,员工的工作态度和积极性不仅受其所得的绝对报酬的影响,而且还受其所得的相对报酬的影响。人们会把自己从工作中得到的结果与投入的比率和相关的其他人的结果与投入比率加以比较,或者与自己以前的结果与投入比率比较。如果发现比率相当,他们会认为公平;反之,就会认为不公平。当员工感到不公平时,内心就会不平衡,从而产生不满情绪。反映在行动上,就会想办法增大对结果的获得或者减少对投入的付出。这其中,由于组织公民行为的自发性、不可测量性和非角色性,最容易成为员工减少投入的首选。当员工认为自己的获得与付出比率小于他人,在他人遇到困难时,就不会再热心地予以帮助,甚至可能对考核评分高的人冷嘲热讽。而在个人行为上,由于积极性受打击,员工的主动创新性会降低,不再主动承担额外的责任,对组织则多有抱怨,满意度、忠诚度、服从性降低。

2. **程序公平**

程序公平是被考评者对企业用于考评员工绩效的机制和过程的公平感知。最常被提到的程序公平理论是 1980 年 Leventhal、Karuza 和 Fry 提出的,他们提出了六个评价程序公平的原则:一致性原则、偏见一致原则、精确性原则、可纠正性原则、代表性原则和伦理性原则。绩效考核是一种控制工具,它涉及对员工决定和表达如何执行其工作,以及如何建立改善计划的过程。程序公平能够影响组织成员的满意和对组织的积极评价,而且能够使组织成员更愿意为了团队或组织的利益而放弃他们的短期利益,做出超过角色要求的努力。如果考核程序的透明性、操作性和合理性得到员工的认可,员工通常会展现出对公司高度的信任与奉献精神,愿意主动合作,贡献自己的热情和才智。因为结果分配的绝对公平是不存在的,所以员工有时无法获得与自己付出相对应的回报,但只要绩效考核程序是公正的,即便结果不利于自己,员工也会接受。因此,程序公平感比分配公平感对员工的影响更大。但是如果在考核的过程中,不遵循偏见一致原则,对人不对事,考核过程实行暗箱操作,则极易导致凭关系考核,最终会打击员工的工作积极性,抑制其热情和才智的发挥。

建立绩效评审和申诉系统,既是考核工作民主化、科学化的要求,也是防止和纠正考核偏差的有效措施。评审系统可由人力资源部牵头,由高层和专家组成,主要负责以下工作:监督各部门有效组织绩效考核工作;针对考核工作中存在的问题进行专题研究,提出具体的对策;对考核结果进行复查,确保考核结果的公平公正;对存在争议的考核结果进行调查甄别,防止引发不必要的冲突。绩效申诉系统为员工提供了投诉获得公平待遇的途径,通过该系统允许员工对绩效考核结果提出异议或发表意见,给考核者一定的约束和压力,使他们慎重考核,在考核中注重信息采集,减少矛盾。

# 第三节　为考核而进行的绩效考核

绩效考核作为人力资源管理的一项重要职能,在我国企业和事业单位中都有着不可替代的作用,是绩效管理量化的重要一环。但是我国的企业和政府行政单位中,往往把绩效考核当作一种形式,内容流于表面,单纯地为了考核而考核,这样就和绩效考核的初衷相违背了。刘敬孝、王倩在《企业绩效考核中存在的问题与对策》一文中写道:“国务院发展研究中心企业研究所对全国各类行业的 1 883 家企业的问卷调查样本显示,2004 年我国有 67.3%的企业都实行了绩效考核,目前尚未实行但准备实行绩效考核的企业只占到 21.6%。”但是根据刘敬孝、王倩在 2004 年对山东半岛 300 家国有企业和 150 家日资及韩资企业的调查显示,“80%企业的人力资源经理认为自己企业的绩效考核在很大程度上流于形式,起不到应有的作用”。这种为了考核而考核的现象不仅仅是在企业中表现出来,在国家行政事业单位也是如此。具体而言为了考核而考核有如下几个方面。

## 一、考核意义不明确

在考核的过程中,考核者和被考核者都未能清楚地了解绩效考核只是一种管理手段、考核的本身并非是管理的目的这个问题。考核往往主要对工作质量、数量和合作态度进行考核,但是影响员工绩效的因素其实是多方面的,既包括员工个人的技能和态度,也包括劳动场所的布局、设备与原料的供应以及任务的性质等客观因素。所以除了对工作质量和产量进行考评外,还应对工作态度、能耗、出勤及团队合作等方面综合考虑,逐一考评,尽管各维度的权重可能不同。许多企业把考评表格制订得非常详细,对员工要求的指标制订得近乎完美,其结果往往是劳而无功、怨声载道。对员工的生活习惯、行为举止、个人癖好等内容都不适于作为考评内容出现。有效的考评工作不是纸上谈兵,最终过程取决于人,各种考评表会起一定的作用,但终究不能取代一个懂得对员工进行业绩考评的管理者。有些企业的管理者认为把组织的目标进行分解,为员工指定年度绩效目标,然后在一个阶段后对员工进行考评就是绩效考核。至于员工能否产生组织所要求的绩效、能否完成这些目标,或完成这些目标需要什么技能、应得到哪些支持和帮助,似乎与己无关,甚至对下属绩效的提高漠不关心，结果员工的年度绩效制订得再好也只不过是水中月、镜中花。追根溯源，有些企业虽然希望将组织绩效和员工绩效结合起来，但考核的时候，员工是一套考核体系，主管是另一套考核体系，主管的考核项目与员工的考核项目没有关联性。如何分析并运用绩效考核所获得的结果与在实施考核工作之前对考核目标的设想有极大关系。因此明确考核的目标是非常关键的，但是许多企业并不清楚绩效考核到底有什么用，只是盲目地随大流，看到其他企业开展绩效考核我们也开展，结果造成“考核处处在，结果不实在”的局面。由于考核的目的不明确，在考核的过程中出现了不良的现象，有的企业片面夸大考核的作用，有的企业片面低估绩效考核。在这种情况下，企业不可能正确地分析考核的结果与目标之间的差距，更不能找到其中的原因并调整考核指标体系、完善企业制度，形成一种良好的企业文化。大多数企业的老板都希望通过绩效管理达到客观评价工作业绩、保证公司各项目标实现的目的，但这些工作都需要有一定的基础，如规范的管理制度、科学的决策机制等，单靠绩效管理是无法达到这些目的的。绩效管理要结合企业实际发展需要而设定，不能超越企业实际所处的阶段而盲目追求不切合实际的目标。

## 二、考核周期与考评方法的不科学

工作绩效考核周期是指员工接受工作业绩考核的间隔时间长短。考核的频率也关系到考核是否合理、能否反映真实的情况。要确定考核周期的长短，首先要分清楚哪些是任务绩效指标，哪些是周边绩效指标。一般来说，员工的绩效指标中可评价的一部分应该是与其工作产出直接相关的，也就是直接对其工作结果的评价，国外有的管理学家将这部分绩效指标称为任务绩效；另一部分绩效指标是对工作结果造成影响的因素，但并不是以结果的形式表现出来的，一般为工作过程中的一些表现，通常被称为周边绩效。对任务绩效的评价通常可以用质量、数量、时效、成本、他人的反应等指标来进行，对周边绩效的评价通常采用行为性的描述来进行。这样就使得绩效考核的指标形成了一套体系，同时也可以操作化地评价。对于任务绩效指标，可能需要较短的考核周期，例如一个月。这样做的好处是：一方面，在较短的时间内，考核者对被考核者在这些方面的工作产出有较清楚的记录和印象，如果都等到年底再进行考核，恐怕就只能凭借主观的感觉了；另一方面，对工作的产出及时进行评价和反馈，有利于及时地改进工作，避免将问题积攒到年底来处理。对于周边绩效指标，则适合于在相对较长的时期内进行考核，例如半年或一年，因为这些关于人的表现的指标具有相对的稳定性，需较长时间才能得出结论，不过，在平时应进行一些简单的行为记录作为考核时的依据。但现在通常的情况是：有的企业平时不做考核，等到年底才进行，而这时考核者对被考核者平时的工作表现已不可能有清楚的记录和印象，只能凭借主观感觉进行考核；有的企业则考核太过频繁，考核周期短到每月甚至每周一次，加重了组织者的工作负担，而且造成了不必要的人力资源浪费。还有些企业的平时考核形同虚设，不少部门没有实行平时考核，或者平时考核与年度考核的关系没有明确，这不利于对员工的管理，也不利于保证工作目标的实现。现在很多的企业和事业单位往往在开始实行绩效考核的时候会在短时间内进行大量的考评，这样的初衷是好的，但是过于频繁的考核往往收效甚微，反而会给员工的心理带来一种忙于应付但又浪费时间的感觉，久而久之就会产生工作是为了考核的心理，造成员工大量地做表面工作，而实际对单位有效益的工作却减少的结果。

## 三、考核结果反馈不力

1. *考核无反馈*

无反馈是在绩效考核中比较普遍的一种现象，我们的管理者一般只重视考核这一环节，在考核之时，编制表格、强化指标，花时间详细考核、评价得分等，这是很好的现象。许多单位在刚刚开始实行绩效考核的时候在过程上面花费大量时间和精力，这也是有其原因的。

首先，现在通过很多渠道都可以得到一些现成的考核模板，比如业务员的绩效考核。这些都是成功企业或者单位总结出来的可以较好地考评员工工作效率的有效形式。但是每个单位的情况是不一样的，有些单位虽然可以套用其他企业的模式，可是在结果处理上面却没有很好地结合自身的实际情况。可以看出各个企业或者单位都有自己的优势和弱点，采用绩效考核的目的就是要提高工作效率，如果单纯地为了考核而考核，缺少面谈的程序或者草草结束面谈，使面谈成为一种形式，没有合理利用，那么过程终将成为一种形式，慢慢地我们会发现绩效考核只是走过场，没有起到应有的作用。

其次，大部分企业由于受长期的封闭式人事管理制度的影响，考核工作走过场，没有得出有用的考核结果；或者考核者主观上和客观上不愿将考核结果反馈给被考核者，使考核行为成为一种暗箱操作；或者考核者缺乏良好的沟通能力，没有驾驭反馈绩效考核结果的能力和勇气。虽然有种种的原因，但是我们不可以放弃反馈这一重要的环节，特别是在反馈中的面谈。因为面谈一般能起到纠正考核结果、改善员工行为、了解绩效管理过程中存在的问题、为员工制订绩效改进计划等作用，因而可以说，面谈是绩效管理能否出效果的关键程序，也是考核的终极目的之一,如果我们丢掉这个过程便犹如捡了芝麻丢了西瓜。由于以上种种原因,把绩效面谈形式化,使得员工不能从绩效考核中得到改进的益处,最终降低绩效管理的效果,甚至废弃这一有用的管理工具。出现这种情况往往是考核者担心反馈会引起下属的不满,在将来的工作中采取不合作或敌对的工作态度,这就不是当初开展绩效考核的初衷了。

2. 无沟通的反馈

无沟通的反馈是另外一种走过场式的反馈,其原因也是多方面的。比如,可能是绩效考核结果本身无令人信服的事实依据,仅凭领导意志得出结论,如进行反馈势必引起巨大争议,那样将会使员工产生逆反心理。所以很多公司和单位就仅仅把考核结果作为人事决策及员工的职业发展、培训、薪酬管理的依据,却没有与被考核者进行必要的交流和沟通,使得被考核者只知道有这样的结果却没有很好的了解其中的原因,而对于考核者而言可能就错过了从更深的层次去了解被考核者考核期间的各种变化,因为往往绩效考核的结果在一定程度上反映了员工一定时期内的工作行为、表现及结果。企业在实施绩效考核中,通过对各种资料、相关信息进行收集、分析、判断和评价等流程,会产生各种中间考核结果和最终考核结果。这些考核结果本可以充分运用到人事决策、员工的职业发展、培训、薪酬管理等多项工作中去,使员工通过绩效考核结果,正确认识到自己的差距和不足,更加努力地工作和提高自我,从而获得更多的发展机会、取得更好的业绩。但是,目前许多企业对绩效考核结果的运用缺乏明确的概念和思路,把绩效考核的结果仅仅作为奖惩手段或鉴定性档案,对考核结果的综合运用尚未开展起来。例如在公务员的绩效考核中,绩效反馈往往缺乏沟通。按照公务员绩效考核程序规定,“将公务员年度考核的结果以书面形式通知本人,本人如对考核结果有异议,可按有关规定申请复核”。对于公务员的考核,其目的是为了全面提高公务员队伍的素质,改善行政机关的公共服务,为实现“行政为民”创造更好的条件。因此,这样的考核结果,应当让被考核者知情而不是相反,绝对不应当使考核在神秘化的氛围中运作。可是,或许是因为我们的组织人事业务长期以来的习惯,在实际考核工作中,一些部门仅将考核结果通知被考核者,并没有就考核情况与被考核者进行直接面谈,导致被考核者不清楚自己工作中的缺陷和不足,也就不利于改善个人和组织绩效,更谈不上对被考核者提出绩效改进的建议。

3. 考核结果与奖惩脱节

这种现象在我国的企业中比较普遍,主要表现为考核结果过多地顾虑被考核者的情绪,常常是优点讲得多,缺点提得少,干部对自己的缺点不能完全察觉,使考核达不到教育和提高干部的目的。没有完全将考核结果与奖优罚劣结合起来,这样企业的问题就会越积越多而得不到及时解决,给企业的未来发展埋下了严重的隐患。对很多企业来说，绩效考核只是为了完成上级交给的任务，考核完毕之后便将考核结果束之高阁，考核结果几乎不会对被考核者最终的报酬和未来职位的升迁产生任何影响。对于绩效显著的员工不能给予相应的物质与精神上的奖励，而对绩效差的员工惩罚力度不够，这样必然导致员工的工作积极性不高，从而使绩效考核失去了实际意义。

4. 将考核结果一味地作为惩罚的工具

与上面的情况相反，有些企业在实施绩效考核中，通过对各种资料及相关信息的收集、分析、判断和评价等流程，会产生各种中间考核资源和最终考核资源。但目前很多企业对绩效考核信息资源的利用出现两种极端：一种是根本不用，白白造成宝贵的绩效信息资源的巨大浪费；另一种则是管理人员滥用考核资源，凭借考核结果对员工实施严厉惩罚，以绩效考核的信息威慑员工，而不是利用考核信息资源来激励、引导、帮助和鼓励员工改进绩效、端正态度、提高能力。这种现象在民营企业中往往表现得比较突出，民营企业的管理者喜欢用考核的结果来约束员工的行为，更有甚者考核的目的就是为了惩罚员工。比如，以考勤制度来评定业务员的奖金收入。众所周知，业务员的奖金一般是按照业务量和客户的反馈来评价的，如果按照考勤来考评的话，将会大大影响业务员开拓市场的积极性。

## 四、考核人员素质不高

绩效考核是一项复杂的工作，对考核主体的思想政治素质和相关业务素质的要求较高，所以大部分企业和政府单位都非常重视考核人员的选择。但是一方面，由于组织部门平时工作较忙，有时需要从相关部门抽调干部参加考核，尽管抽调的干部多是各部门的骨干，但由于平时缺乏必要的培养和专业训练，其理论水平、谈话艺术及相关业务知识等基本素质还不能完全适应考核工作的需要。如有的考核者在考核谈话前，先入为主，使被考核者不好表达不同意见；有的考核者认为考察对象都是经过民主推荐、党组织集体研究确定的，都是各方面条件不错的同志，考察不过是例行公事，走走程序；还有的考核者不能严格遵守考核纪律，有意识或无意识地泄漏谈话内容，造成同事间互相猜疑或群众不敢讲真话的现象。另一方面，是考核者无能力将考核结果反馈给被考核者，这种情况的出现往往是由于考核者本人未能真正了解人力资源绩效考核的意义与目的，加上缺乏良好的沟通能力和民主的企业文化，使得考核者没有驾驭反馈绩效考核结果的能力和勇气。更加严重的是某些企业的高层管理者素质不高，影响了绩效管理计划的制订。一些早期的民营企业家文化基础普遍较差，在企业发展后，其现有文化水平和管理经验难以适应企业的发展需求。同时，中层管理者的素质不高，也影响了绩效管理计划的执行。管理员工的绩效是绩效管理中非常重要的一个阶段,也是常常被忽视的一个过程。在民营企业中,特别是乡镇民营企业,员工的来源决定了员工的整体文化素质以及业务素质不高,尤其是中层管理人员的管理水平和业务能力不强,亟待提高。在企业本身缺少制度规范的条件下,员工与中层管理人员素质不高也必然使企业处在低绩效状态中。而在我国现行的公共部门人力资源管理实践中,考核的作用尚未完全发挥,使得在做出关乎公务员切身利益的奖惩、职务变动等决策时,领导、主管的意见是主导,考核结果居其次,考核似乎成了公共部门人力资源管理过程中的一个"橡皮图章"。另外,实现公共部门员工职业发展的重要活动——培训,也没能与考核工作相衔接,使得人员培养缺乏针对性和有效性。在干部考核中,或多或少地存在着"五重五轻"问题,即重汇报、轻实效,重眼前、轻长远,重显绩、轻潜绩,重程序、轻标准,重结果、轻分析。偏重于对被考核者表面现象的考察,对一些比较隐秘的问题甚至已经反映出来的问题的调查重视不够,致使少数领导干部在工作中脱离实际,热衷于做表面文章,只保证暂时不出问题,而忽视了一些潜在问题及长效机制的建立,给日后的工作埋下较大隐患。

## 第四节　绩效考核中的其他问题

有些企业的考核者在对员工的绩效进行考评时,会不自觉或下意识地出现各种行为上的考评错误,如:首因效应误差、近因效应误差、光环效应误差以及相似性误差等,从而影响考评结果的一致性和稳定性,更严重的是对绩效考核认识上的误区会直接影响到绩效考核的效果。

### 一、光环效应的影响

所谓光环效应就是当考核者对一位员工的总体印象是以该员工某项具体的特点,如相貌、才智或某个事件作为判断基础时,得出的结论往往以偏概全。或者隐含人格假设,当考核者在进行绩效考核之前,就对被考核者的人格类型进行了分类(如一位敬业者或一个偷懒的家伙),在进行绩效考核中,就会"戴着墨镜看人"。当某人有一个显著的优点时,人们会误以为此人的其他方面也有同样的优点。在考核中也是如此,比如,被考核者工作非常积极,考核者可能会认为其工作业绩也非常优秀,从而给被考核者较高的评价,但实际情况也许并非如此,可能有些人工作是比较认真的,但是效率不是很高。所以就要求在进行考核时,考核者应将被考核者所有同项的内容同时考核,这样可以有效防止光环效应的影响。

## 二、相似性错误

在考核时,考核者有可能特别注意被考核者是否具有考核者本人所具有的某些特点,此时考核者就犯了相似性错误。例如,某考核者认为自己进取心很强,在考核他人时,就可能有意寻找进取心的特点。那些表现出这些特点的人就会受益,而其他人则会吃亏。这样的现象在企业和政府单位中都有。在企业中特别是民营企业中,往往老板的个人性格决定了其员工的类型,比如说老板是个做事雷厉风行的人,那么其可能要求员工或者说在考核员工的时候也是以这样的标准来衡量,这就是所谓的相似性错误。这样的条件下就有可能使得下属为了得到好的考评成绩,往往会模仿上级的行为,最终形成整个企业的文化背景,但是这已经违背了绩效考核的初衷。

## 三、近因误导的影响

近因性错误的出现是因为人类正常的记忆衰退,人们总是对最近发生的事情和行为记忆犹新,而对远期行为逐渐淡忘,因此,在经过一个较长的时间后进行绩效考核时,被考核者的考核结果就更多地受到近期表现的影响。考核者对被考核者某一阶段的工作绩效进行考核时,往往只注重被考核者近期的表现和成绩,以近期印象来代替其在整个考核期的绩效表现情况,因而造成考核误差。比如,被考核者在一年中的前半年工作马马虎虎,而后半年表现较好,却照样能够得到好的评价。如果在绩效考核的时候考核者没有注意这个问题,就可能出现被考核者为了应付考核故意在考核的末期严格要求自己,而在平常就相对放松的现象。所以绩效考核应贯穿于管理者和员工工作的每一天,而不是考核期的最后一段时间。考核者平时必须注意做好考核记录,在进行正式考核时,参考平时考核记录方能得出客观、全面、准确的考核结果。按照行为科学的解释,人的行为往往是目标导向的。以加薪为例,员工在加薪前对加薪的需求较强烈,工作会比较努力;一旦加薪后,工作努力的程度自然就会下降,这是相当正常的行为。主管人员如果不能觉察这种变化,可能就会认为员工以前表现不好,但最近这两个月表现不错,所以考核时会给出很高的分数,这样就产生了最近行为偏差的评价。

## 四、考核中庸问题严重

根据帕累托最优理论,人的本性是在自己的利益没有得到提高的前提下,不愿意去做一些伤害他人利益的事情,这就使绩效考核产生一种中庸现象。比如,我国公务员的年度考核结果为“优秀”、“称职”、“不称职”三个等次,目前在“称职”与“不称职”之间增设了“基本称职”等次,一些单位还同时规定了被评为“优秀”的比例为10%,最多不能超过15%,其他等次则没有明确的规定。由于种种原因,“基本称职”、“不称职”的人员也在极少数,大部分人员都在“称职”等次。一些部门由于人数较少,优秀等次的名额很少甚至没有,而另一些部门由于人数众多,则出现优秀名额轮流“坐庄”的现象,这样的绩效考核难以真正起到奖勤罚懒的作用,更严重的是造成了部门优秀人员的大量流失。这样“轮流坐庄”的现象可能会使员工产生一种“干好干差一个样”的感觉,对于那些平时努力工作、为企业创造较高效益的人员来说就变相地打击了积极性。绩效考核重点在于力图开发一种工具,这种工具可以精确地测量个人的绩效,以便将一个员工和另一个员工区别开来。绩效考核的这种技术性特征要求对公务员绩效考核的手段也要不断创新,现代电子通信技术和计算机网络的迅速发展为其提供了良好的客观条件。然而,我国现在的绩效考核手段还处在传统的低水平上,严重影响了绩效考核的效率和质量。这种现象在一些大的国有企业中也经常发生,但是在民营企业就相对好一点。

## 五、考核方法简单,形式单一

这一点在公务员绩效考核中特别突出。从目前情况看,对公务员的考核比较普遍的做法是由公务员个人填写年度考核登记表或述职报告,对自身工作进行总结,然后由主管领导做出评鉴意见。这种方式随意性大,被考核者在填写时也倾向于夸大自己的业绩或说些大而空的套话,定性陈述多;领导者也大多做出定性评价,并未针对被考核者的岗位要求对其做出能力和完成工作情况的具体评价,因而考核就成了写工作总结,对提高个人能力、实现个人发展、提高组织绩效没有起到任何作用。

首先,绩效考核方法的单一,影响了绩效考核的全面性、客观性。当前地方政府的绩效考核方法以目标管理为主,其优点在于突出了政府业绩导向,强化了对组织和个人的激励。但其局限性也非常明显:① 影响绩效考核的全面性。目标管理考评法主要强调短期业绩目标和激励,而政府部门的工作更应体现战略性,一些政府部门的“政绩工程”,便反映了短期业绩与长远目标的背离问题。② 影响绩效考核的客观性。由于政府等公共组织的战略目标主要由其自身确定,所以,作为考核标准的工作目标的有效性和客观性就受到影响。

其次,绩效考核指标体系过于偏重经济,其他方面考核指标较泛化。主要表现为:① 过分强调对经济业绩甚至是简单的经济数据的考核,而忽略了对政府整体工作效果的考核。② 将针对经济工作的考核不适当地扩展到非经济管理部门，如环保局、劳动保障局、文化局等承担公共服务职能的部门及工商局、物价局等承担市场监管职能的部门。一方面，文化、卫生、科技等部门的主要工作是提供相关的公共服务，它们通过履行职能间接促进经济发展，直接以招商引资成果考核其工作会导致这些部门耗费人、财、物从事非主要工作、履行非法定职能，从而影响其主要工作；另一方面，行政执法部门参与招商引资，可能会与招商引资对象即企业形成某种利益关联，影响执法的公正性。对企业方面来说，考核项目单一企业的绩效考核，体现了企业对员工的基本要求。考核项目设计是否合理直接影响到绩效考核的质量，如有些出租车司机为何故意犯错误，喜欢绕路，其主要原因是考核项目太单一，因为只考核其公里数，公里数越高说明其业绩越好。同样，在企业管理当中，若组织只考核销售员的销售收入，那么销售员极可能只追求单一的销售业绩，而不太在意和关注费用问题。如果每个个体都片面地追求自身利益的最大化，对于整体效应就会产生影响。

## 六、绩效考核的公平性

难以保证绩效考核公平性的主要原因是任务绩效和周边绩效的权重难以确定。首先，周边绩效相比较于任务绩效，存在主观性较强的问题，实际操作时也由于缺乏培训考核者不能全部写出作为给分依据的关键事件。不同部门在任务绩效和周边绩效的权重上存在一刀切的现象。而实际上，由于不同部门的业务性质不同，任务绩效和周边绩效的比重应是不一样的。比如说业务部门和行政部门，其在业务模型上联系的相关部门不一样，如果按照同样的周边绩效考核权重来考核的话，相对而言对于行政部门就是不公平的。其次，应注意周边绩效考核的目的，如果是为了解决部门之间的互相推诿、不协作现象，其权重设置可以大一些；如果是出于引导企业内形成客户服务意识的目的，其权重可以适当减轻。不同部门由于业务性质有所不同，有些部门相对比较容易就能完成当期任务，有些部门则需要通过极大努力才能完成当期任务，这涉及绩效考核在多大程度上与努力挂钩的问题。各部门挂钩的程度是否较一致，会直接影响员工的公平感和满意度。而往往在考核的时候，企业或者政府单位为了强调公平，采用同一标准、同一评价体系，也许管理者认为这体现了公平，但实际上却丧失了过程公平，给被考核者带来负面效果。

## 七、绩效考核认识上的错误

一种情况是，大部分被考核者认为绩效考核是人力资源管理部门的工作，与其他部门无关，他们往往采取回避、应付的态度。作为绩效管理实施的主体——各部门管理者，或不参与绩效管理的过程，或对考核制度不信赖、执行不力，或因考核者缺乏执行技巧的训练，那么将使绩效考核结果缺乏信度和效度，甚至使被考核者产生一种抵触情绪，这样就在源头上为绩效考核的顺利进行埋下了隐患。

另一种情况就是很多企业把绩效管理等同绩效考核，在操作绩效考核的时候，往往不是从绩效计划开始，而是从考核打分开始。很多企业深陷其中，不能自拔，把绩效等同于考核，更有甚者认为，没有考核就没有管理，把考核的作用置于至高无上的地位。

这种认识上的误区，使得企业在绩效管理上停滞不前，一直不能把绩效考核提升到绩效管理的高度，最终使企业的管理水平在低层次徘徊。绩效考核是绩效管理的一个不可或缺的组成部分，通过绩效考核可以为企业绩效管理的改善提供资料，帮助企业不断提高绩效管理的水平和有效性，使绩效管理真正帮助管理者提高管理水平，帮助员工增强绩效能力，帮助企业获得理想的绩效水平。

考核固然重要，考核指标的量化也很关键，但一定要明确，它们不是绩效管理的全部，也不能根本解决管理中存在的问题。要使考核能够顺利地开展，使主管和员工都能接受，过程的管理一定不能省略，系统的建立、过程的努力才是解决绩效考核难题的关键。绩效一定是通过管理得到的，而不是考核出来的。

要做好绩效管理工作，建立 PDCA 的绩效管理循环系统非常重要。所谓PDCA 循环即是计划、实施、检查、调整，落实到绩效管理上就是设定绩效目标、绩效沟通与辅导、绩效考核与反馈、绩效诊断与提高的四步一循环。

通过这四步一循环的操作，真正建立起企业的绩效管理体系，将企业对绩效的关注点落脚在管理的提高上，融入管理活动的过程中，在企业管理层中树立"绩效管理不是额外的工作，而是工作方法和管理方式的改变"的观念，使管理者明白实施绩效管理是为了建立管理者与员工的绩效合作伙伴关系，而不是为了制造矛盾。

## 本章小结

本章对绩效考核中的主要问题进行了说明，希望读者能从问题的分析中找出避免问题的方法和途径。绩效考核的问题很常见也很普遍，但是也很难克服。对于绩效考核最重要、最关键的一点是要明确其目的。根据现代管理的思想，考核的首要目的是对管理过程的一种控制，其核心的管理目标是通过了解和考核员工的绩效以及组织的绩效，并通过结果的反馈，实现员工绩效的提升和企业管理的改善；考核结果的次要目的才是用于确定员工的晋升、奖惩和各种利益的分配。因此，绩效考核首先是为了绩效的提升。围绕着这个核心，我们找出了考核中最常见的几类问题：① 凭感觉考核；② 凭关系考核；③ 为了考核而考核；④其他问题。我们还找出了问题的具体表现形式，提出了建议和解决方案。在接下来的几章中，特别是第九章和第十章，我们将具体介绍较新的绩效考核技术。

## 案例分析

A公司的做法是相当多的国有企业在考核上的典型做法，带有一定的普遍性。这种做法在一定程度上确实发挥了其应有的作用，也有其可取之处。但是，这种做法在对考核的理解上和考核的实施上均存在许多误区。结合本章的内容，我们归纳如下：

误区之一：对考核意义和目标的不明确

A公司对考核目的的定位过于狭窄，主要是为了年底分奖金。这样做的结果通常使考核流于形式，考核结束后，考核的结果不能充分利用起来，耗费了大量的人力、物力，结果却不了了之。根据现代管理的思想，考核的首要目的是对管理过程的一种控制，其核心的管理目标是通过了解和考核员工的绩效以及组织的绩效，并通过考核结果的反馈实现员工绩效的提升和企业管理的改善；其次，考核的结果还可以用于确定员工的晋升、奖惩和各种利益的分配。因此，绩效考核首先是为了绩效的提升。

误区之二：绩效指标的确定缺乏科学性

像A公司这样的许多公司所采用的绩效指标通常一方面是经营指标的完成情况，另一方面是工作态度、思想觉悟等一系列因素。能够从这两个方面去考核是很好的，但是对于如何科学地确定绩效考核的指标体系以及如何使考核指标具有可操作性，许多企业考虑得不是很周全。国外有管理学家将员工的绩效分为两种：一种是任务绩效，另一种是周边绩效。在A公司的绩效指标中，在任务绩效方面仅仅从经营指标去衡量，过于单一化，很多指标没有包括进去。在周边绩效方面，所采用的指标多为评价性的描述，而不是行为性的描述，考核时多依赖考核者的主观感觉，缺乏客观性。

误区之三：考核周期的设置不尽合理

多数企业都像A公司这样，一年进行一次考核。这与考核的目的有关系。如果考核的目的主要是为了分奖金，那么自然就会使得考核的周期与奖金分配的周期保持一致。

事实上，从所考核的绩效指标来看，不同的绩效指标需要不同的考核周期。对于任务绩效的指标，可能需要较短的考核周期，例如一个月；而像周边绩效指标则需要更长的时间。

误区之四：考核关系不够合理

A公司采用的方式是由考核小组来实施考核，这种方式有利于保证考核的客观、公正，但是也有一些不利的方面。考核小组可能在某种程度上并不能直接获得某些绩效指标，因此仅通过考核小组进行考核是片面的，所谓360度考核就是从与被考核者有关的各个方面获得对被考核者的评价。

误区之五：绩效考核与其后的其他工作环节衔接不好

要想做好绩效考核，还必须做好考核期开始时的工作目标确定和绩效指标确认等工作，以及考核期结束时的结果反馈工作。这样做的前提是基于将绩效考核放在绩效管理的体系中考虑，而不是孤立地看待考核。在考核之前，主管人员需要与员工沟通，共同确认工作的目标和应达成的绩效标准。在考核结束后，主管人员需要与员工进行绩效面谈，共同制订今后工作改进的方案。

## 思考题

1. 什么是绩效考核？
2. 绩效考核在绩效管理中有哪些作用？
3. 考核人员常见的误区有哪些？如何避免这些误区的发生？
4. 如何建立科学的考核指标体系？
5. 如何实现考核公平？
6. 怎样解决考核主体单一的问题？
7. 考核周期如何确定？
8. 什么叫“近因误导”？其影响有哪些？

# 第三章 提高绩效相关因素的分析

## 引导案例

### 飞机上的巧遇[1]

一次偶然的机会，笔者在乘坐飞机时，听到两组不同的议论，感到颇有意思。

坐在我左边的是两位某企业单位HR部门的负责人，他们在大吐苦水，即将年度过半、单位人手紧张，找了半天，也没有找到合适人员；而坐在我右边的正好是两位急于寻找工作的即将毕业的大学生，他们从三年级开始找工作到现在，简历不知投了多少份，人才市场也不知跑了多少次，可是至今还没有找到合适的单位。左边两位在拼命抱怨，就连一般的大学生也难找，好不容易找到了，没多长时间就跳槽走了，其中一位还埋怨大学生眼高手低；而右边的两名大学生也在埋怨，现在岗位少，自己投的许多简历从不见回复，即使去面试，也是走过场。其中一位大学生还说："有的单位不把我们当人，工资太低……"这两名大学生还提到了2004年9月27日在西祠讨论社区上看到的一篇名为《2004年毕业生的呐喊：我们大学生是后娘养的吗》的文章，说："当时这篇文章成为热帖，点击率高达1 500多人次。网友夏爱（化名）在帖子中点名指责母校。"

据了解，夏爱毕业于南京某高校。他和同学们在大四下学期就开始为找工作而四处奔波，但到目前为止，他们寝室6人中还有2人没找到工作，找到工作的也大都不是特别满意。夏爱说："不知道我们招谁惹谁了，我们难道是后娘养的吗？"

接着，夏爱直接挥舞出了几个"铁锤"。首先砸向的是"给我们大学生名分的学校"，他觉得每年1万多元的学费并没有给他带来知识上等值的收获，并且还质疑："合格的产品卖不出去了，为什么产品制造者不负任何责任？"对于教育专家"鼓励先就业再择业，到偏远地区、到农村就业"等就业指导思想，夏爱也一锤击来："我现在不择业就胡乱就业，以后还有资本再择业吗？"

一路听下来，我发现这两组人尽管谈的都是同一个话题，但似乎犹如两条平行

---

① 张培德主编：《就业与职业》，上海中医药大学出版社2006年版。

线永不相交。

**案例讨论题：**

1. 两位企业单位 HR 部门的负责人为什么找不到员工？
2. 为什么两名急于寻找工作的即将毕业的大学生难以找到工作？
3. 夏爱直接挥舞出了几个“铁锤”？你对此的看法如何？
4. 如何理解这两条平行线？这两条平行线如何才能相交？

员工的绩效水平对于组织整体绩效的提升具有至关重要的作用。要有针对性地提出不同员工的绩效改进和提升方案，了解影响员工绩效的因素并对这些因素和机理进行系统分析就显得很有必要。影响员工提高绩效水平的因素有很多，也很复杂。本章首先阐释了信息不对称的相关内容，劳动力市场信息不对称是导致企业人岗不匹配的重要原因，人岗匹配是实现员工个体绩效乃至组织整体绩效水平提升的关键，不能将合适的人放在合适的岗位上，这当然会严重影响员工的绩效表现水平；此外，本章还详细介绍了产生良好绩效的其他四个方面的因素，即激励(bestir)、能力(ability)、客观因素(impersonality)和窍门(know-how)。

# 第一节　信息不对称的概述

## 一、供需双方的信息不对称

为什么用人单位埋怨招不到人、求职者却抱怨找不到工作？

企业要发展，需要新鲜血液，需要大量的员工，这是一个不争的事实；而社会上有不少失业者、下岗人员、大学毕业生、“海归派”、农民工等求职者需要寻找工作，这也是一个客观存在的情况。那么，为什么用人单位埋怨招不到人，而求职者却抱怨找不到工作呢？这似乎是两条平行线，那么产生的原因是什么呢？两条平行线难道就无法相交吗？

记得，曾经风靡一时的“向左走，向右走”中有一句最经典的台词：“生命中充满了巧合，两条平行线也会有相交的一天。”这就给了我们启示，信息对称，知己知彼，即使是两条平行线也会有相交的一天。

的确,过去人们对现实物质世界的“形”的规则曾经有过分歧,从而建立了不同的几何学。比如,人们发现长方形上下两条边在看得见的范围内不会相交,可是无限延长这两条边之后,人们就再也看不到它们是不是会相交了。经过长时间的思考,人们提出了各种平行公理。其中有一个人说,两条平行线永远没有交点,他用这个公设和其他的几何公理建立了欧几里德几何。还有人说,两条平行线在无限远处会有交点,他们用这个公设和其他的几何公理建立了非欧几里德几何。非欧几里德几何中有一种叫黎曼几何,这种几何认为两条平行线会有交点,这在我们生命生存的小范围世界内看起来是荒唐而不可思议的。可是到了20世纪后,爱因斯坦的广义相对论认为,我们生存的现实物质空间正是黎曼空间(即我们生存的空间是弯曲的,不是平直的),并且这种学说经受住了实践的检验。我们不管哪种学说正确,只是说从中可以看出几何是对现实物质世界的“形”的描述。现实物质世界是“有形”世界,是产生几何的根源。①

更何况大量企业需要人员、需要新鲜血液,这是一个不争的事实;同时,大学生需要就业,这也是一个客观存在的情况。问题是如何使企业找到合适的人才,而大学生如何寻找到自己合适的岗位,这就是我们要认真研究的问题。

另外,对于用人单位来讲,到底要用什么样的人才?是要招聘优秀的人才,还是合适的人才?这也是应该考虑的问题。同时,还可从潜力、发展方面来考虑招聘的问题。

目前之所以会出现两条平行线,归结起来主要有两大原因:一是供需双方信息的不畅通和不对称;二是供需双方数量和质量的不匹配。这两个问题,如果不及时纠正,就会扰乱整个劳动力市场,就会产生诺贝尔奖获得者阿克尔洛夫所提出的“酸柠檬效应”。

## 二、阿克尔洛夫的酸柠檬效应

阿克尔洛夫最著名的思想是所谓的酸柠檬市场理论。“柠檬”一词在美国俚语中为“次品”,意即“劣币驱逐良币”。若你想买一辆二手的摩托车,卖主对这辆摩托车的性能一清二楚,而作为买方的你却只能根据这辆摩托车的外形来做各种揣测,或者是从你试骑那一刻的感觉来推断,因此,这宗买卖的信息是不对称的。在二手车市场上,因为好车车主只愿意以较高价成交,而次车车主却愿意以较低价出手,而买主知道有一定的概率会买到次车,因此出的价格就要打折扣。如果市场上的次车比例大到一定程度,这种折扣就足够大,使得好车车主不再愿意把车投入市场。结果,市场上只剩下了次车。这种情况便被称作“酸柠檬”。

① 诸葛黑著:《牛角尖问题》,2001年8月。

在二手车市场上之所以会出现酸柠檬效应，是由于信息的不对称。而在人才交流市场中也经常会出现信息的不对称。这不仅是招聘单位由于对求职者的不完全了解，可能会遭遇到被求职者的“包装”、“美化”所迷惑的事情，而且应聘者也同样会因为对用人单位的不了解而上当受骗。由于“信息不对称”到处存在，就可能使求职者找不到合适的岗位，而用人单位招聘不到合适的人才，如此怪事到处都会发生。

譬如 2004 年 6 月，新组建不久的四川理工学院为了进行“生态与经济”研究课题并组建“生态与经济研究院”，在网上发布了招聘具有博士学历以上人才的信息。不久，一个名叫龚建国的人将自己拥有的复旦大学“产业经济学”博士学位证明、重庆某知名大学以及成都某知名大学博士后工作站证明等相关材料寄给校方，学院经“审查”后决定聘用其为正教授，负责创办和主编“生态与经济研究”英语版杂志；为了让龚建国安心工作，早出成绩，学院除了按教授标准发给他工资外，还为其提供了一套 180 平方米的住房，并划拨了研究经费，“教授”龚建国于是开始了工作。要不是熟知内情的助手因待遇问题与龚产生矛盾、向学院揭发称龚的文凭是假造的，甚至连名字都是假的，那么四川理工学院可能还一直被龚的种种表象所迷惑。

之所以会出现这样的问题，信息不对称确实是一个重要原因。此处的信息分为两类，一类为公共信息，另一类为私人信息。在信息不对称的招聘市场中，应聘方掌握着私人信息，而招聘方只能根据公共信息来进行判断，故招聘方对应聘方的了解程度是处于信息的弱势地位，而应聘方是处于信息的强势地位。因此，应聘方很可能利用信息的不对称“投其所好”，故意“包装”自己，蒙骗处于信息弱势地位的招聘方。

为了谋得一个较好的工作，应聘者就会隐藏自己的不足或隐瞒自己的不良习惯，努力把自己装扮成招聘方需要的人才，这样应聘方往往会从服装到简历表，挖空心思进行层层包装，致使招聘单位良莠难辨。

## 三、了解对方

所谓了解对方，许多大学生都是只知其一、不知其二，只想了解对方给多少钱、具体干什么工作、有否培训或发展，但缺少了对用人单位组织文化的了解。有的大学生甚至认为自己的适应性很强，将来总能适应。但许多经验和事实都证明，65%跳槽的人和 80%心情不愉快的人最终都是无法认同组织文化。

美国当代著名管理学家理查德·L. 达夫特教授对于组织文化的含义特别指出：所谓组织文化，就是指为一个组织中所有成员所共享并作为公理传承给组织新成员的一套价值观、指导信念、理解能力和思维方式。因此，组织文化的基本特征就通过共享性、传承性、层次性、主观性、客观性等五方面显示出来。

实际上，组织文化反映的是一个组织的个性，它是在一定历史条件下，通过社会实践所形成的并为全体组织成员所认识以及行为上共同理解、共同遵循的意识和价值观，能自觉贯穿于组织的全部活动，影响组织的全部工作，决定组织全体成员的精神面貌和整个组织的素质、行为和竞争力。

因此，了解你将要去应聘单位的情况，特别是该单位的组织文化你能否容忍并且接受是至关重要的。只有当你认可并能接受它的组织文化，你才会在这样的组织环境中生存、发展，你才会与其同呼吸，共命运，才会为它无私地奉献，才会忠诚于组织和自己的事业。

**1. 为了解对方所要进行的自我准备工作**

要了解去应聘的公司，自我必须具体做好以下几方面的准备：

(1) 为什么会去应聘？对于这个职位你最感兴趣的是什么？

(2) 你对该公司了解吗？它的组织文化是什么？它最大的特点是什么？

(3) 对该公司你知道它存在的最大问题是什么？你能容忍吗？

(4) 对这份工作你抱什么期望？有何计划？

(5) 在工作上没有多少经验，你打算怎样学习必须懂得的知识？

**2. 为把握自己的自我思想准备**

考虑若去招聘单位工作，必须要了解能否成为其单位的组织人，也就是能否认可该单位的组织文化，这决定你对该组织的忠诚度。比如世界著名的微软公司对属下员工就要求“能付出”，也就是具有奉献精神，这在人力资源管理中就是“组织人”的概念。只有具备三大条件的“组织人”才会显示“三度”。在张培德主编的《现代理才方略与 HR》①一书中就专门提到，要成为组织人必须经历四个阶段，其中只有经过“胜任”、“满足”和“氛围”这三大考验，才能成为组织人，此阶段就会显示出调整性、参与性、自豪感、挫折感的“性感”特征；而最高阶段的组织人才会坚定地认可组织，显示出与组织“同命运，共患难”、为组织奉献一切的特点，把自己完全与组织融合在一起，成为组织坚定的支持者。

因此，作为求职者必须很好地了解对方，了解你将要去应聘单位的情况，这样才不至于落到“瞎猫碰到死老鼠”，甚至连“死老鼠”都碰不到的境地。在求职中，你只有充分了解对方，才能正确地把握自己今后的方向。

一方面，求职者应借助各种网络媒体、企业宣传资料等尽可能多方面了解招聘单位的组织文化、组织发展战略、人力资源管理各项制度等内容；另一方面，招聘单位应通过公开的学历证书等信息查询系统较全面、准确地了解求职者的真实情况，这对于消除劳动力市场的信息不对称现象具有重要意义。劳动力供需双方能够比

---

① 张培德，张正西：《现代理才方略与 HR》，华东理工大学出版社 2008 年版。

较明确地了解对方的需求和期望,便可以基于双方的需求和期望进行合适的“人岗匹配”,人岗匹配度高终将为员工绩效水平的提升提供重要契机。

# 第二节 提高绩效的四大因素

合理规避劳动力市场的信息不对称现象,实现“岗能匹配”,为员工绩效乃至组织整体绩效的提升提供了必要的前提条件。然而,要真正实现员工绩效的持续提升,还需要综合考虑其他四个方面的因素。

## 一、绩效是衡量管理效率的准绳

企业管理强调的是人对生产、商业、财务、会计、安全等方面的管理活动;而当今社会除了强调人对以上各方面的管理活动外,更注重对人的管理,更强调法约尔所提出的管理五大方面职能,即计划、组织、指挥、协调和控制。

因社会、时代、历史、文化等的不同而有所差异,特别是计划经济模式和市场经济模式的不同,衡量管理成效的标准也会对同样的指标出现不同的理解。比如,同样以“德、勤、能、绩”四个要素来衡量,不同的社会文化和组织文化,对各要素的权重分配也会有所差别。在计划经济模式下,对“德、勤、能、绩”四个要素的权重的分配往往是由大到小;比如在计划经济模式下,某个员工只要起早贪黑、老老实实做事,即使没有功劳也认为有苦劳,业绩的衡量就倾向于四个要素中的前两个,即“德”和“勤”。甚至有的单位提拔干部,更看重前两者。当然,前两者固然重要,但是一味地偏好于前两者,就会“造就”更多的“庸人”,他们只要“听话”、会“溜须拍马”、不犯“错误”,即使没有“思想”、没有“创造力”,也可以“升官发财”,这样就会使组织机构膨胀。这正如德·帕金森所分析的那样:“对于这样的情况,一个不称职的官员,可能有三条出路:第一是申请退职把位子让给能干的人;第二是让一位能干的人来协助自己工作;第三是任用两个水平比自己更低的人当助手。这第一条路是万万走不得的,因为那样会丧失自己许多权力;第二条路也不能走,因为那个能干的人会成为自己的对手;看来只有第三条路最适宜,于是两个平庸的助手分担了他的工作,他自己则高高在上、发号施令。当然,这两个平庸之辈决不会对自己的权力构成威胁。两个助手既然无能,他们就上行下效,再为自己找两个更加无能的平庸助手。如此类推,就形成了一个人浮于事、相互扯皮、效率低下的臃肿的机构。"古今中外这种例子还少吗？

今天，管理已成为时代的主旋律，人力资源管理已成为管理中的主题曲。特别是在市场经济模式下，"苦劳"、"疲劳"根本无法用来评判一个人的绩效。对于"德、勤、能、绩"四个要素的权重也不可能再向前两者倾斜。我们必须实事求是地从人力资源管理的视角来衡量管理的效率。只有这样，我们才能跟上时代的步伐。

尽管绩效的内涵对于企业、政府、公共部门以及公众是不同的，但是作为衡量工作成败和业绩效果的指标仍是相同的。因为管理的目的就是希望得到良好的绩效，而绩效就是一切工作成效的衡量标准。这正如邓小平所讲的，"不管白猫、黑猫，能抓住老鼠的就是好猫"，更加凸显了业绩的重要性。

## 二、产生良好绩效的相关因素

影响员工绩效水平提升的因素有很多，也很复杂，经过分析归纳，特将其总括为四大方面[①]，即激励(bestir)、能力(ability)、客观因素(impersonality)和窍门(KNOW-HOW)。

我们若用 $B$ 表示激励、$A$ 表示能力、$I$ 表示客观因素、$K$ 表示窍门，而良好绩效用 $P$(performance 的缩写)来表示，那么我们就可以得到如式(3－1)所示的公式：

$$P = B \times A \times I \times K \tag{3-1}$$

激励是指激发人的行为的心理过程。在现代企业管理中，激励可以理解为企业通过创造满足企业员工各种需要的条件，激发企业员工的各种潜能及努力动机，使之产生实现组织目标的特定行为的过程。行之有效的员工激励机制，可以最大限度地开发员工的潜能，调动员工的工作积极性和创造性，实现工作绩效的持续改进，进而保持企业健康可持续发展。

能力是指直接影响活动效率、使活动顺利完成的个性心理特征。员工所具备的能力水平是否与其所在岗位相适应，是影响员工绩效水平的重要因素。员工所具备的能力是否与其从事的职位相匹配，决定了员工的工作热情能否得到充分调动以及能力能否得到充分发挥，也最终决定了员工的工作绩效表现和水平。员工所具有的能力能否持续提升也决定了其工作绩效能否得到持续改进。

客观因素是不为员工意志所转移的外部环境要素，具体包括社会环境和组织环境等内容。社会环境主要包括当前社会政治及经济发展趋势、员工所从事职业的未来发展趋势等内容；组织环境主要包括员工所处的企业本身的组织文化、组织发展战略、竞争优势、人力资源管理政策等内容。客观因素的内容均不为员工的意

① 张培德，张正西：《现代理才方略与 HR》，华东理工大学出版社 2008 年版。

志所转移和改变,但是却对于员工绩效的水平具有重要的影响。社会政治局势稳定,经济发展生机勃勃,组织文化与员工自身意愿相协调,人力资源管理政策规范且健全,整个企业处于一个充满竞争优势和机会的环境中,这些客观因素均有利于调动员工的工作积极性,从而驱动其绩效水平的提升。

窍门是实现员工个体目标、最终达到组织整体目标的"捷径",它体现了员工的创新性思维。达到目标的途径有很多,如何能选择最便捷的途径实现预期的目标是非常值得研究的问题。只有善于思考、善于从不同工作中总结和积累经验,并善于运用创新性思维的人才可能找到解决问题的"窍门"。窍门的出现可以达到事半功倍的效果,善于发现窍门、灵活运用窍门并不断对窍门进行反思的员工更有机会获得高的绩效。

## 第三节　激励与能力因素分析

正如第二节所讲,提高绩效的关键因素有激励、能力、客观因素与窍门。本节首先对影响绩效水平提升的两个最基本、最关键的因素——激励与能力进行具体分析。

### 一、激励

要提高管理工作的效率,首先应该调动员工的积极性。调查显示,激励状态下的工作效率与常态下的非激励状态的工作效率是不一样的。

如果我们假设人在常态下的工作效率为"1",那么在极端激励状态下则能提高效率 5～10 倍。如果我们拿动物做实验,比如,狗一般在常态情况下,是无法越过一堵较高的墙的,而在极端急迫的状态下,它就会"狗急跳墙"。人也是这样,在被逼迫的情况下或在激励状态下,同样也会产生"高效率",就"背水一战"、"断后路而奋起",都说明了激励能产生"绩效"。

因此,要调动"人的积极性",就必须要使员工处于"激励状态"。那么如何才能激励员工呢?

**1. 设置诱因法**

所谓设置"诱因",就如钓鱼时,必须要用鱼饵一般,这样鱼才会上钩。对于激励员工,最传统的办法就是设置"鱼饵"。依据泰勒的"科学管理理论"所认定的"工人最关心的是如何提高自己的货币收入”，那么，就应以满足工人的利益需求为“鱼饵”，这样就能激励员工，管理者就能够挖掘出员工的最大潜力，从而提高效率。

2. 错位效价法

每个人的需求水平和程度是不一样的，根据马斯洛的“需要层次模型”，人的需要是有层次的，从最低需要逐步向最高需要发展，且每个层次的需要都可以按其重要性和先后顺序排列成金字塔状。如图 3-1 所示。

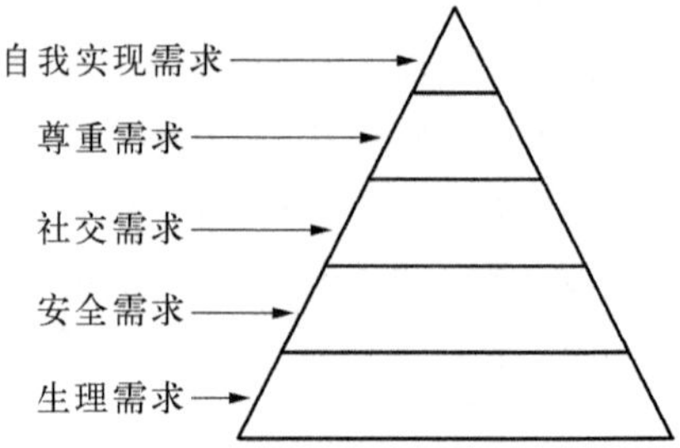


**图 3-1　马斯洛的“需要层次模型”**

由此，也就产生了诱因的效价问题，这就是说，同样的“诱因”，对不同的人就会产生不同的“效价”。比如说，奖励 1 000 元人民币，对于不同的人，激励程度是不一样的。收入低的人会感到有吸引力，可是对于收入较高的人就不一定有“激励”作用，而对于幼儿园小朋友来讲，更谈不上什么激励，因为也许对小朋友来说，奖励一颗糖果的效价更高、更实惠。这就是效价问题。

3. 种瓜得瓜法

当然有效价的“诱因”还必须要和能否获取的可能性联系起来。如果很难实现，或者根本不可能获取，也就是获取的概率很小，那么也不可能产生激励作用。这就是美国心理学家 V.H.Vroom 提出的“期望理论”。他认为，人们的工作积极性或努力程度是效价和期望值的乘积，如式(3-2)所示：

$$M(\text{激励})=V(\text{效价})\times E(\text{期望值}) \qquad (3-2)$$

4. 保健提升法

激励员工，不仅要解决一些产生“不满意”和“没有不满意”的“保健”因素，更主要的是消除“没有满意”和提供产生“满意”的激励因素。因为“不满意的反面不是满意”，“满意的反面也不是不满意”；消除了员工的“不满意”，不可能使员工觉得“满意”。相反，他们可能认为“这是应该的”、“早就应该给我们”。比如，甲、乙两人同时进单位，甲有办公桌，乙由于搞外销，暂时没有办公桌，此时也许乙会产生“不满意”，内心有意见，因为其他单位搞外销工作的人，都有办公桌；但是，他还是积极工作，外销工作也完成得很好。如果三个月后，领导给了他一张办公桌，也许他连一声“谢”字都没有。因为他认为办公桌“早就应该给我”。这就说明了“不满意”的反面不是“满意”，因为这是两个独立的因素。

这就说明了产生“满意”的因素和产生“不满意”的因素是不同的，它们是相互独立、互不相关的。这就是赫茨伯格的“双因素理论”。赫茨伯格把“加工资”、“给办公桌”等这些产生不满意的外在因素归类为“保健因素”。赫茨伯格[①]指出，所谓保健因素就是指和工作环境或条件相关的因素。这类因素处理得当，则能防止员工产生不满情绪。由于这类因素带有“预防”性质，故称之为“保健因素”。当然，保健因素不可能产生激励作用，真正要调动员工的积极性，就必须要提供“激励因素”，这类激励因素就是指和工作内容紧密联系的因素。这类因素的改善，往往能给员工以很大程度的激励，产生工作的满意感，有助于充分、有效、持久地调动他们的积极性。

赫茨伯格通过调查总结后特别提到，产生满意的因素往往是和工作内容本身联系在一起的，而造成不满意的因素则和工作环境或条件相联系。具体如表 3－1 所示。

**表 3－1　赫茨伯格所提出的双因素的内容**

| 保健因素(外在因素或不满意因素) | 激励因素(内在因素或满意因素) |
|---|---|
| 公司的政策及行政管理 | 工作上的成就感 |
| 技术监督系统 | 工作中得到认可和赞赏 |
| 与上级主管之间的关系 | 工作本身的挑战 |
| 与同事之间的关系 | 工作职务上的责任感 |
| 工作环境或条件 | 工作的发展前途 |
| 薪金 | 个人成长、晋升的机会 |
| 职务、地位 | 自我潜力的发挥 |
| 工作的安全感 | 组织文化 |
| …… | …… |

5. **竞争激励法**

竞争可以分为组织外部竞争和组织内部竞争两种途径。所谓组织外部竞争是一种施加于组织外部的压力，比如面对改革开放后外资企业的涌入，惊呼“狼来了！”就会迫使组织整合自己的各类资源，去迎接挑战。我们把外资企业当成沙丁鱼中的“鲶鱼”，这就是当今激励中运用广泛的“鲶鱼效应”。外在压力会产生动力，外在动力包含了社会舆论、奖罚、榜样、规章制度以及激烈的竞争。竞争的确是“激励”的一种有效途径。

另一种途径就是组织内部竞争，以形成组织内部的压力，不让“懒汉”待在组织

① 摘自商红日主编：《人力资源管理》，上海人民出版社 2007 年版，第 212 页。

内。目前许多公司或企业都采用了"末位淘汰法",目的就是鞭打慢牛,迫使员工奋发向上。

当然采用以上方法,必须要形成良好的竞争机制,这样才会提高员工的积极性。

**6. "场"论激励法**

德国心理学家勒温创立的团体动力理论(也称为"场"的理论)认为：人的心理和行为决定于内在的需要和周围环境的相互作用。其行为 $B$ 如式(3-3)所示：

$$B = f(P, E) \tag{3-3}$$

式中,$B$ 表示行为,$f$ 表示函数关系,$P$ 表示个人,$E$ 表示环境。

式(3-3)说明：人的行为是人的内在需要和周围环境相互作用的函数,应该把人的行为关系看作是个人心理和外部环境的大系统,把调动人的积极性看作是一种大系统的运动,是一种力场作用的关系。

所以,团体的规范、组织制度、人们的从众行为都加强了员工的激励行为。

**7. 有效设定目标可激励员工**

有效的目标设定可启动内在核心动力、搭起愿望到实现的理想桥梁。具体可从两方面理解。

(1) 目标明确。目标明确,就能激励员工。明确目标就是成功的一半,界定合理的实施范围和目标,便是良好绩效开始的一半了。综观国内众多案例,成功的原因几乎雷同,但不成功的原因却多种多样。其中相当一部分是由于目标的不切实际和实施范围的不确定。只有确定了明确的目标,才能激励员工、调动员工的积极性。

(2) 目标有难度。目标有难度,就能激励员工。美国麻省理工学院心理学教授麦格雷戈 1960 年在其所著的《企业中人的方面》一书中提出来的 Y 理论强调,一般人的本性不是厌恶工作,如果给予适当机会,人们是喜欢工作的,并渴望发挥其才能;多数人愿意对工作负责,寻求发挥能力的机会;能力的限制和惩罚不是使人去为组织目标而努力的唯一办法;激励在需要的各个层次上都起作用;想象力和创造力是人类广泛具有的。因此,在管理中,制订的目标必须要有一定的难度,使工作具有挑战性,这样才能激励员工。

## 二、能力

要产生良好的绩效,不仅与员工的激励,或称之为投入的程度有关,还与员工的能力有关。能力是人们表现出来的解决问题可能性的个性心理特征,是完成任务、达到目标的必备条件。

## （一）能力的含义和分类

### 1. 能力的含义

所谓能力就是从事一定社会活动的本领。能力直接影响活动的效率，是活动顺利完成的最重要的内在因素。所以能力是制约人的活动效率的重要因素。

根据当代中国心理专家郭卜乐在《今日心理》①上发表的“能力”一文中所指出的那样：完成任何一项活动都需要人的多种能力的结合。例如儿童画画，都必须有完整的知觉能力、识记与再现的能力、使用线条表现实物的抽象力与想象力、目测长度比例的能力、估计大小或亮度关系的能力、透视能力和灵活自如的运笔能力等。

能力必须和活动联系在一起，只有通过活动才能发展人的能力和提高人的能力。但要注意，并不是所有在活动中表现出来的心理特征都是能力，因为心理特征还包括了人格特征，包括了人的气质、性格等，比如：谦虚、骄傲，活泼、沉静，悠闲、急躁等均为心理特征。它们虽然和活动能否顺利进行有一定关系，但在一般情况下，不是直接影响活动的基本条件，因而在此我们不能称其为能力。能力必须突出那些直接影响活动效率、能使活动的任务得以顺利完成的心理特征，比如节奏感和曲调感对于从事音乐活动是必不可少的，准确地估计比例关系对于从事绘画活动是必不可少的，观察的精细性、记忆的准确性、思维的敏捷性则为完成许多活动必不可少的。缺乏这些心理特征，就会直接影响有关活动的效率，使这些活动不能顺利进行，因此它们就是保证有关活动得以完成的能力。

### 2. 能力的分类

能力一般可以分为基本能力和特殊能力两大类型。

(1) 基本能力，即通常所说的智力。智力的核心是逻辑思维能力，与认识和创造活动密切联系，保证人们较容易和有效地掌握并运用知识，例如，观察力、记忆力、注意力、思维力、想象力等属于基本能力，适用于广泛的活动范围。

(2) 特殊能力只在特殊活动领域内发生作用，比如，节奏感、彩色辨别能力等属于特殊能力。

当然，基本能力和特殊能力是有机联系的。基本能力的发展，为特殊能力的发展创造了有利的条件；在各种活动中发展特殊能力的同时，也会促进基本能力的发展。

### 3. 才能和天才

能力与才能是有区别的。所谓才能，就是人们从事一定活动所具有的各种能

---

① 郭卜乐：《今日心理》，http://www.cptoday.net。

力的有机的独特结合。所以我们讲，各种能力并不是简单地并列存在，而是相互联系、相互影响、相互融合，以保证活动的顺利完成。这种在活动中，各种能力在质的方面的结合，称为才能。

郭卜乐在"今日心理"网站中指出：一个人的能力不可能样样突出，甚至还会有缺陷，但是人可以利用自己的优势或发展其他能力来弥补不足，同样也能顺利地完成任务或表现出才能。这种现象叫做能力的补偿作用。例如，盲人缺乏视觉，却能依靠异常发展的触摸觉、听觉、嗅觉及想象力等去行走、辨认币值、识记盲文、写作或弹奏乐曲，有时表现出惊人的才能。又比如，有些人机械记忆能力比较薄弱或在成年后有所减退，但仍然可以依靠或发展自己特有的理解力、判断力去掌握各种知识，或做出有分量的决策，并不比其他人逊色。所有这些都表明，才能并不取决于一种能力，而有赖于各种能力的独特结合。①

研究表明，不同的人在同一活动中，各种能力的结合可能是不同的。如音乐成绩同样优秀的学生，有的是某一种基本音乐能力较强，有的则是另一种基本音乐能力较强。这种结合具有独特性。

一个人具有某些突出的能力并能将各种能力结合起来，出色地完成相关的任务，我们就说他有某方面的才能。

而所谓天才则是才能在某些方面获得高度完善的发展。如果一个人的各种能力或主要能力在活动中达到了最完善的发展和结合，能创造性地完成多种或某一领域的活动任务，通常就被称作天才。

天才不是天生的，它是人们凭借先天带来的健全的生理条件，通过后天环境、教育的影响，加上主观的努力而发展起来的。

### （二）制约能力发展的因素

制约能力发展的因素有两方面，一方面是素质因素；另一方面是环境因素，包括了教育和实践活动等。

**1. 素质因素**

素质因素具有生物有机体生来所有的某些解剖生理特点，特别是大脑、神经系统、感觉器官和运动器官的解剖生理特点。

素质是能力形成和发展的自然前提，离开了这个前提就谈不到能力的发展。双目失明的人难以发展绘画方面的能力，生来聋哑的人难以发展音乐方面的能力，无脑儿不仅不能发展各种能力，甚至难于生存。

素质并不是完全遗传的，因为婴儿出生之前还有一段胎儿的发展时期。出生以后，还可能出现一些突发事件影响到人的素质。

① 郭卜乐：《今日心理》，http://www.cptoday.net。

素质本身不是能力，也不能现成地决定一个人的能力，它仅能够提供一个人能力发展的可能性，只有通过后天的教育和实践活动才能使这种发展的可能性变为现实性。

素质与能力也不是一对一的关系，同样的素质基础上可以形成各种不同的能力，同一种能力可以在不同素质基础上形成，这完全取决于后天的条件。即使在某种素质方面存在着一定的缺陷，还可以通过机能补偿的作用，使有关能力发展起来。

高级神经活动的类型特征对能力的影响是重大的。例如，神经功能强的人在相当强的附加刺激的作用下能集中注意力；而神经功能弱的人，则难以集中注意力。神经功能强而灵活型的人，知觉广度大；弱而不灵活的人，知觉广度小。在技能形成时，弱而不平衡型的人，有较长时间的紧张，并出现多余和违反抑制性要求的动作。在思维过程中，神经功能灵活型的人比不灵活型的人在解决任务上要快2～3倍。

2. 环境因素

同样素质的人，其能力发展的差别则是由环境、教育和实践活动所造成的。许多研究表明：物质和文化环境的变化会使人的能力得到提高。

近年来这方面的证据越来越多，比如儿童的营养状况对智力的发展有很大的影响，特别是三岁前的儿童，由于营养不良将严重影响脑细胞的发育，从而影响心理功能的发展。

过去认为，人类脑细胞的数目是在出生前就决定的，出生后就不再增加。但是，近年来的研究表明，脑内神经细胞的数目在出生后六个月内仍在继续增加；而大脑的发育需要多种营养，特别是对蛋白质、矿物质、维生素等的需要。如果缺乏蛋白质则会对智力发展造成灾难性的影响。当然，矿物质、维生素等的缺乏都会严重影响儿童的智力。

教育在儿童能力发展中起主导作用，在教育过程中学习掌握知识、技能的同时也在发展着能力。在学生的智力发展上，良好的教学方法可以把似乎缺乏能力的儿童塑造成才。列昂节夫就做过这样的实验，他在那些似乎缺乏音乐才能的儿童中，应用特殊的方法，训练他们的音乐听觉，收到了较好的效果。

环境和教育是能力发展的外部条件，人的能力必须通过主体的积极活动才能得到发展。能力是在人的活动中形成和发展起来的，一个人的能力水平与其从事活动的积极性成正比。恩格斯说："人的智力是按照人如何学会改变自然界而发展的。"充分发挥人的主观能动性、勤奋刻苦学习是能力发展的一个重要条件。①

① 摘自 Copyright © 1997－2002 Chinese Psychology Today（今日心理网站）。

## 三、能力的显示

具体显示能力的就是技能和创造力,从人力资源角度来看,均可从智商、情商、胆商等表现出来。

1. 智商(IQ)

所谓智商(Intelligence Quotient, IQ),就是反映了一个人的学习能力和对知识接受的能力。一般也可理解为智力,是指数字、空间、逻辑、词汇、记忆、创造等能力。

1916 年,心理学家 Stern 提出了“智商”的概念:假如一个小孩子的智力年龄与他的生理年龄一样,那么他的智力就是一般水平;但如果他的智力年龄高于或低于他的生理年龄,则他的智力便是高于或低于一般水平。智商的计算如式(3-4)所示:

$$IQ=(\text{智力年龄}/\text{生理年龄})\times 100 \tag{3-4}$$

比如,一名儿童的智力年龄是 10,生理年龄是 8,则智商$=(10\div 8)\times 100=125$;由此说明他的智力年龄高于他的生理年龄。

根据统计,约 50%的人智商介于 90 与 110 之间,即为“普通智力”;约 25%的人智商小于 90;约 14.5%的人智商介于 110 与 120 之间;约 7%的人智商介于 120 与 130 之间;约 3%的人智商介于 130 与 140 之间。有关智商等级如表 3-2 所示。

**表 3-2 智商等级**

| 智商等级 | 百分比 | 智力情况 |
|---|---|---|
| 140 以上 | 0.5%的人 | 天才或近于天才 |
| 130—140 | 约 3%的人 | 智力优异 |
| 120—130 | 约 7%的人 | 智力很高 |
| 110—120 | 约 14.5%的人 | 智力较高 |
| 90—110 | 约 50%的人 | 普通智力 |
| 80—90 | 约 25%的人 | 迟钝,偶尔为低能 |
| 70—80 | 约 6.5%的人 | 介乎迟钝与低能之间(有些可归入低能) |
| 70 以下 | 0.5%的人 | 确定为迟钝、低能 |

从表 3-2 中可看出，智商超过 140 者，仅占人口的 0.5%；而在低智力的一边，亦有类似的分布情况。例如智商在介于 70 与 80 者，约占总人口的 6.5%；而智商在 70 以下的也非常少，仅占总人口的 0.5%。

可见，"天才"与"迟钝低能"的人都很少，绝大部分的人，都是普通智力的级别。

2. 情商(EQ)

所谓情商(Emotion Quotient,EQ)，反映了一个人对社会的适应能力和对突变事件的敏感度，它是一种会去发现机遇、抓住机遇的能力。

20 世纪 90 年代初期，美国耶鲁大学的心理学家彼得·萨洛韦和纽罕布什大学的约翰·迈耶提出了情绪智能、情绪商数等概念。他们认为，一个人在社会上要获得成功，起主要作用的并不完全是智商或称为智力因素，而往往决定于他们的情绪智能，即情商。他们列举不少事例说明取得成功的因素中，智商占 20%，情商占 80%。

1995 年，美国哈佛大学心理学教授丹尼尔·戈尔曼进一步完善了"情商"的概念，他认为"情商"是个体的重要的生存能力，是一种发掘情感潜能、运用情感能力影响生活各个层面和人生未来的关键的品质因素。戈尔曼认为，在成功的要素中，智力因素是重要的，但更为重要的是情感因素。实际上，情商还反映了"应变能力"和"发散性思维"，能善于发现新的"亮点"。戈尔曼提出："情商"大致可以分为五个方面的内容：

(1) 情绪控制力；

(2) 自我认识能力，即对自己的感知力；

(3) 自我激励(自我发展)能力；

(4) 认知他人的能力；

(5) 人际交往的能力；

一般认为，成功＝80%EQ＋20%IQ。 (3-5)

因此在招聘任用中，IQ 往往作为"敲门砖"，而能否晋升或在事业上有所发展则在于 EQ；故目前人们对于这两者的关系往往用一句话来概括，即"IQ 决定录用，而 EQ 决定提升"。

但实际上，发展 IQ 和 EQ 都很重要。比如，就美国前总统比尔·克林顿和微软总裁比尔·盖茨来说，比尔·克林顿的 EQ 高，是情商奇才，而比尔·盖茨的 IQ 高，是智商天才。

3. 胆商(DQ)

所谓"胆商"(Daring Intelligence Quotient,DQ)，是一个人胆量、胆识、胆略的度量。胆商直接反映出来的应该是"勇气"和"比拼"。"比拼"或称为"创新"，"比拼"需要有勇气，需要有胆量，需要有竞争意识，只有"比拼"，才有取得良好绩效的可能。胆商直接反映了一个人是否有一种拼搏精神、一种受到挫折或失败后的奋斗精神。

事实上,“勇气”“比拼”“创新”就是胆商,它们正成为管理者诸多素质中的一个新的衡量标准。比如,企业家的胆商几乎包含在他的全部实践活动中,在某些关键时刻甚至决定着企业的兴衰成败。

因此,要成为企业家特别是优秀企业家的必要条件之一就是 DQ。实际上,抓住商机需要胆识、胆略,“该出手时就出手”,来不得半点犹豫;没有胆识、胆略,商机稍纵即逝。

曾留学美国的领导力专业工作者张伟俊曾在 2002 年《上海人才市场报》上撰文,其中提到领导者必须要有“胆商”,这是有一定道理的。不少专家提到要在实际工作中产生绩效,就领导人的成功商数来讲,IQ 应该很重要,它是成功的必要而非充分条件;而 EQ 是成功的心理基础和素质能力,DQ 则是成功的前提。

实际上,具有杰出胆商的领导者本质上都是情绪领导者。他们运用自己的情绪获得所需的资源,从而将自己的远景目标变为现实。有了正确的情绪力量,可以得到所需要的任何资源。最为重要的是,这种情绪适应性是可以培养和发展的,因为精神动力已存在于自身。因此胆商是需要修炼的,也就是需要进行心态训练,这对经理人尤其重要。亨利·明茨伯格通过 IMPM 项目提出了反省、协作、洞察、老练、行为等五种管理心态,以训练经理人怎样管理好自我、组织、人、环境以及变革。

## 第四节　客观因素与窍门

### 一、客观因素

一个人要产生好的绩效,不仅需要本人具有极大的工作积极性和一定的能力水平,更重要的是善于利用各种客观因素。善于利用客观因素就能“借力而生”,就能更容易地产生良好绩效;所以仅有“能力”和“激励”并不一定能产生良好的绩效;能力再强、积极性再高,但没有展示的机会还是无法取得良好的绩效,所以机会也是影响绩效的一个重要因素。客观因素包含的内容很广泛,除了机会外,还包括组织结构、天时、地利、人和等外部环境以及由市场资产、基础结构资产、知识产权资产、人才资产和团队资产构成的“智力资本”等品牌效应因素。

客观因素中的机会很重要,如果没有机会展现自己,肯定不会产生良好绩效。

比如，诸葛亮本人很有才华，也很有积极性想干一番事业，但是假如刘备没有请他出茅庐，诸葛亮也许就没有机会展现自己，也不可能完成自己的抱负，所以“机会”肯定为产生良好的绩效提供了一个外部因素。再比如，带领中国走向富裕的邓小平同志就是不断地强调“机遇理论”，不断要求中国人抓住机遇，在他眼里，机遇比什么都重要。改革开放后，当我们与外国人接触、交往频繁后，又发现外国人讲“机会”比讲“钱”的时候更多，机会在他们眼里也比什么都重要。在我们生活、工作的环境中，有些人很有才干，但是就是没有给他们发挥的机会，没有给他们合适的岗位。有人说这是“命运”，又有人说这是“机会”，可见机会还是非常重要的。

尽管机会是客观产生的，但必须靠主观去把握，机会只给有准备的人。比如小张和小王、小朱三个人都在合资公司做事，小张觉得自己水平很高、能力很强，故认为自己满腔抱负却没有得到上级领导的赏识，于是很希望能有机会碰到老总，展示一下自己的才干。但是，时间过了好久，小张也没有碰到这样的机会。

小王也有同样的想法，也希望有机会碰到老总，展示一下自己的才干，但他不是守株待兔般地傻等，而是发挥了主观能动性，通过各种渠道，积极去打听老总上下班的时间，有一次他算好老总上班时进电梯的时间，他也在这个时候去乘电梯，但也仅仅是有机会和老总打个招呼而已，却没给老总留下深刻的印象。

小朱则更进一步。他详细了解了老总的奋斗历程，弄清老总毕业的学校、志向兴趣、个性特点及平时关心的问题，并精心设计了几句简单却有分量的开场白。他也算准了老总乘坐电梯的时间。跟老总打过几次招呼后，终于有一天抓住机会跟老总搭讪，不久就争取到了更好的职位。故机会只给准备好的人，这“准备”两字，并非说说而已，因为机会不会等你，机会往往一闪而过，许多人没有抓住就错过了机会。

客观因素除了机会外，还与组织结构和天时、地利、人和等外部环境有关，好的组织结构与和谐有效的外部环境的确能有利于提高绩效；另外，产生的“惠力资本”高，则绩效就会得到提升。这里所说的“惠力资本”就是英国管理学家 JIANNE 在几年前提出的“智力资本”的概念。智力资本是由市场资产、基础结构资产、知识产权资产和人才资产所组成的，根据最近的研究成果，许多专家、学者把由组织文化建立起来的“团队品牌”也归为“惠力资本”。所有这一切所组合成的客观因素都是产生良好绩效的重要因素。

## 二、窍门

与产生良好绩效有关的第四大因素就是窍门(KNOW-HOW)，即工作的方法。

我们知道，“窍门”或“方法”在古希腊语中，有“通向正确道路”之意。好的窍门或方法可以起到事半功倍的效果,可以吸收到更多的知识和力量。

在日常生活、工作中我们可以注意到这样的情况:

顾客都是上帝吗?每个顾客是否都一样重要呢?调查发现,有的顾客带来许多业务,有的则很少。这就说明,服务员如果为这20%的顾客服务,却能产生80%的效益;而如果为其他80%的顾客服务,带来的却是20%的效益。这说明,20%的顾客常常承担企业约80%的营业额,而80%的顾客常常承担企业约20%的营业额。

为什么会出现这样的情况呢?

意大利经济学家帕累托早在19世纪末研究英国人的收入分配问题时就发现,大部分财富流向小部分人一边。还发现某一部分人口占总人口的比例,与这一部分人所拥有的财富的份额,具有比较确定的不平衡的数量关系。而且,进一步研究证实,这种不平衡模式会重复出现,具有可预测性。经济学家把这一发现称为"帕累托收入分配定律",认为是"帕累托最引人注目的贡献之一"。我们把以80%对应20%的典型不平衡关系称为"80/20效率法则",又称为帕累托定律。理查德·科克有一个精彩的描述:"在因和果、努力和收获之间,普遍存在着不平衡关系。典型的情况是:80%的收获来自20%的努力;其他80%的努力只带来20%的结果。"①

为此,管理学家从帕累托的研究中归纳出了一个简单的结果:如果20%的人占有80%的社会财富,由此可以预测,10%的人所拥有的财富为65%,5%的人拥有的财富为50%。管理学家看重的是这一结果体现的思想,即不平衡关系存在的确定性和可预测性。

实际上,帕累托定律之所以具有强劲的解释力是因为在我们日常生活、经济、社会中,符合"80/20效率法则"的现象,可以说到处都存在。试举几例:

- 贸易公司20%的产品或客户,带来80%的收益;
- "图书大厦"20%的图书的销售量,占全部图书销售量的80%;
- 一个学院或一个系,不到20%的教师,享有80%以上的教学科研津贴;
- 在一个地区,20%的罪犯,犯下了80%的罪行;
- 一个城市里80%的交通事故,归咎于20%的冒失司机;
- 一个国家80%的医疗资源,为20%的人口所利用;
- 门诊大夫80%的时间,诊治占总数20%的疾病;
- 女士80%的时间所穿的衣服,不到她全部服装的20%;
- 家里20%的地板有80%的磨损;
- 世界上20%的人口,耗费了大约80%的资源;

---

① 摘自理查德·科克:www.wenmi114.com/wenmi/.../2007041375258htm,2001年。

• 20%的企业所生产的价值，占一国或全球范围内全部企业生产价值的80%。

总之，帕累托定律所指出的就是这样一个道理，即在投入与产出、努力与收获、原因与结果之间，普遍存在着不平衡关系。少的投入，可以得到多的产出；小的努力，可以获得大的成绩；关键的少数，往往是决定整个组织的效率、产出、盈亏和成败的主要因素。这正如阿基米德所说的："给我一个支点，我能撬起地球！"阿基米德还曾说过：给我一小块放杠杆的支点，我就能将地球挪动。假如阿基米德有个站脚的地方，他真能挪动地球吗？也许能。不过，据科学家计算，如果真有相应的条件，阿基米德使用的杠杆必须有88×1 021英里长才行！当然这在目前是做不到的。但从阿基米德的话中我们懂得了一个道理，要突出"取优而立"，抓住"关键"，就可获得大胜。这20%就是"KNOW-HOW"，要产生良好绩效的最重要法宝就是"KNOW-HOW"。因此，在实际管理中一定要抓住关键，抓住核心员工，这样才能产生好的绩效。

从以上分析可知，与绩效 $P$ 相关的因素概括起来就是上面所提出的 $B$、$A$、$I$、$K$。

由此，我们必须在实际管理中抓住激励、能力、客观因素和窍门这四个因素，只有这样才能产生好的绩效。

## 本章小结

本章主要对影响员工绩效提升的相关因素进行了具体分析。

阿克尔洛夫的"酸柠檬"效应是信息不对称现象的明确体现。劳动力市场信息不对称现象的存在是导致企业人岗不匹配的重要原因，如何有效规避信息不对称，实现合理的人岗匹配，是员工绩效乃至组织绩效提升的关键。

在对各种绩效影响因素进行汇总整理的基础上，本章重点介绍了产生良好绩效的四方面因素：激励(bestir)、能力(ability)、客观因素(impersonality)和窍门(KNOW-HOW)。

激励因素分析部分详细介绍了七种激励方法，分别为设置诱因法、错位效价法、种瓜得瓜法、保健提升法、竞争激励法、"场"论激励法和有效设定目标可激励员工。

能力因素分析部分主要阐述了能力的含义和分类、制约能力发展的因素，以及能力的三种表现方式：智商、情商和胆商。

客观因素分析部分主要分析了其包含的内容：机会、组织结构、天时、地利、人和等外部环境以及由市场资产、基础结构资产、知识产权资产、人才资产和共享资产构成的"智力资本"等品牌效应因素。

窍门则强调了发现和利用窍门在绩效提升中的重要作用。

总之,只有在实际管理中抓住激励、能力、客观因素和窍门,才能产生好的绩效。

## 案例分析

一方面,两位企业单位HR部门的负责人急需人员,但是却找不到合适的员工;另一方面,两位急于寻找工作的即将毕业的大学生却是一筹莫展,一点就业机会都没有。乍一看,两种现象实在是有点矛盾,让人难以理解。但是细究其原因,却不难发现两种矛盾现象背后的根源。

首先,信息不对称造成了劳动力市场供需双方的不均衡现象。企业也即劳动力需求方对拟招聘的人员素质有比较明确的要求,但是应聘方具体、详细的能力素质等要求并没有很透明化地在劳动力市场展示出来,因此来应聘的人员往往并不能满足本企业人力资源的需求。另外,两位急于寻找工作的即将毕业的大学生尽管费尽心力,但是他们在找工作之前对于自身的能力、技能、职业目标的倾向、未来工作期望等方面缺乏比较明确的认知,更谈不上将自己的各种信息非常准确地反馈给招聘企业。因为大学生不能将自己的能力、兴趣、未来工作期望等信息完整清晰地表达出来,那么企业也就很难知晓其是否适合企业某一岗位的工作了。

其次,现有的大学本科教育体系存在一定的弊端。不能否认,大学本科阶段的基础性素质教育对学生乃至社会的发展具有重要的意义。但是,大学之所以存在不仅仅在于它的教书育人功能,为社会提供服务也是其重要的功能之一。尤其是一些实践应用性学科,其社会服务价值将更高。为了增强学校的社会服务功能,学校在对大学生的教育中除了基础性素质教育外,还应注意培养其理论知识应用于实践的能力。学校应根据社会的发展要求,综合考虑劳动力市场的供需状况,适时调整学科专业布局和培养方案,使学校生产出的"产品"有更好的市场需求空间。

再次,大学生所在的学校缺乏系统详尽的毕业生就业指导工作统筹。大学生就业指导工作对于完善大学生自我认知、增强环境认知、提高成功就业机会等具有重要的意义。现有许多高校的就业指导中心大都主要提供协议书的签订事宜辅导、每年一度的校级毕业生就业洽谈会等服务,而对于大学生就业的宏观政策、行业发展趋势、组织环境等与未来工作环境相关性较高的信息提供得较少,且不系统。这就造成很多大学毕业生在寻找工作过程中的盲目性和随机性,降低了就业成功的可能性。

当然,上述矛盾现象的存在也具有主观原因。大学生自身应该通过各种途径增强自我认知和环境认知,企业本身也应该就自身的人力资源需求与学校主动沟通。只有加强多方合作与交流,增强信息的通畅性,才更有利于实现劳动力市场的供需平衡。

## 思考题

1. 影响员工绩效提升的因素主要有哪些?

2. 如何规避劳动力市场的信息不对称现象?

3. 何谓激励?主要的激励方法有哪些?

4. 对于不同的员工应该如何制订激励机制?

5. 能力的内涵是什么?应如何发展并培养员工的能力?

6. 如何有效利用各种客观因素以提升员工绩效?

7. 何谓"KNOW-HOW"?如何发现并利用更多的"KNOW-HOW"?

8. 除了文中提到的绩效提升因素,还有哪些对于员工绩效和组织绩效至关重要的方面?

# 第四章 绩效计划

引导案例

## 案例：谁能成为真正的管理者[①]

三个石匠的故事最早出现在美国的管理大师彼得·德鲁克于1954年出版的《管理的实践》一书中。故事说：

有一牧师经过石场，看到三个石匠，便问这三个石匠，你们在做什么？

第一个石匠说："我在养家糊口。"

第二个石匠一边敲打石块一边说："我在做全国最好的石匠活。"

第三个石匠仰望天空，目光炯炯有神，说："我在建造一座大教堂。"

十年之后，第一个石匠手艺毫无长进，被老板炒了鱿鱼；

第二个石匠虽然勉强保住了自己的饭碗，但只是普普通通的泥水匠；

第三个石匠却成了著名的建筑师。

请问以上三人谁能成为真正的管理者？

案例讨论题：

1. 谁能成为真正的管理者？为什么？
2. 何谓管理？法约尔提到的管理，其五大职能是什么？
3. 绩效管理系统应该包括P—D—C—A，为什么P是第一位？
4. 制订绩效目标的原则是什么？其内容有哪些？

绩效计划的实施过程是绩效计划管理者与员工根据既定的绩效标准共同制订并修正绩效目标以及实现目标的步骤的过程。绩效计划不仅是一个静态的过程，

① 摘自彼得·德鲁克：《管理的实践》，1954年版。

它更是一个动态的沟通过程;它不仅局限于绩效目标设定的初期,更贯穿组织内员工全面参与管理、履行职责、完成任务的全过程。通过绩效计划的制订,管理者的管理目标和员工的个人发展目标能够在某种程度上达成一致,所以无论是对于企业还是对员工个人而言,绩效计划都是绩效管理中非常重要的一个阶段,是有效实施绩效管理系统的主要平台和关键手段。

绩效计划实施的相关主体包括组织人力资源专业人员、管理者以及员工个人,三个主体共同协作、努力,共同承担责任和履行义务,在绩效计划的制订和执行过程中各自发挥重要的作用。同时在绩效计划过程中,持续的沟通是非常重要的。

# 第一节　绩效计划的概述

## 一、计划的含义和要素

时间管理专家说,你用于计划的时间越长,你完成工作所需要的时间就越短。

这两个时间存在着极大的相关性和互补性,就看你怎么做,你是愿意多花一些时间在计划上以保证工作的顺利和正确,还是愿意多花一些时间去盲目地摸索但最终却一无所获?很多人在这个问题上没有一个清醒的认识,要么认为做计划是在浪费时间,而且会降低工作灵活性;要么认为做计划可以消除一切变化。这样两种极端的想法,使很多人对计划敬而远之。

### 1. 计划的含义

计划是对未来行动的规划。它是人们的主观对客观的认知过程,是重要的管理职能。

广义的计划指制订计划、执行计划和检查计划执行情况的工作过程。

狭义的计划仅指制订计划,即根据实际情况,通过科学地预测、权衡客观需要和主观的可能,提出在未来一定时期内要达到的目标及实现目标的途径。

### 2. 计划的主要内容

计划是由目标引起的,可以被看作是目标的具体化,是为了实现目标而制订的具体行为方案。每个人都在做计划、定目标,并最终根据自己的目标对结果进行考评。比如说个体对自己人生制订的规划。在有了每个阶段的目标(可能包括某种学习、职业、生活方式或是家庭安排)及相应的各种计划之后,人们就能够确定各个步骤的具体行动,从而实现人生的目标。

很多管理者都会制订计划,但大多都是非正式计划,即计划中的很多内容都没有用语言表述出来,更没有和组织中的其他人共享。这些计划大都是粗略和缺乏连续性的,因为它仅是管理者单个人的设想。我们所说的绩效计划是正式的计划,它在每一个时期都有具体的目标,并且这些目标是什么、目标要达到怎样的程度以及如何实现这些目标,都被每个部门、每个员工所知道。

通常在制订计划的时候,首先需要解决四个关键的问题:① 我们现在处于什么样的状况之下?② 我们的目标是什么?③ 我们如何能够实现目标?④ 当环境变化时是否有备选计划?当很好地解决了这几个问题后,计划的作用便会凸显并逐渐发挥效力,从而真正达到事半功倍的效果。

## 二、绩效计划的含义

绩效计划是指管理者与员工根据既定的绩效标准共同制订并修正绩效目标以及实现目标的步骤的过程。

作为名词,绩效计划是管理者与员工之间确立的关于绩效标准和绩效目标的契约。

作为动词,绩效计划是一个双向沟通机制,是管理者与员工相互沟通,对绩效标准和绩效目标达成一致意见,从而达成契约的过程。

绩效计划不仅仅是一个静态的过程,它更是一个动态的沟通过程;它不仅仅局限于绩效目标设定的初期,更贯穿组织内员工全面参与管理、履行职责、完成任务的全过程。通过绩效计划的制订,管理者的管理目标和员工的个人发展目标能够在某种程度上达成一致,所以无论是对于企业还是员工个人而言,绩效计划都是绩效管理中非常重要的一个阶段,是有效实施绩效管理系统的主要平台和关键手段。也正是因为如上原因,绩效计划的价值已经被国内外众多公司认同和接受。

## 三、绩效计划的作用

无论对于管理者还是对员工而言,绩效目标只是一个美好的愿望和憧憬。要真正实现愿望必须付诸实际的行动。古人云"预则立,不预则废",计划便是指导行动的最佳指南。从具体的形式来看,作为指导员工行为的绩效计划书,能够使员工在具体的绩效周期内根据组织的目标来确认自己具体的工作目标,并制订一系列合理的工作安排。

在绩效管理中,绩效计划的重要作用主要体现在如下几个方面:

(1) 绩效计划具有明确的目标性,既是保证组织目标实现的基础,又能为员工提供努力的方向和目标；

(2) 绩效计划有利于将组织的目标与员工个人发展结合在一起；

(3) 绩效计划能够帮助员工采用适当的工作方法和途径；

(4) 绩效计划制订的过程是管理者和下属的沟通过程；

(5) 绩效计划是员工绩效考核和培训的重要依据。

## 四、绩效目标和绩效标准

正如上文所言，绩效计划是管理者与员工根据既定的绩效标准共同制订并修正绩效目标以及实现目标的步骤的过程。为了更好地理解绩效计划，应该深刻理解绩效目标和绩效标准的含义。如果没有明确的绩效目标和绩效标准，绩效考核便无从谈起，绩效辅导和改进计划更成为一句空话。

### （一）绩效目标的制订

绩效目标是管理者针对员工个人的实际情况量身制订的工作目标，它结合员工现有的绩效水平，体现出了管理者对员工的具体要求。目标的确定是整个绩效管理的基础。

#### 1. 目标的来源

绩效目标应该来源于企业战略，从企业的最高层开始层层分解绩效目标。下一级部门根据上一级部门分解的目标以及本部门自身的关键绩效指标，制订本部门的绩效目标。然后，部门主管根据下属的职位和关键绩效指标，将部门的绩效目标层层分解到个人。具体来说，员工个人的绩效目标有三个来源：

(1) 组织的绩效目标。只有将个人的绩效目标与组织的绩效目标紧密相连，才能保证个人的目标符合组织的实际需要和实际要求，才能真正保证组织目标的彻底实现。

(2) 岗位职责。岗位是员工个体才能表现并得以发挥的载体，决定了员工在组织系统中所扮演的具体角色。建立在明确岗位职责基础上的绩效目标是最切实可行的。

(3) 内外部客户的需求。在制订绩效目标的时候考虑到内外部客户的需求能够起到锦上添花的效果，更好地实现组织的绩效目标。

总之，在设定绩效目标的时候，综合考虑以上三个方面，能够较为全面地满足组织的绩效要求，达到良好的绩效结果。但在设定目标的时候，必须注意以下几点：

(1) 个人目标与部门、组织的目标要始终保持一致。绩效目标要保持动态性，不能局限于以往的习惯和静态的岗位职能界定，要根据具体的新形势、新环境不断调整和变化，与时俱进。

(2) 个人目标必须由员工和主管共同讨论制订。这样既能在讨论的互动中让员工觉察到被期望的程度，激发员工的自我反省意识，又可以帮助主管看到每位员工的盲点。

(3) 不能为了追求目标的全面性而忽略目标的针对性。

(4) 要有预见性。计划赶不上变化，在既定的目标实现过程中必然会出现很多障碍和变化，要勇于面对并积极应对。

**2. 衡量目标有效性的原则**

有了目标才能制订出具体的步骤来实现目标，所以绩效目标的制订显得尤为重要。只有行之有效的目标才能引导正确的行为，否则只能是徒劳无功。所以在目标制订以后，必须按照SMART原则来衡量目标的有效性。

(1) S——Specific：目标是明确具体的。相对于绩效标准，绩效目标应该更加明细化和具体化。这主要表现在两个方面：其一，由于每位员工的具体情况不同，其所承担的具体岗位职责和具有的具体能力素质必然要求管理者对于不同的员工提出不同的绩效要求。通过具体明细的表述将不同的绩效传达给员工，能够更好地引导员工达到绩效期望。其二，目标的明确具体化能够让员工更好地知道应该做什么以及达到什么样的结果。

(2) M——Measurable：目标是可衡量的。绩效目标的设定最好能够采用可衡量的方式来表示，比如数据或者事实。只有这样，管理者才能够根据计划控制员工的行为，才能进行后期的绩效反馈和绩效辅导。

(3) A——Attainable：目标是可达到的。绩效目标的设定必须是合理和有效的。其制订必须建立在实际调查的基础上，必须是在部门或者员工的控制范围之内，并且通过部门或员工个体的努力是可以实现和达成的。只有真正切实可行，才能激发员工更努力地工作和实现目标。

(4) R——Relevant：目标是高度相关的。绩效目标必须与企业和部门的目标高度相关，它是层层分解、自上而下的，具有明显的传递性。

(5) T——Time-based：目标的时限性。绩效目标的实现具有一定的时间限制。绩效目标实现主体必须在规定的时间内完成既定的绩效目标，而合理的时间限制实际上也可以看作是组织对个体实现目标的一种合理引导，能够帮助员工更好地实现目标。当然，在目标一定的情况下，具体的时间限制程度应当根据管理者的要求和员工的工作能力等方面的情况而定。

以上是衡量绩效目标的SMART原则，符合上述原则的目标就是一个有效的目标。否则，绩效目标不明确，就会因不同的理解而造成误导，使后续绩效管理中其他各项工作的效果大打折扣。

3. 绩效目标的激励作用

目标一直以来都是激发人们动机的诱因，它具有非常强的激励作用，充分发挥其激励作用，能够调动人们工作的积极性、主动性和创造性。尤其是当组织目标被其内部全体成员接受并与员工个人利益结合起来的时候，该作用发挥得便更为淋漓尽致。所以目标激励作用一直都是管理学家们研究的热点和重点。

而在绩效考核中，目标的激励作用同样存在。绩效目标能够为员工提供一个明确的工作任务和工作方向，从而增强进取的动力，朝组织的目标努力奋斗。所以，一个科学、合理、量化的个人绩效目标不仅能够帮助员工了解实际工作情况与目标之间的差值，以便更有意识地努力工作，更能通过目标分解的方式将组织目标深入贯彻，让组织绩效管理的各个环节都变得更加容易。

## （二）绩效标准

绩效标准是根据岗位的特定情况而定的，是对员工在特定岗位中应达到的各种基本要求的规定。与绩效目标不同，绩效标准是针对工作制定的，它反映了职位本身对员工的要求。对于相同职位的员工而言，其绩效标准是一样的。

良好的绩效标准能够保证衡量员工绩效行为和绩效结果的方式客观公正，能够很好地将绩效活动的各个环节紧密结合，从而实现个人的良好绩效结果并充分达到组织的目标。

1. 绩效标准的来源

一般说来，绩效标准的来源有两个方面：

(1) 关键绩效指标。关键绩效指标是衡量员工工作绩效的具体量化指标，与一般的指标不同，关键绩效指标是对企业运作过程中关键成功要素的提炼和概括，所以将其作为绩效标准的来源能够最客观和准确地反映员工的绩效。而且关键绩效指标本身就来源于企业总体战略目标的分解，能够很好地反映企业的战略导向。

(2) 由管理者与员工共同讨论确定。虽然 KPI 能够很准确地反映员工绩效，使绩效考核做到科学合理，但是在实践操作中，往往某些 KPI 不能很具体地传递给某个岗位，越是基层的岗位与 KPI 直接关联的程度就越低。所以通过管理者与员工的讨论确定合理的绩效标准成为一种有效的方式。这种方式一方面提高了员工的参与度，让员工有了更大的自主权，更能激发员工达成绩效目标的动力；另一方面，双向的沟通也能尽可能减少管理者与员工之间在绩效考核中可能出现的冲突，使矛盾在逐步沟通中化解。

2. 绩效标准的制订原则

(1) 对事不对人。绩效标准是基于工作本身而非工作的人制订的，所以不管承担工作的个体如何变化，绩效标准都不能发生变化。

(2) 具体。绩效标准要具体，要涵盖员工绩效所涉及的各项可识别的行为和结果。而在绩效标准的语言表述上，对于一些不能量化的主观指标，绩效标准必须要具体明确地说明。

(3) 定量准确。一方面，绩效标准要量化，越具体量化越能为考核找准尺度；另一方面，在量化的基础上，绩效标准必须要定量准确，不论是绩效标准的起止水平还是标准的等级档次都要准确合理，这样才能保证公平公正。

(4) 合理。绩效标准的建立要合理、有效，具有较强的可实施性。主要表现在：绩效标准能够反映社会、经济、产业、行业以及科学水平和管理水平发展的现状，具有一定的时代性，不至于使员工能够很容易地达到优良的成绩；绩效标准松严得当，具有较强的区分功能，但因为绩效标准体现的是工作执行情况可以接受的水平而不是工作执行情况良好的绩效水平，所以还必须保证在绩效考核中，大多数员工的水平能够达到及格。

(5) 基于时间。绩效标准有时间的限制。员工既应该知道自己达到绩效标准的时间节点又应该知道该套绩效标准的适用时间期限，即在什么样的时间期限内绩效标准是适用的。

(6) 可调节。绩效标准具有一定的动态性，根据客观实际的变化，绩效标准可以适当调整。但应该注意的是，所谓的动态性是有限度的，并且不能随着主观因素或者承担职位员工个人素质的差异而变化。

### 3. 绩效标准的内容

根据不同的工作类型和工作层次，绩效标准是不一样的，但是总结起来，绩效标准大致包含如下几个要素：

(1) 数量——如产量、收入、销售额、利润等；

(2) 质量——如准确性、可靠性、一致性、破损率等；

(3) 成本——如培训费用、销售费用比率、单位产品成本等；

(4) 时间——如供货周期、及时性、到市场时间等；

(5) 客户满意度——如投诉、称赞、反馈等。

### 4. 如何制订绩效标准

绩效标准是组织对岗位具体要求的反映。企业应该为每一位员工制订符合其实际的、详细的绩效目标和绩效计划。

制订绩效标准的流程如下：

第一步：确定绩效标准的参与者和参与形式。绩效标准的参与者包括组织人力资源专业人员、管理者以及员工个人(具体可参见绩效计划的相关主体一节)。

第二步：确定各工作岗位的工作内容，包括工作岗位职责和工作岗位任务。可以通过参照各岗位工作说明书的方式确定，但如果没有工作说明书，也可以通过实践调查的方式进行信息收集并建立相应的工作说明书。

第三步：确定各工作岗位所需要的知识、能力、经验和资格等。同样可以通过参照工作说明书和调查的方式获取信息。

第四步：结合每一个被考评对象的具体工作实践，将已确定的各岗位的工作内容和所需的能力进一步具体化和细化，初步形成该员工的绩效标准。在这里需要特别注意的是，绩效标准与绩效目标是不同的，它针对的是工作本身而不是员工个人，所以这里的员工绩效标准是指从事相同职位工作的员工共同的标准。

第五步：主管就已初步形成的绩效标准与考核对象本人进行讨论，并进行修正和改进，最终形成员工的绩效标准。

但值得注意的是，绩效标准并不是一旦形成了就不能更改。在绩效计划的实施过程中，管理者或员工个人都可以根据具体客观实践的变化提出修改或变更的请求。只要是对提高绩效有帮助的尝试，双方都应该接受。

5. 绩效标准的举例

此处以区域销售经理的绩效标准(如表 4－1 所示)和职位培训主管的绩效标准(如表 4－2 所示)①为例。

**表 4－1　区域销售经理的绩效标准**

| 工作项目 | | 绩效标准 |
| --- | --- | --- |
| 员工发展 | 执行考评 | 1. 依照销售经理所核准的程序考核员工；<br>2. 在 3 个月之内使新员工充分了解所从事岗位的工作职责与标准；<br>3. 新员工任职 9 个月内需进行一次全面考评 |
| | 辅　导 | 1. 每天辅导员工，与员工一起工作，以协助改进现任工作；<br>2. 追踪绩效改进计划是否付诸实施；<br>3. 选择任务交付员工以助其培养更多的责任感 |
| | 有关产品的观念 | 1. 员工了解与其工作有关的产品、程序、计划和政策；<br>2. 地区销售经理知道如何运用以上各种知识；<br>3. 地区销售经理将有关知识进行实际应用 |
| | 咨询辅导 | 1. 员工们觉得区域销售经理随时乐意抽空与他们讨论问题；<br>2. 所有个别谈话保持机密 |

① 改编自杨东龙主编：《如何考评和考核员工绩效》，中国经济出版社 2001 年版。

续 表

| 工作项目 | | 绩效标准 |
|---|---|---|
| 员工发展 | 一般性 | 1. 让下属员工清楚地知道他们的工作；<br>2. 员工均够格并且具有开展工作的技巧；<br>3. 员工知道他们工作的好坏，也知道有哪些地方需要改进；<br>4. 员工能在现有工作上一致追求改进 |

**表 4－2　职位培训主管的绩效标准**

| 工作项目 | 绩效标准 |
|---|---|
| 培训课程 | 1. 以下面一点或者数点来决定训练需要：<br>(1) 调查可能人选；<br>(2) 指导委员会集会研究；<br>(3) 与关键人物讨论、联系。<br>2. 以需要为基础建立绩效目标；<br>3. 以目标为基础发展计划的内容；<br>4. 选择讲师并予以辅导：<br>(1) 讲师要具备相关知识及教学技巧；<br>(2) 讲师要能配合教学目标及受训人员。<br>5. 协调：<br>(1) 一年至少安排 45 天训练；<br>(2) 协调准备教学设备、辅助教具、用品及讲师的引见与介绍。<br>6. 考评：<br>(1) 每项课程均达到评价标准；<br>(2) 90％的课程在 4 分制的标准上达到 3.7 分 |
| 考评 | 1. 所有受训员工均接受考评；<br>2. 所有考核人在 1 月 1 日前应接受 14 小时的考评训练；<br>3. 所有绩效改进计划须在 2 月 15 日前收齐；<br>4. 绩效考核资料为机密文件，须在相应授权下方可调阅 |

# 第二节　绩效计划的流程

## 一、绩效计划的要素

### 1. 绩效计划的主要内容

作为整个绩效管理过程的引导部分，绩效计划通常包括如下内容：

(1) 员工在绩效考核周期内的主要工作内容、工作职责以及所要达到的绩效目的和目的本身的重要性；

(2) 在绩效周期结束时，员工所应达到的绩效标准和绩效目标；

(3) 针对制订的绩效目标，员工应该采取什么样的行动计划来分阶段、分层次地实现目标以及实现目标的具体时间限定；

(4) 员工在实现绩效目标的过程中，有可能遇到哪些潜在障碍？员工拥有哪些权限去解决障碍，实现目标？

(5) 为了完成绩效目标，员工所必须接受的培训、辅导或帮助；

(6) 收集员工工作绩效的方法和途径。

2. 绩效计划的相关主体

绩效计划是绩效管理中的第一个环节，同时也是非常重要的一个环节。在组织目标这个大框架下，负责绩效计划实施的相关主体对各项工作进行统筹安排。绩效计划实施的相关主体包括组织人力资源专业人员、管理者以及员工个人，三个主体共同协作、努力，共同承担责任和履行义务，在绩效计划的制订和执行过程中发挥各自重要的作用。

(1) 组织人力资源专业人员。作为专业的人力资源从业者，人力资源专业人员能够从绩效管理理论的高度出发对绩效计划的实施进行思考和指导。他们所掌握的专业知识和技巧，不仅能在绩效计划开展的前期为管理者和员工提供诸如岗位分析、绩效标准制定等方面的指导和帮助，更能在绩效计划开展的过程中为员工提供改进绩效的各项培训，帮助主管和员工共同认识绩效开展进程以及协助绩效跟进和辅导工作。总体来说，专业的人力资源人员较之管理者和员工而言，更能够站在绩效管理的角度来保证整个绩效管理系统的正常运作，保证绩效管理的目标始终与组织的总体目标一致，从而更好地实现组织的目标。

(2) 管理者。因为相对于组织人力资源专业人员来说，管理者更了解与职位相关的一些信息，所以由他们作为绩效计划制订的主要负责人会使整个计划更加符合现实的情况，更具有实施性。

(3) 员工。员工参与是绩效计划制订的重要形式。提高员工的参与度不仅能够使绩效计划制订得更加合理，提高绩效计划的质量，更能让员工产生更高的服从感和认同感，从而产生更高的绩效水平。员工的参与提高了绩效计划制订过程中的互动性，提高了信息的透明度，让组织的沟通变得更加频繁和有效。

管理者与被管理者在绩效计划的制订和执行过程中各自所发挥的作用如表4-3所示。

**表 4-3 管理者和被管理者的作用**

| 管理者应提供的信息 | 被管理者应提供的信息 |
|---|---|
| 1. 组织整体的目标<br>2. 业务单元的目标<br>3. 对被管理者(员工)的期望<br>4. 员工的工作标准、完成期限 | 1. 对工作目标和如何完成工作的认识<br>2. 对工作的疑惑和不理解之处<br>3. 对工作的计划和打算<br>4. 对完成工作中可能遇到的问题和需要申请的资源 |

正如上文所言,组织人力资源专业人员、管理者以及员工个人在绩效计划的制订过程中发挥着重要的作用,尤其是管理者以及员工更是扮演着不可或缺的角色。大多数企业也注意到了这一点,但是在两者参与绩效计划的形式上却大不一样。据一项调查发现,在我国企业的实践中,只有 11.90%的被调查企业是“管理人员与员工一起商量制订绩效计划”;有 25.70%的被调查企业是“管理人员制订计划,再与员工商量确定”;有 9.80%的被调查企业是“员工制订计划,管理人员根据情况进行调整”;有 46.40%的被调查企业是“管理人员制订,员工在形式上参与,但是不起真正作用”。从这一结果不难看出,国内企业的员工在绩效计划制订过程中的参与度远远不够。而较低的员工参与度极有可能导致所制订的绩效计划不切实际,员工对绩效计划的理解不够、认同度不高,进而可能导致绩效计划的执行力度不强,最终不能达到企业预定的目标。

## 二、绩效计划制订的原则

绩效计划作为绩效管理的一种有效工具,能够确保公司总体战略目标的逐步实施,能够确保一个绩效考核周期内总体目标的顺利实现。作为如此重要的管理工具,在制订过程中必须遵守以下原则:

(1) 目标导向原则。绩效计划的制订必须与组织和部门的总体目标一致。一方面,设定绩效计划的最终目的就是为了保证组织和部门总体发展目标的实现,所以必须以目标为导向,将目标自上而下逐层分解、设计和选择;另一方面,绩效计划要以目标为准,随着目标的变化,计划要进行适时地调整和变更,使绩效计划能够适应不断变化中的目标要求。

(2) 全员参与原则。在绩效计划的设计过程中,只有让员工、管理者以及其他相关主体参与到绩效计划的过程中,才能在沟通和交流中更好地激发他们的主动性、积极性和自主性。沟通互动性的增强不但能够使参与绩效计划制订的各方的潜在冲突和利益暴露出来,进而采取有效的手段进行调解和控制,使绩效计划得以顺利实施,更能提升普通员工的自信心,让他们感觉受到重视,从而为公司创造更加出色的业绩。

(3) 流程系统化原则。不论是各层次的计划还是各个时间段的计划,都必须服从系统的原则,即个人绩效计划不仅必须服从部门以及组织的战略计划,还必须与企业的资本计划、经营计划、人力资源管理等其他各个管理程序紧密相连。

(4) 可行性原则。绩效计划的可行性主要表现在绩效目标和绩效标准上。绩效目标的制订要合理,既要保证制订的目标是员工通过努力可以达到的,员工具有实现目标的能力和可能,又要保证所制订的目标不至于太低。目标过低不仅让员工觉得工作简单、无挑战性,更让公司蒙受损失。要保证可行性还需要使与工作本身紧密相连的绩效标准科学合理、重点突出、精确可度量,让员工在执行计划时有章可循。只有做到这些,才能保证绩效计划的可行性。

## 三、绩效计划制订的流程

绩效计划制订的流程分为三个步骤:准备阶段、沟通阶段、审定和确认阶段。下面将就每一阶段进行详细的分析。

### (一) 绩效计划的准备阶段

#### 1. 准备必要的信息

必要的信息包括关于组织的信息、关于部门的信息和关于个人的信息。

与一般计划不同的是,对于绩效计划而言,沟通是最重要的。为了保证沟通的顺畅和有效,必须在绩效沟通之前进行充分的准备。准备工作可以从三个方面着手:组织信息的收集、部门信息的收集和员工个人信息的收集。

(1) 组织信息的准备。主要是对组织目标进行重温和再提高、再认识。有些员工对组织目标关注不够、了解不深,所以管理者有必要准备好充分的组织信息,帮助员工重温以往对组织目标的认识;而有些员工虽然对组织目标有较为深刻的记忆,但是由于缺乏了解最新目标的渠道,导致所掌握的信息过时,不符合实际需求,所以作为具有信息资源优势的管理者更应该收集最新的组织信息,帮助这部分员工对组织目标再提高、再认识。只有这样才能保证双方对组织目标都有很好的掌握,从而更容易使员工将个人绩效计划与组织目标结合起来,最终达到系统化的要求。

(2) 部门信息的准备。作为枢纽的部门,在绩效计划中扮演着承上启下的作用。一方面,组织的目标要层层分解成部门的目标,继而层层分解到每名员工;另一方面,员工的个人绩效计划又必须与部门乃至组织目标始终保持一致。所以在绩效计划面谈之前,准备好充分的部门信息,让员工充分了解部门的动态,对于提高员工绩效也是大有裨益的。

(3) 员工个人信息的准备。员工个人信息的准备工作在绩效计划准备阶段尤为重要。员工的个人信息包括员工所在岗位的工作描述以及员工个人的绩效表现(主要是上一年度的绩效表现及考评结果)。准备好与员工相关的个人信息并在绩效计划面谈的时候与员工进行沟通、讨论,不仅能够让员工重新认识自己,而且更容易与员工就这一年度的绩效努力方向达成一致。

2. 确定绩效计划沟通的方式

不同的沟通方式会产生不同的沟通效果。而究竟采取什么样的方式对绩效计划的内容进行沟通,需要考虑不同的环境因素以及达成的绩效目标。这就需要管理者在准备阶段就进行深刻思考和决策。

一般来说,采取什么样的方式对绩效计划的内容达成共同的理解,也需要考虑不同的环境因素。为了真正实现绩效管理的目的,即达成部门的目标并使员工个人的绩效和能力得到提高,主管就必须在最初的绩效计划沟通时使员工了解绩效管理的目的,了解绩效管理对自己有什么好处,营造一种合作的氛围。否则,员工很容易将绩效管理的重点集中在对绩效的考核方面,容易产生担忧和敌对情绪。员工对绩效管理可能有过不愉快的经历,而且对绩效管理的理解可能会与期望的有所不同,或者对绩效管理有着特殊的期望。因此,在绩效计划沟通会议上,主管要想方设法让员工对绩效管理的目标和操作程序达成一种共识,这样才有助于后面各个环节的操作。

### (二) 绩效计划的沟通阶段

绩效沟通是指管理者与员工在共同工作的过程中,就各类与绩效相关的信息进行交流、分享的过程。持续的绩效沟通不仅能够帮助员工适应不断变化的工作环境,接受不断升级的工作挑战,让员工在面对变数的时候能够借助沟通的机会找到合理的解决问题的途径和办法,从而减轻员工的心理负担,更能够使管理者实时发现员工的想法、问题并对之进行及时的辅导和跟踪,从而给管理者的管理工作带来巨大的帮助。作为其中一个环节的绩效计划沟通,更能够使管理者在年度绩效考核初始阶段就对员工有深入的了解,不但可以就上一阶段的绩效考核结果进行回顾、讨论和总结经验,还可以对本年度的工作现状、工作变更和工作目标进行合理协商,大大降低了后期出现矛盾、误解的可能性,降低了员工的不满和工作的难度。有关绩效计划沟通的具体内容在后面的章节将有详细的论述。

### (三) 绩效计划的审定和确认阶段

在绩效计划的审定和确认阶段,主管与员工必须就绩效计划的主要内容进行再次讨论和确定,保证双方能就内容所规定的各个方面达成共识。

绩效计划审定和确认的目的主要是为了保证绩效计划能够达到如下的效果:

(1) 员工的个人目标与部门、公司的整体目标是紧密相连的,并且员工清楚地知道三者之间的关系;

(2) 就员工在绩效考核期间要完成的主要绩效目标以及涉及考核的各项绩效标准,员工与主管之间达成共识;

(3) 员工的工作描述以及工作职责已经根据具体的绩效计划进行了修改和更新,可以与目前员工工作的实际情况吻合,做到实事求是;

(4) 形成一个经过双方协商讨论的文档,并且员工和主管都在该文档上签字,表示愿意执行本次的绩效计划。

## 四、绩效计划举例

此处以秘书的绩效计划为例,如表 4-4 所示。

**表 4-4 秘书的绩效计划**

职位名称:秘书 任职者签名: 上级管理者签名: 计划适用时间: 至

| 工作项目 | 目的 | 重要性 | 权重 | 潜在障碍 | 绩效目标 | 可能的业绩评价指标 | 行动计划 |
|---|---|---|---|---|---|---|---|
| 起草报告 | 提高报告质量 | 报告的分析质量有助于上级的决策工作 | 15% | 报告的数据收集和分析有一定的难度 | 起草的报告质量高,对上级工作有很大的帮助 | 报告的正确率、报告的及时率、上级的满意程度 | 至 9 月 1 日止,没有按时起草好报告的次数不超过[ ]次,出错不超过[ ]处 |
| 会议记录 | 建立完整的会议过程档案 | 不仅能起提醒作用,更能作为资料保存,为以后决策提供帮助 | 10% | 缺乏相应的辅助工作,在会议进程太快的情况下来不及记录或记录不够完整 | 提高记录的速度 | 3 个月内使会议记录速度提高 20% 并保证 95% 的完整率和 100% 的准确率 | 每月 15 日为秘书提供为时 3 个小时的速记培训 |
| 日常文书工作 | 提高文书写作的水平 | 保证公司文件材料的规范化 | 20% | 书面语言表达得不准确会引起很多误会和歧义 | 提高用语和写作的规范性 | 在一篇文档中文件的用语不当不超过 3 处 | 8 月中旬安排相关培训并于 9 月初进行测试 |

# 第三节 绩效计划的沟通

## 一、沟通概述

沟通是指人和人之间为达成某种目标而进行的信息的发送、接收与反馈的交流全过程。沟通的内容是沟通双方分享信息、经验、感知、思想、事实或感情,有多种多样的因素会影响沟通的效果。

### (一)沟通的主要环节

**1. 发送者和接收者**

个体沟通往往包含人们相互间一系列的交流,所以把一个人标记为发送者而把另一个人标记为接收者是相对的。发送者和接收者的特点,大大影响沟通过程。例如,发送者在沟通过程中传达某个信息,希望接收者认可并以此改变接收者的行为,如果接收者对这些目的持对抗态度,发生曲解与误会的概率就很高。沟通的准确性与沟通的目的及双方的态度和价值观相关度很大。

**2. 传送器与接收器**

传送器与接收器是指能用于信息传递及接收的工具。在个体沟通中,这通常集中在人的感觉、视觉、听觉、触觉、嗅觉和味觉上。传送可以通过言语或非言语方式进行交流。传送器一旦工作,则沟通过程就移到发送者之外,而且不再受它的控制。信息一经传播,就不可能收回。

**3. 信息、渠道与干扰**

个体沟通中传送的信息可能不同于发送者原来采用的形式,而代之以编码符号。发送者希望这些信息的含义跟初始含义尽可能地接近。初始含义与传送信息之间的差别越大,个体沟通就越差。要使沟通能够顺利进行,发送者和接收者必须在同一水平上分享信息。词语或非言语符号本身并没有意义,它们的含义是由发送者和接收者创造的。

渠道是信息从发送者传递到接收者所借助的手段。例如,谈话可以在面试时由空气传达,也可以由电话线传达。

干扰则是渠道中对要传送的信息的阻碍。当一个人试图与另一个人交谈时,收音机大声播放音乐就是干扰的一个例子。干扰可以通过重复信息或增加信息强度来克服。

**4. 意义、解码和编码**

信息或符号通过渠道到达接收者的接收器或者感觉、视觉、听觉、嗅觉和味觉。人们的感觉是他们仅有的接收输入信息并将它们从符号形式(如语言)转化为有意义形式的接收器,而意义就是存在于人们头脑中的意见、想法、形象、感情或事实。将接收到的信息,翻译成所解释的含义就是解码。通过一种共同语言,人们就可以对许多信息进行解码,使所传送的含义与所接收到的含义非常接近。任何曾试图与使用不同语言的人进行沟通的人,可能都已经体会到了共同语言在解码过程中的重要性了。

编码是发送者把意义翻译成可以传送的信息的过程。词汇和知识在发送者对想法、形象、感情和意念进行编码的能力中扮演重要角色。专业人员与外行沟通很困难,因为他们惯于把"意义"编码成一种只有同一领域的专业人员才能理解的形式。

**5. 反馈**

在个体沟通模式中,反馈就是接收者对于发送者信息的反应。反馈使信息交流成为一个过程,而不仅仅是一个事件。通过反馈,个体沟通成为一种动态的双向过程。

### (二) 沟通方式

按照沟通方式分类,可以将沟通分为正式沟通和非正式沟通。

**1. 正式沟通**

正式沟通又可以分为书面报告、一对一面谈、小组会议以及咨询等方式。

书面报告是绩效管理中比较常用的一种正式沟通的方式。它是指员工使用文字或图表的形式定期或不定期地向管理者报告工作的进展情况。通过这种形式,管理者能够及时跟踪、了解员工的工作开展状况。而为了防止书面沟通的形式化以及其他由于单项沟通而产生的弊端,建议辅之以直接面谈或电话沟通等方式,因为这种辅助性的沟通方式不仅能够有效地配合书面报告,节省管理者的时间,更能够在短时间内大量收集信息,提高了沟通的效度。

一对一面谈也是绩效沟通的一种常见方式。在面谈之前管理者应该清楚地陈述本次面谈的目的和重点内容,一方面让员工有所意识,另一方面让员工有机会了解与他工作相关的一些具体情况、进展乃至变化。例如,"上一次面谈我们谈到了你的一些不足和缺点,在近期的工作中,你有没有改进?是如何改进的?""公司业绩目标变化了,使我们不得不修改一下之前拟订的工作目标。"

在面谈中,要充分注意以下四点:其一,由于面谈本身的性质就是一对一的,所以管理者应该将重点放在员工个人的具体表现、情况和要求上，而不是宏观的泛泛而谈，要让面谈变得更加有实效。其二，面谈内容的重点应该放在具体的工作目标、工作任务以及工作标准上，留给员工充分的时间来说明问题，并在必要的时候加以一定的引导。其三，面谈过程中管理者要听多于说。管理者应该更多地鼓励员工进行自我评价，让员工自我反思，找出自己的不足和弱势以及改善的方法。而在倾听的过程中，还可能发现很多通过其他调研无法发现的事实，这对于管理者而言也是尤为重要的。其四，在面谈过程中，必须要对重要的面谈信息进行记录。尤其是那些经协商后确定的计划和目标，如果没有及时地记录，很可能会在工作中被遗忘。

与前两种方式不同，小组会议能够避免信息不能共享的缺点，让更多的人从沟通中受益。由于是以小组为单位进行团队的会谈，所以每一位员工都能利用此机会畅所欲言，不仅能将个人在工作中所遇到的问题反映出来，更能够以个体的视角发掘团队的问题，从而集思广益，商量对策。这不但对个人绩效的提升有很大帮助，对整个团队绩效的改善也大有裨益。但因为是在公开的正式场合展开讨论，所以一方面要合理地筹划会议安排、控制会议进程，保证会场的正式和有序；另一方面更要在会议内容上多加注意，既要保证会议探讨话题的有效性，也要注意会场的气氛，切勿公开探讨任何个人的业绩问题。

咨询同样也是正式沟通的一个重要组成部分。在绩效管理的实践中，进行咨询的主要目的是在员工没能达到预期的绩效标准时，管理者借助咨询来帮助员工克服工作过程中遇到的障碍。

管理者在进行咨询时应该做到：其一，咨询应该是及时的，也就是说，问题出现后立即进行咨询。其二，咨询是有准备的。针对具体咨询问题的不同，应该选择不同的环境进行。其三，咨询是双向的交流，和其他沟通形式一样，管理者应该扮演“积极的倾听者”的角色。这样，能使员工感到咨询是开放的，并鼓励员工多发表自己的看法。其四，咨询要客观中立。对于不好的绩效要指出原因并结合员工个人的具体情况提供专业的改进意见，对于好的绩效更应着重、详细、具体地说出事实依据，为员工建立一定的自信心。其五，咨询要有结果，即管理者和员工要共同制订改进绩效的具体行动计划，让员工看到成功的可能。

### 2. 非正式沟通

在工作开展的过程中，由于客观条件的限制，管理者和员工不可能总是通过正式的渠道来进行沟通。所以应该把握机会，在日常的工作、生活中，随时随地准备好沟通不失为一种好的习惯。无论是非正式的交谈、吃饭时的闲聊、郊游或聚会时的谈话，还是“走动式管理”或“开放式办公”等，都可以而且应该成为组织内部信息传递的渠道和桥梁。有专家认为，“就沟通对工作业绩和工作态度的影响来说，非正式的沟通或每天都进行的沟通比在进行年度或半年期业绩管理考评会议时得到的反馈更重要”。可见,非正式的沟通更加普遍且不可或缺。

非正式沟通最大的优点就在于它的及时性和灵活性,能够在问题发生的最短时间内,通过管理者与员工的交流,促使问题及时解决,体现出较高的办事效率。除此之外,非正式沟通还很容易让员工感到与管理者之间的亲近,具有一定的激励效果。当然,由于非正式沟通缺乏严肃性,所以并不是所有的问题都可以采用非正式沟通的形式解决。常见的非正式沟通方式主要有:

(1) 走动式管理。走动式管理是指主管人员在员工工作期间不时地到员工的座位附近走动,与员工进行交流,或者解决员工提出的问题。主管人员对员工及时的问候和关心会使员工减轻压力,感到鼓舞和激励,因此它是比较常用的也是容易奏效的一种沟通方式。但是,主管在管理过程中应注意不要对员工具体的工作行为进行过多的干涉,否则会给员工一种突然袭击检查工作的感觉,反而使员工产生心理压力和逆反情绪。

(2) 开放式办公。开放式办公主要指的是管理者的办公室向员工开放,只要没有客人在办公室里或正在开会的时候,员工随时可以到办公室与主管人员讨论问题。其最大的优点就是将员工置于比较主动的地位,员工可以选择自己愿意的时间主动地与主管人员进行沟通,而且沟通的主动性会使整个团队的氛围得到改善。

(3) 工作间歇时的沟通。主管人员还可以利用各种各样的工作间歇与员工进行沟通,例如与员工共进午餐、在喝咖啡的时候聊聊天等。在工作间歇时与员工进行沟通要注意不要过多谈论比较严肃的工作问题,可以谈论一些比较轻松的话题,其目的在于建立良好的关系,以便更好地沟通。

(4) 非正式的会议。非正式的会议也是一种比较好的沟通方法,主要包括联欢会、生日晚会等各种形式的非正式团队活动。主管人员可以在轻松的气氛中了解员工的工作情况和需要帮助的地方。同时,这种以团队形式举行的聚会也可发现一些团队中出现的问题。

## 二、绩效计划沟通

### (一) 绩效计划沟通的重要性

绩效沟通是指管理者与员工在共同工作的过程中就各类与绩效相关的信息进行交流、分享的过程。持续的绩效沟通不仅能够帮助员工适应不断变化的工作环境,接受不断升级的工作挑战,让员工在面对变数的时候能够借助沟通的机会找到合理解决问题的途径和办法,从而减轻员工的心理负担,更能够使管理者实时发现员工的想法、问题并对之进行及时的辅导和跟踪，从而为管理者的管理工作带来巨大的帮助。

而作为其中一个环节的绩效计划沟通，更能够使管理者在年度绩效考核初始阶段就对员工有深入的了解。沟通中不但可以就上一阶段绩效考核结果进行回顾、讨论和总结经验，还可以对本年度的工作现状、工作变更和工作目标进行合理协商，大大降低后期出现矛盾、误解的可能性，降低员工的不满和工作的难度。

### （二）绩效计划沟通的原则

#### 1. 平等原则

管理者和员工在绩效计划沟通中是一种相对平等的关系，他们是为了共同的组织目标而做计划，不是一方对另一方的批评，更不是所谓的绩效检讨。

#### 2. 事实导向原则

坚持该原则能够很好地避免产生对人不对事的误区。在绩效计划的沟通阶段，沟通的主要依据是绩效标准和绩效事实，而不是员工个人。所以在绩效计划沟通中，必须尽可能地以描述事实为主要内容进行讨论，避免一切人身攻击。这样不仅能够维护员工尤其是绩效差的员工的面子，而且更容易激发他们发言的欲望，通过表达自己的真实想法，来发现导致绩效差的原因所在。

#### 3. 积极倾听原则

积极倾听原则在绩效计划沟通中较其他原则更显重要。一方面，由于员工来自一线，是最了解自己岗位的人，所以在制订绩效标准的时候，他们往往最有发言权，管理者应该认真倾听，做好相关记录，认真考虑员工意见并合理吸收；另一方面，绩效计划沟通本身的性质就是合议，而不是听从，所以管理者应该积极倾听，与员工一起作决定，而不是采取命令的方式控制沟通进程。一般来说，管理者倾听、吸收、转化员工的合理意见越多，也就是员工自己决定的成分越多，绩效计划沟通的效果就越好。

### （三）绩效计划沟通的一般过程

在进行绩效计划沟通时，建议按照以下的进程进行。

(1) 回顾与绩效计划相关的信息，比如组织最新制订的战略计划、组织最新的工作任务、上一绩效管理周期考评的结果等。

(2) 与员工一起探讨，深入了解员工的个人规划。在这个环节的沟通中，加入个人发展计划的部分，可为更好地将个人发展目标与组织发展目标相融合建立坚实的基础。

(3) 改变或进一步完善员工的工作内容和绩效目标。如果原有的职位发生了改变或是工作环境有了变化,需要确认新的工作任务和职责,尤其要注意岗位相关职责的改变,需确定新的关键绩效指标。

(4) 制订本年度的绩效目标。主要是就所制订的绩效目标的可行性进行探讨,在此阶段管理者一定要给予员工极大的肯定、鼓舞和支持。

(5) 进一步就制订的绩效目标展开讨论,确定实现目标的详细绩效计划。

#### (四) 绩效计划沟通的主要内容

在绩效计划沟通阶段究竟哪些信息需要重点交流,这取决于管理者和员工的关注点在哪里。一般来说,管理者应该思考的是:“作为管理者,如果要完成自己的职责,必须从员工那里得到什么信息?而要使员工更好地完成工作,又需要向他们提供什么帮助?”从这个立场出发,管理者和员工可以在绩效计划沟通初始就试图从下列问题展开讨论,进行持续而有效的沟通:

(1) 前一阶段工作开展的情况怎么样?

(2) 员工在本绩效周期内所要完成的工作目标是什么?员工是否明确理解这些目标?

(3) 判断员工工作目标完成程度的标准是什么?

(4) 员工在绩效目标完成过程中主要的工作职责是什么?

(5) 在完成工作的过程中,与员工发生关系的相关主体有谁?他们又是如何获取其他与工作相关的信息的?

(6) 员工在目标实现过程中可能会遇到什么障碍?需要主管为其提供哪些帮助?

(7) 员工在计划实施过程中会得到哪些授权?承担哪些责任?

# 第四节　绩效计划的审定

## 一、绩效计划的审定

1. 绩效计划审定的目的

审定和确认阶段是为了提高计划管理的有效性。绩效管理首先是绩效计划管理,在绩效计划阶段,通过目标的层层分解,实现压力有效地向下传递,从而使得部门和员工的努力与公司的发展相协同,促进公司目标的达成。如果绩效计划制订得不合理，会导致整个绩效管理过程的失败，因此，在绩效计划付诸实施之前，一定要对计划进行审核。

2. 绩效计划审定的内容

绩效计划审定时主要关注以下四个方面：

(1) 绩效计划的内容是否包括了员工的主要职责。主要职责是设定绩效计划及考评内容的基本依据，也是提供查阅、调整绩效计划及考评内容的基本参照信息。

(2) 绩效计划指标值的设定是否合理。要判断绩效计划中对工作目标的设定是否合理，则主要按照工作目标中设定的考评标准及时间进行判定。

(3) 绩效计划中的权重设置是否合理。审视绩效计划及考评内容划分的大类权重，确认它能体现工作的可衡量性及对公司整体绩效的影响程度，并便于查看不同职位类型在大类权重设置上的规律及一致性。

(4) 绩效计划的周期是否明确合理。绩效计划及考评表格原则上以年度为周期，根据其职务和应完成的工作目标等具体工作特点，设定相应指标，确认周期制订合理，且被员工了解。

## 二、绩效计划的跟进和调整

市场的竞争是激烈的，市场的变化也是无常的。不论是工作环境还是工作本身的内容、重要性等都随着市场的改变而不断变化，这导致了绩效计划有可能过时甚至完全失误。除了客观原因所致以外，员工本身工作状态好坏、管理者监督指导力度大小等都可能影响绩效结果的实现。我们进行绩效沟通，就是为了保持工作过程的动态性，能及时调整目标和工作任务。

员工与主管共同协商制订好绩效目标和详细的绩效计划之后，在实施过程中，对员工具体的计划执行情况进行跟进并就员工的具体情况进行指导对于组织来说是极其重要的。借助跟进行动，能够很好地发现实施和目标之间的差异并确定改进的方法。所以绩效计划的跟进是绩效目标实现过程中不可或缺的环节，它不是监督也不是控制员工的工作，而是希望借此能够帮助员工解决困难，引导他们进入正常的工作轨道。

总而言之，进行绩效计划跟进的目的体现在两个方面。

1. 发现偏差，及时纠正

由于客观或主观环境变化的不确定性，绩效目标在实施的过程中很可能会发生困难。为了使绩效目标能够最终得以实现，使目标与结果大致能趋于一致，进行绩效计划的跟进是非常有必要的。通过每个阶段的追踪检查，能够及时发现绩效计划实施过程中出现的各项偏差并及时采取行动进行纠正,从而维持目标的弹性。

2. 保持跟踪,建立沟通

绩效计划的跟进从某种程度上能够提供更多的沟通机会,让员工与主管定期交流,从而使相互间的配合更加默契,在更大程度上达成一致,以更好地实现组织目标。

绩效计划跟进时间长短的不同对于绩效计划实施的效果会产生很大的影响。对于所处职级不同的员工进行绩效计划的跟进时间是不一样的。一般来说,对于高层管理人员,绩效计划的跟踪周期相对来说可以长一点,一般可以以“年度”或者“半年度”作为周期;而对于中层管理人员和普通员工,绩效计划的跟踪周期相对来说可以短一点,一般可以以“月度”或者“季度”作为周期。

但需要明确的是,不论是高层管理人员的绩效计划、中层管理人员的绩效计划,还是普通员工的绩效计划都要有相应的跟踪措施,否则管理者就无法掌握绩效计划开展的效果,更无法掌握绩效计划实施过程中出现的问题并进行反馈。在那些不管是对高层管理人员、中层管理人员,还是普通员工都没有相应的跟踪计划的企业里,对高层管理人员没有跟踪计划的比例最高。这恰好从另外一个侧面提醒我们,在企业绩效管理体系中,往往最容易忽视高层管理人员的绩效跟踪。所以组织在制订绩效跟踪计划的时候,一方面要加强对中层管理人员和普通员工绩效计划的跟进,另一方面更应该加强对高层管理人员绩效计划的跟进,以便在公司树立良好的榜样。同时,在绩效计划实施的过程中,沟通是不可缺少的,事先建立好沟通渠道来保证以后的沟通顺畅。

## 三、绩效计划实施过程中应该注意的问题

对绩效计划的实施实际上就是对之前设定的绩效目标和绩效标准的实施。在这个过程中,员工应当切实执行绩效计划中所规定的各项要求,而管理者更应当在此过程中给予充分的指导和帮助。要想达到组织的成功就必须依赖全体员工个人绩效的成功,所以为了能够真正做到同心协力,主管必须协助员工实施绩效计划。事实上,管理者的管理技巧对员工绩效计划实施的力度和深度有重大的影响。那究竟管理者应该如何协助员工进行绩效计划的实施呢?

1. 对员工给予支援和必要的协调

在员工绩效计划实施的过程中,必然会遇到各种物质资源或者人力资源方面的限制,管理者应该根据客观环境以及每一位员工个人绩效计划给予适当的帮助。积极的支援和协调既可避免员工将绩效计划的失败归咎于客观环境,在某种程度上,又能看作是管理者对员工的一种激励,从而让员工更加努力地工作和奋斗。但

需要特别强调的一点是，这里所指的支援和协调是有条件的支援和协调，必须建立在不影响组织整体利益以及不伤及组织内部其他人合法权益的基础上。

### 2. 注意激励，提高员工的工作热情

管理者作为中坚力量，其最主要的工作之一就是更好地借助员工的力量来完成部门的目标。如果没有员工的努力配合，管理者很难完成自己的绩效目标。所以不论如何，管理者必须想方设法提高员工的工作热情，以便实现最终的绩效目标。

### 3. 加强沟通

绩效计划的实施更多时候不是靠严管强压，而是靠员工自发的动力去推动工作，实现目标。在此过程中，管理者要多注意与员工沟通的方式和方法，多与员工交换意见，从而保证目标的正确执行。

在绩效跟进中，最重要的一点就是要对跟进的结果进行及时反馈。只有建立在反馈基础上的跟进才是有价值的。如果没有反馈，员工不知道自己的实际表现如何，目前绩效计划的进展如何；如果没有反馈，管理者也无法将计划跟进中所发现的问题告知员工，让员工了解组织对员工的绩效期望和要求。而这些对于组织来说都是致命的。

反馈的内容一般包括如下几个方面：

(1) 在员工绩效计划实施以及主管绩效计划跟进过程中考察到的员工工作绩效状况。在反馈时要分角度、分层次地进行具体说明，最好结合相应的绩效标准进行说明，并积极听取员工的看法。

(2) 与员工探讨取得如此绩效的原因。对绩效优良者给予鼓励，帮助绩效不良者分析原因，一起制订改进计划。

(3) 告知奖惩情况。针对员工在绩效计划实施过程中产生的绩效结果，对其进行相应的奖惩。

(4) 提出要求和希望。在进行绩效反馈的时候，要尽量表明组织对员工的要求和期望，了解员工的打算和计划，并提供相应的帮助和建议。

在反馈的时候要掌握以下原则：

(1) 反馈关注的是员工的工作绩效以及导致绩效的行为，而不是注重员工本人；

(2) 反馈观察的是特定的、可观察的一系列行为，而不是一般或整体的行为；

(3) 反馈必须紧密结合绩效结果、绩效目标以及绩效标准并借此作为最终的衡量标准；

(4) 反馈关注的应该是那些在员工能力范围内可以控制或能够利用反馈改进的事情。

## 四、绩效计划中的授权

管理者在计划制订之后其工作并没有结束，还要根据计划进行指挥和分派任务，要根据任务确定员工的权力和责任，要促使人力资源部门全体人员的活动方向趋于一致，从而形成一种复合的、巨大的力量，以保证达到计划所设定的目标。

### （一）授权的含义

所谓授权是指管理者授予员工一定的权力，使员工在一定的监督之下，自主地对本职责范围内的工作进行判断、决策和处理。一方面，授权绝对不是完全的不管不问，管理者必须行使指挥和监督的权力，要求员工认真完成任务并进行阶段性的工作汇报。另一方面，也要防止伪授权，如果在计划实施的过程中仍旧事事由管理者来作决定的话，就不是真正的授权。只有让员工能够充分行使自己的权限，自己判断情况、解决问题、自主管理，最终达到自己的目标才是我们鼓励的授权，也才是真正意义上的授权。

### （二）授权的三个要素

一般来说，授权由三个基本要素组成，分别是分配任务、授予权力以及责任创造。

**1. 分配任务**

在分配任务过程中，往往存在两个问题：其一，管理者在分配任务时往往只告知员工具体的工作内容以及其他与工作相关的事宜，并不告知员工工作的原因和所要达到的绩效，这让很多员工感到沮丧和迷惑。这样做不仅缺乏激励效果，更无法让员工对组织的绩效期望有更多的了解，从而在某种程度上缺乏主观努力的动力。其二，管理者将本应由自己完成的工作任务下放给员工，并美其名曰“授权”，这种做法让很多员工不知所措或使管理陷入一片混乱。

**2. 授予权力**

授予权力与分配任务相对应。要想让员工更好地发挥能力就必须让其责、权、利相匹配。而授予权力正是其中一种很好的解决方法。授予权力最主要的问题，也是最难的一点，便是所谓的适度问题。什么样的授权才是合理的？要知道，授权不足会让员工失去完成目标的信心，授权本身也变得毫无意义；而过度授权，超过了绩效计划实施实际所需要的范围，授权又可能会引发腐败和滥用。这两种情况对于管理者来说都是有百害而无一利的。所以授权中要牢牢把握一个原则，那就是所授予的权力应以刚好能够完成分配的工作为限度，即以绩效目标的实现为最终目的。

3. 责任创造

责权往往是相等的。所以管理者在为员工争取到更多权力的时候，更要让其承担相应的责任，从而使其更有压力地完成所分配的任务。除此之外，管理者自己也要为授权承担责任，即建立连带责任，当员工不能完成绩效目标的时候，主管也应对此负相应的责任。

### （三）授权的要领

优秀的管理者在认识到授权重要性的前提下，更应该结合实际情况，巧妙地运用授权，这样才能为最终目标的实现提供帮助。善于授权是领导能力的重要表现，但是它需要一定的技巧。下面将就授权时应注意的要点进行简单阐释。

1. 授权不是转嫁责任

对管理者而言，授权绝对不是责任的转让。即使授权了，管理者仍旧需要承担连带责任，对员工的所言所行负责。管理者始终是主管，其所承担的责、权、利不会随着授权的变化而变化。所以在后期的计划实施考评阶段，管理者要对所授之权所发生的效力进行客观评价。

2. 要根据员工的情况进行授权

每一个人都有自己的特点，根据其具体优势、劣势、能力、品质的不同，被授予的权限也会有所区别。

3. 授权时要让员工清楚了解自己的绩效目标和绩效标准

不仅要让员工明白自己应该做些什么，还要让他们明白为什么要做、什么时候做、和谁一起做以及如何做，否则员工只能是走一步算一步。而和员工一起商定绩效标准并达成一致，则更能让其在履行计划过程中心服口服。

4. 对员工进行必要的授权辅导

为了更好地转移权限，必须进行必要的辅导，让员工知道权限的具体内容以及如何使用权限。

## 本章小结

绩效计划是绩效管理过程中的一个重要环节，绩效计划制订得是否合理关系着整个绩效管理工作的成败，在绩效计划中包含的后期绩效评价的依据，也就是绩效评价的标准，没有明确的标准，在绩效考核中就容易产生争议和矛盾。绩效计划是企业和员工对员工工作的目标和标准达成一致的默契，绩效计划中应该包含的内容有：员工本次绩效期间应该达到的工作目标；达到的目标如何衡量；从何处获得员工工作结果的信息等内容。在绩效计划实施的过程中，沟通是十分重要的，只有双方达成默契以后，员工才能有效地投入工作，管理方也才能为员工提供力所能及的帮助，而且，沟通的过程更有利于将员工的个人目标和组织的长期目标相结合，从而实现组织的战略目的。计划中的授权也是需要注意的，只有给员工合理的授权，员工才能很好地发挥自己的主观能动性，从而更好地完成任务。在绩效计划的最后，注意要对计划进行确认和修改，以确保计划的有效性。

## 案例分析

美国管理大师彼得·德鲁克于1954年出版的《管理的实践》一书中所提到的"三个石匠的故事"将它与选拔企业管理者相联系。下面我们来分析一下，到底谁是真正的管理者呢？这就提出了绩效计划的问题。

首先，我们要明确管理是什么？管理是一门科学，更是一门艺术，辞典上的解答是"管人理事，谓之管理""集众人之力，完成组织之目标"。为有效地运用所取得的资源达成组织目标，而采取的活动及方法称为管理。根据法约尔的解释，管理的五大职能就是计划、组织、指挥、协调、控制。从中我们可以看出，管理者不是一个自己埋头苦干的人，也不仅仅是实现自己既定目标的人，而是需要有一定远见，并能切实协调好组织内部之间关系的人。

既然，现在我们已经明确了管理者究竟是什么样的人，那么就让我们一起回过头来看看三个石匠中，谁才是我们需要的管理者。第一个石匠，他的目标是"养家糊口"，这个目标是从自身利益出发的，且不够有远见，虽然在当今社会"养家糊口"也并不那么容易，但我们现在需要的是管理者——一个心里有组织利益而非个人利益的人。第二个石匠，他想做"全国最好的石匠活"，从他的这个目标来看，有一定的远见，但有点抽象，不够具体；什么叫"最好"？它没有一个具体的标准去衡量；再说，他目标的出发点还是为自己考虑，而不是为组织考虑，作为一个石匠要"做全国最好的石匠活"无可厚非，但对于组织而言，应从组织角度，应能为组织建造出全国数一数二的石材建筑，这就是两者的差别。现在我们来看第三个石匠，他的目标是"建造一座大教堂"，这个目标首先具有远见；其次他所提出的目标十分具体，这就证明他清楚地知道自己将要做怎样的事；再次他的目标是与组织的目标最相吻合的，这个目标对他而言具有很大的挑战力，也是他个人愿意为之奋斗的，这样，个人目标与组织目标就相结合了。

所以，在德鲁克看来，第三个石匠则是最适合的管理者。因为他能将自己的活动和工作与组织整体绩效联系在一起，也就是他总能从组织整体绩效出发，思考自己的工作，以对组织整体绩效的贡献来看待自己的工作。而前两位石匠都没有达到这样的境界。

## 思考题

1. 什么是计划？
2. 什么是绩效计划？
3. 绩效目标的来源有哪些？
4. 衡量绩效目标的有效性有哪些原则？
5. 制订绩效标准应该注意哪些原则？
6. 制订绩效标准的步骤有哪些？
7. 绩效计划制订的原则有哪些？
8. 绩效计划沟通的内容主要有哪些？

# 第五章 绩效实施

引导案例

## 为什么这些情况经理没有早告诉他

小张是一家网络公司商务部的主管。他性格内向，平时话不多，但他对工作很认真，去年他为了提高自己的业务能力还自费参加了一些培训。小张一直以为自己是部门中最好的员工之一，在现在的工作岗位上也比较得心应手。小张对自己的职业生涯也有规划，他希望自己在现在的公司稳定地工作下去，估计三年之后，就有希望升职到经理的位置，明年小张还打算读MBA来提高自己。可是年底小张拿到今年的绩效考核结果时，却感到十分愕然。小张只得了个"中"，他很疑惑也很愤怒，不知道到底为什么自己得到这样的成绩，公司的绩效考核使用的是目标管理法，就是年初制订目标，年底根据目标的完成情况来考核，小张负责的那个项目虽然中间出了些问题，但是最后还是如期完成了，应该说达到了目标，依小张平时的表现，至少得到"良"才对啊。更令小张不开心的是，同部门去年新招聘来的商务主管小李却得了"优"，可是小李负责的那个项目由于情况发生变化被取消了，小李在年中的时候转到了另一个项目上，按理说小李自己的项目没有做好，不应该得"优"啊。

带着疑惑，小张敲开了宋经理办公室的门，这还是年初订绩效计划后小张第一次找经理单独面谈。宋经理告诉小张，他虽然工作很认真，但是项目过程中有滞后的现象，遭到了客户的投诉，而且项目某些细节方面也没有达到他们的要求。小张再次疑惑了，为什么这些情况经理没有早告诉他，早点知道，他肯定会及时改正，也就不会出现问题了。

案例讨论题：

1. 案例中的绩效实施过程有什么问题？
2. 为什么要在绩效实施管理中持续地沟通？
3. 为什么要对绩效实施过程进行管理？
4. 员工在绩效沟通中需要获得哪些信息？

绩效实施管理的目的是保证员工能够按计划阶段设定的目标，顺利地在规定时间内完成工作任务。绩效实施过程是管理者和员工在共同工作过程中分享各类与绩效有关的信息的过程，这些信息包括工作进展情况、有关员工的工作中潜在的障碍和问题、各种解决问题的可能措施以及管理者能为员工提供哪些帮助等。绩效沟通有正式沟通和非正式沟通两种方式。

绩效信息的记录和收集是绩效管理的一项基础工作，很多绩效管理工作失败的原因在于绩效信息的不准确以及管理者考核评价的随意性。准确、及时的绩效信息对绩效考核的顺利实施具有重要意义。通过观察法、工作记录法、他人反馈法等方法，客观公正地记录员工的表现，作为日后员工绩效考核和其他管理职能模块的重要信息来源。

# 第一节　绩效实施的概述

## 一、绩效实施的必要性

绩效实施是指已制订好的绩效目标的实施过程。在绩效管理实践中，实施管理的主要功能是保证员工能够按计划阶段设定的目标，顺利地在规定时间内完成工作任务。

实施阶段管理的必要性体现在以下方面。

1. 绩效实施是绩效管理的主要环节

绩效实施过程实际上就是企业的运作和管理过程，也是整个绩效管理中耗时最长的活动，是从绩效计划形成到目标实现为止的连续过程，也是展现管理者管理水平和艺术的主要阶段。实施中管理的好坏直接影响到绩效管理的成败。这一过程涉及企业生产经营的方方面面，管理者千万不可以认为制订好绩效计划便万事大吉，经过一个阶段计划会自然而然地实现。虽然绩效管理强调结果，强调自主、自治和自觉，但这并不等于说管理者就可以高枕无忧、放手不管了。相反，由于绩效计划已经形成了一定的目标体系，一旦某个环节失误，就会发生“牵一发而动全身”的状况，管理者在绩效实施过程中应进行定期的检查、沟通，及时协调处理相关问题，积极帮助员工解决工作中的困难，为员工提供必要的帮助和支持，需要时调整、修订原来的目标，这对于计划的实现至关重要。

2. 绩效实施结果是为绩效考核提供依据

绩效考核是建立在对整个绩效实施过程收集的信息的基础之上，尽管起初确定的工作目标或任务可以反映一些问题，但不足以保证员工能完全按照规程、制度进行操作。所以在绩效实施的过程中一定要对被考评者的绩效表现做一些观察和记录，并收集整理必要的信息。

在绩效考核时，将一位员工的绩效判断为“优秀”、“良好”或者“差”，需要有证据作支持，要用事实说话。而且，这些信息也是作为晋升、加薪等人事决策的依据，因此要保证这些决策公平、公正。

3. 管理者需要掌握员工工作进展状况

在绩效计划阶段，虽然管理者和员工经多次沟通后达成绩效目标共识，但在绩效计划的实施过程中会发生这样那样的问题影响计划的进行和完成。作为管理者应及时了解工作进展情况，包括工作的进度和完成的质量，督促员工按照计划的时间表完成工作，并了解员工在工作中遇到的困难，在此基础上，管理者应及时给予支持和帮助。除此之外，还应记录员工的工作状况，为绩效期末的考评收集翔实的信息资料。即使有的单位运用诸如目标管理法等以结果为导向的考评方法，但还是要了解和记录员工是如何完成计划的，这样才能对员工进行正确的考核评价。

4. 员工需要管理者对工作的反馈、辅导和支持

虽然绩效计划中制订了明确的评价标准，但很多时候员工从自己的角度很难全面了解自己工作的结果，他们希望经常了解到有关自己绩效的信息以及管理者对自己的评价，从而有更为准确的努力方向，以便不断提高自己的绩效和工作能力。对于表现好的员工，他们希望得到管理者的肯定和鼓励；对于工作中遇到困难的员工，他们需要管理者帮助其分析绩效不佳的原因，以便及时改正，逐步提高绩效，并最终实现绩效计划制订的目标。

由于员工之间的差异和工作环境的变化，在工作过程中，员工可能会遇到在制订绩效计划时没有预料到的困难和障碍。这时管理者应该给予员工及时的帮助和资源支持，这也是管理者的重要职责之一。通过培训的方式使员工提高技能，并最终提高工作质量和效率；通过咨询的方式，解决员工在工作中遇到的各种问题，为他们排忧解难；在外界环境变化时，管理者通过与外部的交流和协调，给予员工资源上的支持。总之，在绩效实施的过程中，管理者的角色不应是判断者，而是员工的协助者。

5. 必要时对绩效计划进行调整

俗话说“计划赶不上变化”，绩效计划是在基于对外部环境和内部条件的判断后，由管理者和员工取得共识的基础上制订的。但很多变化是不可预见和不可控制的，尤其是外部环境对企业的影响非常巨大，如美国的金融风暴影响到全球的经济，使很多出口加工企业的订单被取消，致使企业不得不调整原来的生产计划。这

种变化可能是天灾也可能是人为造成的，在这样的情况下，在绩效期开始时制订的绩效计划很可能变得不切实际或无法实现，因此必须因地制宜地调整原有的计划，做出新的计划，使之更加适合外部环境以及内部条件的变化。需要强调的是，在计划变更时，管理者一定要和员工保持持续的沟通，让他们了解变化的原因和应对的方法。

## 二、绩效实施的相关因素

实施是绩效管理中一个重要的过程，同时，实施也是一个复杂的活动过程，它涉及许多因素，可能遇到来自各方面的干扰。在组织内部，以下的几个因素会对绩效的实施造成较大的影响。

1. 组织文化

在一起工作和生活过一段时间的人们会形成和共享某种关于什么是正确的合适的观念。在此观念的基础上，形成了行为模式，行为又常常成了习惯，人们不知不觉地遵守着。这些观念和行为模式构成了组织文化。文化反映在组织成员完成工作、制订目标和管理资源以及实现目标的方式上，它影响组织成员面对机会和威胁时决定、思考、感觉和行动的方式，它也影响特定工作的人员选择，进而影响这项工作的执行和决策的制订方式。文化是一切的基础，它在不知不觉中影响着组织成员的行为。在绩效实施中，组织文化对员工的行为方式、员工对工作的投入程度、协作性以及对绩效目标的看法有非常重要的影响作用。

2. 组织结构

在实施绩效管理过程中，必须处理诸如权力、责任、分工、协作以及组织与子系统之间、成员之间的相互依存、相互配合与协同的关系。组织结构正是从权力、沟通和角色等方面决定着组织成员在绩效管理中的地位、作用。一般来说，上下级之间等级森严、管理者的权威性程度高的高耸型组织，有利于统一指挥，但信息交流不畅且易失真，而且员工的参与程度很低，基本上只能被动服从。扁平型组织管理层次少，但每个层次的管理幅度较大，上下级之间接触较多，下级的参与程度较高，信息传递速度快而且准确度较高，但控制较为困难。

3. 组织高层的重视程度

绩效实施管理必须得到高层管理者的支持，因此高层管理者的态度直接决定绩效管理能否顺利实施，它不仅影响人、财、物的供应状况，更影响实施人员的士气。很多管理者对绩效管理的认识不够深入，理解不够透彻，用一贯的思维方式看待绩效管理，使得企业的绩效管理在起始阶段就出现了错误，依然把绩效管理限制在业绩考评的范围，不能前瞻性、战略性地对待绩效管理，最终导致管理者故步自封，回到起点。因此，要保证绩效实施阶段取得良好的成效，组织的高层领导必须要高度重视，并参与其中，经常了解绩效计划的进展情况。

4. 绩效管理在企业中的重要程度

绩效管理是一项系统性工程，实施的成效不仅取决于方法本身的科学性、合理性，更需要相关配套措施的有力支撑。概括地说，保障绩效管理系统有效运作的配套措施可分为战略层面、战术层面、执行层面三部分。它不仅需要有明确的目标导向与大量的人力、物力、财力投入，还需要完善的培训机制、监控机制、反馈机制与之相匹配。很多企业的绩效管理只是流于形式，还有的企业把绩效考核当作绩效管理，没有实施的管理过程，也有很多企业的绩效管理和人力资源管理的其他模块不相关联，对于员工没有压力和动力，起不到真正的绩效提升的效果。根据调查，战略目标制订之后，只有10%的企业能够按计划实施，而90%的企业则是最终不了了之。所以，对于企业来说，要真正做到绩效管理系统化，并和其他的模块挂钩，这样才能发挥绩效管理应该有的作用，与之相应，绩效实施阶段的管理也才会有成效。

5. 员工的工作能力和态度

能力对绩效实现的效果起到至关重要的作用。能力和很多因素相关，如智商、教育、经历等。能力的强弱直接影响到绩效实施的情况，同样岗位的员工，往往能力上有差异。绩效实施的主体是员工，因此员工的态度对绩效管理的实施起着举足轻重的作用，如果全体员工都有良好的意识，则实施绩效管理时，他们会主动加以配合，并提出合理化建议，促进实施的顺利进行；反之，若员工对实施绩效管理持否定态度，则会阻力重重，实施也就失去了存在的基础。

6. 直线经理的管理能力

直线经理需要为本部门的员工制订工作目标和标准，并帮助他们实现，还需要就组织的目标和员工进行沟通，让员工了解企业的目标和发展的状况。直线经理需要协调部门内部与外部的资源和关系，保障部门顺利地运作。在管理过程中，好的直线经理能够以身作则，有效管理和激励下属，带动下属一起实现团体的目标；而差的直线经理会直接导致绩效计划的滞后和完成的质量不佳。因此，直线经理在绩效实施过程中起着至关重要的作用。

## 三、绩效实施过程中的误区

绩效管理的整个过程必须包含几个环节：从制订绩效计划开始，经过绩效实施和管理的过程，然后进行绩效考核，最后是绩效反馈面谈。在这个过程中，绩效计划、绩效考核和绩效反馈都可以在短短的几天时间内完成，而耗时最长的是中间阶段的绩效实施与管理，它几乎贯穿整个绩效周期。绩效实施与管理不仅是耗时最长的活动，而且决定了绩效计划能否落实和完成，绩效考核的依据也来自绩效实施管理的过程中，所以绩效实施管理是一个重要的中间过程，这个过程做得如何将直接影响绩效管理的成败。

但在现阶段，许多实施绩效管理的企业仅仅是做一些绩效计划，在绩效实施过程中又急功近利，不做记录，沟通不足，导致缺乏控制而使得绩效管理的成果付之东流。很多的管理者在绩效实施与管理的过程中还存在着一些误区。

**误区一：绩效实施的过程是员工自己工作的过程，管理者只需做好计划和考评。**

作为高级管理人员一定要改变这种看法。绩效计划和绩效考核固然重要，但实施过程才是实现计划的关键和考评的基础，员工能否达到绩效计划的要求，的确和员工个人的努力相关度很大，但合理的管理是确保实现绩效计划的必要条件。绩效计划如何实施、如何管理，这一过程并不仅仅是员工自己的事情，作为管理者，必须肩负起指导者的责任来。实质上，在绩效实施过程中员工可能遇到这样或那样的问题，需要管理者给予指导和帮助。除此之外，员工在紧张、繁忙的工作中特别需要他人的关注和认可，需要一种宽松的工作氛围。

**误区二：绩效实施管理以监督和检查员工为主。**

在绩效实施的过程中，有些管理者把自己定位成“检查者”“监督者”角色，总是表现出对员工不放心，担心员工无法很好地完成工作，因此过多地去关注员工的工作细节。其实绩效管理往往是一种目标管理，管理者应该花主要精力关注员工的工作结果，也就是工作目标的达成情况，对于具体的工作过程，不必过分关心。在管理过程中，管理者应该是“教练”“帮助者”“顾问”的角色，培训员工的技能，协助员工解决工作中出现的问题，提供更多的资源来帮助员工实现绩效目标，鼓励员工，消除员工在工作中的困惑。

**误区三：没有必要花时间做记录。**

在绩效实施的过程中，管理者常常没有时间和精力去关心一些琐事，忽略了对员工表现的记录，认为员工有问题能够帮助其解决就是了。有的管理者则过分相信自己的记忆力，不愿花费时间做记录。这样在进行考评时只能依靠印象，难免有凭主观判断的倾向。很显然，管理者若不是希望靠直觉和记忆去考评，那么充分的证明文件是必不可少的。在绩效实施的过程中不做记录，一方面，在绩效考核时对员工的工作表现记忆不够清晰，容易造成对事实的歪曲；另一方面，在与员工进行沟通时，没有足够的事实依据在手中，容易引起争议。

# 第二节 绩效实施中的分工

## 一、绩效实施过程中组织机构设立的原则

绩效管理是企业诸多管理活动中的一项重要活动,为了确保活动顺利开展,应建立相应的组织机构进行有效的管理。组织机构的设置主要应遵守以下一些基本原则。

1. *效率效益原则*

绩效管理的本质就是一种高效率工作的管理方法,绩效管理可以将公司的战略目标分解到各个单元,进而分解到每个员工,通过对每个员工进行绩效管理、改进和提高,从而提高整个公司的整体绩效。古语说得好,"川积溪流,海纳百川",公司的组织绩效来源于各团队绩效的整合,而团队的绩效来源于每个员工所创造的合力。追本溯源,每个层次的绩效均来源于员工绩效,员工绩效是组织绩效的根基,效率效益原则要求所设计的绩效管理机构必须能实现有效率的运转,且企业活动的结果必须有一定的效益。

2. *任务目标原则*

组织系统的组成部门都是为完成公司整体经营目标而设立的,企业绩效管理目标的实现要靠全体成员共同努力。这就要求企业在设计绩效管理的组织机构时,必须坚持任务目标的原则。各部门、各层次和各成员要有明确的工作内容、工作范围。为了确保绩效管理工作目标的完成,企业内各部门、各岗位都必须相互协作。企业要定期分析社会环境、企业内部因素及技术因素等的变化,对绩效管理机构进行适当的调整与改进,这样才能使企业的绩效管理组织机构适应环境的变化。

3. *责权一致的原则*

责任是运用权力过程中所产生的一种义务。直接上级在给其直接下级制订岗位描述时,应明确界定直接下级的权力及相应的责任,直接下级对所承担的任务或工作负有责任,管理人员则始终对其下级完成任务的成效负有领导责任。责任,对管理人员而言分为直接责任和领导责任,对员工而言则明确规定为工作责任。

管理是通过别人去完成任务的艺术,一个好的组织结构设置方案,要求把企业运作所要进行的所有工作分配给企业的所有成员,权责不清将使绩效实施过程中发生重复、遗漏、推诿和扯皮现象,容易影响绩效计划的实施效果。

## 二、绩效实施过程中各部门的角色

1. 员工所属部门

绩效管理是一个系统，这个系统与企业的战略目标、人力资源管理的各个环节及各部门的业务都紧密联系。在绩效实施过程中员工所属部门是主体部门。员工的绩效目标是由部门目标分解得来的，所以员工个人绩效目标的实现过程和部门的绩效目标实现过程息息相关。部门对员工实现绩效目标的作用表现为以下几点。

(1) 部门的工作环境直接影响到员工绩效的实施。部门是员工工作的载体，部门内的分工、工作氛围、部门员工之间的团队合作程度都会影响到员工的表现，虽然很多时候员工个体有自己的绩效计划，但该计划是由部门计划分解而来的，部门的绩效实施情况和员工个体的绩效实施情况是一个动态统一的有机体。

(2) 部门给予员工绩效实施过程中的支持最为重要。作为公司和员工之间绩效管理承上启下的关键层面，部门绩效管理已成为企业培育竞争优势、获取核心竞争力的战略性举措。个人在绩效计划实施的过程中需要来自部门的培训和技术支持，协调部门内部的资源是最为快速、有效的应对突发事件的方法，同时，部门内部成员之间的团队协作对完成绩效计划非常重要。

2. 人力资源管理部门

大多数企业的绩效管理工作是由人力资源部门总体承担的，所以人力资源部门在绩效管理中发挥着极其重要的作用。人力资源部门的作用主要体现在以下几个方面。

(1) 人力资源管理部门是绩效管理体系的建立者。随着市场竞争的日益加剧，企业的竞争力将主要体现在高效的管理体系和制度上。人力资源管理的参谋作用与咨询作用，以及在制订和执行企业战略方面的作用日益加强，越来越多的企业意识到人力资源管理在企业获取竞争优势方面的作用。因而绩效管理作为人力资源管理的组成部分，其重要性是不言而喻的。人力资源管理部门在企业绩效管理体系的建立、完善和发展过程当中，发挥着极为重要的作用。

(2) 人力资源管理部门是绩效实施管理中的顾问和支持者。在绩效实施过程中，人力资源部门的角色是通过对部门工作的检查、咨询、审核、要求改进、批准结果得以实现的，例如可以培训直线经理在绩效实施过程中与下属沟通的技巧和方法，让他们获取管理员工的技能。人力资源部门监督绩效管理的执行情况，了解本阶段的进展情况，并咨询其合理性，及时对不合理的结果提出改进建议。同时，人力资源部门培训各业务部门的管理者，让他们了解绩效管理体系的设计原理，提高他们管理员工的技巧，协助部门做好实施过程的管理。

(3) 人力资源管理部门是绩效管理制度的组织者与监督者。一个设计完善的管理体系还需要有效的实施才能够真正发挥作用。人力资源管理部门是绩效管理制度实施的保障。绩效管理体系和企业中的其他体系是相联系的，人力资源管理部门是绩效评价结果与各种信息的收集与整理部门，对各个部门的绩效信息进行有效处理，并和有关部门一起制订相应的人事决策，然后落实，从而实现绩效管理工作的循环。同时，人力资源管理部门还要负责检查评价系统的运行情况，以确保评价活动的客观、公正、合法和有效。

**3. 培训部门**

培训部门在多数情况下是设立在人力资源管理部门之下的，但有些企业也是独立设置的。在绩效实施过程中，培训部门的作用体现在以下几个方面。

(1) 培训员工在绩效实施过程中所必需的技能。培训部门所能提供的服务主要包括：确定培训需求、设计并开发培训项目以及其他形式的学习体验、实施有组织的学习体验、训练培训人员并且确保其对他人所做的培训的质量、对培训项目的实施情况和学习水准进行考评。

(2) 培训部门在绩效实施过程中扮演开发者的角色。绩效计划实施的过程随时面临发生变化的情况，要想更加自如地应对各种突发情况，就需要员工有更强的能力和更多的技能，这就需要在员工开发方面下大力气，往往培训部门承担着这样的角色，在绩效实施过程中，培训部门收集绩效实施进展的信息，发现不足，和该岗位的人员及管理者一起，确定绩效差距的原因，并根据不足制订出相应的培训计划。培训部门还根据企业的发展预测出未来的企业需求，并依此制订出培训计划，以满足企业未来的需求。

**4. 其他相关部门**

绩效管理作为企业中一项主要的管理活动，涉及组织当中的很多部门和人员。各部门的管理者与员工之间合理的分工、协调、支持和配合对于促进绩效管理的规范化运作和有效运行，均有十分重要的意义。因此，绩效的实施不是一个部门的事，而是各个部门协作的结果。

从广义上讲，企业的其他部门均是实施绩效管理工作的参与部门。首先，在制订绩效管理制度时，需要各部门的参与。各部门有不同的专业分工，而组织的绩效是各部门不同专业方面相互协作的结果。各部门积极参与绩效管理制度的制订有利于确保整个管理体系的客观公平。人力资源部门在绩效管理过程中起到一个总体管理的作用，为其他各部门提供专业的咨询和辅导。其次，相关部门是绩效管理的有效的支持部门。目前企业的业务运作流程涉及多个部门，只有这些部门协同工作，才能够保证企业业务链的有效运作，因此，绩效的结果和其他部门的工作是分不开的，在绩效考核时，也需要从其他部门收集反馈资料，以保证客观、准确的考评。如销售部门，主要的绩效指标是销售量，但是销售部门需要市场部门做好产品的宣传，需要研发部门做好产品的开发，需要生产部门保证货源，需要售后服务部门提供良好的服务，还需要人力资源部门招募和培训员工，只有这些部门的良好配合才能使销售部门取得好的业绩。

## 三、各级管理者在绩效实施中的角色

在明确了企业的绩效管理机构以后，还要设置相应的岗位，并对每个岗位的职责范围进行明确界定。在对岗位进行明确设置的基础上，针对部门中的主要岗位，应编写出岗位工作职责，这些工作将为建立和推广绩效管理系统打下坚实的基础。

下面就各级管理者在绩效管理中所要履行的职责和扮演的角色进行介绍。

### 1. 高层管理者在绩效实施中的角色

高层管理者在绩效管理过程中起到非常重要的作用，无论是绩效管理的哪一个环节，高层管理者都应起到主导作用，尤其是在战略规划、经营管理目标与计划、绩效监控三个环节，高层应起到决定性的作用，他们要引导员工“做正确的事”，防止组织出现方向性的错误。在绩效考核结果的运用环节，高层管理者要掌握政策，调整企业内部各种利益关系，凝聚人心和人力，激励员工同心同德地开展工作，实现组织的目标。总体而言，高层管理者在绩效管理过程中主要承担了氛围营造者、政策设计者、制度推行者、资源支持者四种角色的职能。

(1) 氛围营造者。高层领导要通过召开员工大会等方式，向企业员工宣讲企业的目标，强调实施绩效管理的紧迫性和必要性，鼓励员工创造佳绩，在组织中营造一个良好的氛围。

(2) 政策设计者。绩效目标与公司的战略目标、愿景、价值观密切相关，因此，在绩效目标的设计、指标的设计、评价的制订、绩效和薪酬的关系方面，都需要高层管理者依据组织的特征进行设计和决策。

(3) 制度推行者。高层不仅要参与制度的制订，在制度执行过程中还应该身体力行，能够按照制度督促员工执行。

(4) 资源支持者。绩效管理工作在人力、物力和财力上都需要企业做出相应的投入。比如，采购和调配生产物资、设备更新、为员工进行新技术的培训等，这些都需要管理者投入时间和精力。高层管理者要加大这方面的资源投入，扩大相关的预算，在资源上提供有力的支持。

### 2. 直线主管在绩效实施中的角色

直线主管处于员工与领导层之间，他们管理着一个部门，在绩效管理实施过程中起着至关重要的作用。他们在绩效实施中承担着多种角色,包括合作伙伴角色、辅导员角色、记录员角色、公证员角色等。

(1) 合作伙伴角色。由于同处一个部门,部门绩效和员工的个人绩效密切相关,所以,负责部门绩效的直线主管和员工之间是一个利益共享、风险共担、共同进步、共同发展的关系,员工的绩效是主管绩效的基础。所以主管有责任充分了解员工绩效计划的进展过程,并和员工进行充分的沟通,与员工讨论工作任务、绩效目标等问题,同时主管还应该了解员工需要哪些帮助等。

(2) 辅导员角色。所谓辅导员角色就是指主管能够帮助员工发现其工作中存在的不足,不断辅导员工,给予员工在完成工作过程中所需的知识和技能等方面的帮助,以提高员工的绩效水平。主管对员工的绩效辅导实际上贯穿整个绩效考核过程的始终,这对主管也是一个挑战。

(3) 记录员角色。绩效实施的过程一般来说时间跨度比较大,需要有翔实的记录,主管需要在日常的工作中观察员工的工作行为,并做些必要的记录。记录的内容应该是主管亲自观察到的,是和工作的主要职责及绩效指标相关的;在记录后还需要做必要的整理并保存,作为日后绩效考核的依据。有了这些第一手的绩效实施过程记录资料,才能对员工的表现有客观的了解,从而保证考核工作的真实性。

(4) 公证员角色。主管应该站在一个客观、公正的立场上对员工的绩效进行评判,对于员工优秀的业绩一定要给予肯定,对于不足之处应该能够洞察原因,评价的结果往往会影响到员工的薪酬和职业的发展,所以,主管在考评员工的绩效实施过程管理时一定要做到公平、公正、公开。

## 第三节 绩效实施中的沟通

沟通是人类社会交往的基本行为过程,人们具体沟通的方式、形式也多种多样。美国学者桑德拉·黑贝尔斯、里查德·威沃尔在新出版的《有效沟通》一书中,则将沟通进一步定义为"沟通是人们分享信息、思想和情感的任何过程。这种过程不仅包含口头语言和书面语言,也包含形体语言、个人的习气和方式、物质环境,即赋予信息含义的任何东西"。

持续不断的绩效沟通就是指管理者和员工在共同工作过程中分享各类与绩效有关的信息的过程。这些信息包括工作进展情况、有关员工工作中潜在的障碍和问题、各种可能的解决问题的措施以及管理者如何才能帮助员工等。

## 一、绩效实施过程中沟通的目的

员工和管理人员通过沟通共同制订了绩效计划,达成了绩效契约,但这不等于说后面的绩效计划执行过程就会完全顺利。要保障绩效计划能够顺利完成,就必须进行持续的绩效沟通。

1. 员工需要在绩效实施的过程中了解有关的信息

员工在完成计划的过程中可能会遇到外部障碍、自身技能不足或其他意想不到的情况,这些情况都会影响计划的顺利完成。员工在执行绩效计划的过程中需要了解到的信息主要分为以下两个方面:

(1) 有关工作做得如何的信息。员工都希望在工作过程中能不断得到关于自己绩效的反馈信息,没有反馈与沟通,员工的工作就处于一种封闭的状态,久而久之,就容易失去热情与干劲。通过沟通,员工从管理者那里获得对自己工作的评价,包括自己工作当中的不足,从而有利于改进自己的绩效和提高自己的能力。在绩效实施阶段员工有义务就工作进展情况向主管汇报。通过这种沟通,使得主管能够及时了解员工的工作进展情况。主管有责任帮助下属完成绩效目标,对员工出现的偏差进行及时纠正,尽早找到潜在问题,以便在它们变得复杂之前能够将其很好地解决。

(2) 有关如何解决工作中的困难的信息。由于工作环境的变化加剧,员工在实施绩效计划的时候可能会遇到各种复杂的问题,这些问题是在制订绩效计划时很难清楚地预计到的。在执行绩效计划时一旦问题层出不穷,员工不希望自己的工作处于孤立无援的状态,他们希望在自己处于困境时能及时得到相应的资源及精神的支持。如果属于外部障碍,在可能的情况下主管则要尽量帮助下属排除。如果是属于员工本身技能缺陷等问题,主管则应该提供技能上的帮助或辅导。

2. 管理者需要得知有关的信息

管理者是绩效计划实施的掌控者,他们在绩效实施过程中需要对他们的上级和下属负责。对于上级,需要保证绩效计划的有效实施,以完成组织的战略目标;对于下级,作为管理者也需要及时掌握员工的工作进展情况,了解他们在工作中的具体表现,这些了解通过管理者的观察是远远不够的,需要有目的、有方法、有系统地收集信息。沟通的过程能够使管理者深入了解员工工作进展的情况,有利于双方加深对绩效目标的理解和达成共识。同时,在沟通中可以了解员工在工作中遇到的问题,这时管理者应给予必要的帮助。这样,管理者可以做到心中有数,确保绩效计划的实施,也使得后期的绩效考核真实可信,还减少了彼此因考评结果偏差而出现的矛盾与争议。

因此，持续的绩效沟通可以使绩效周期里的每一个人，无论是管理者还是员工，都可以随时获得有关改善工作的信息，并就随时出现的变化情况达成新的共识。

3. 通过沟通对绩效计划进行必要的调整

当今企业处在越来越激烈的市场竞争中，内部外部变化的因素也逐渐增加。因此，竞争的需要迫使企业不断地改变战略、改变生产和经营的模式，无论是管理者还是员工都在面临着一个不断变化的工作环境，开始时制订的绩效计划很可能随着环境因素的变化而变得不切实际或无法完成。为了适应这种变化，管理者和员工双方都需要通过沟通过程解决各自所面临的问题，在这种情况下，对于工作计划的调整、工作内容的安排等，都成为管理者与员工之间必须经常交流的问题。要知道，沟通能够帮助应付各种变化。

除了客观原因所致以外，员工本身的情况也会发生变化，如身体状况、家庭状况等，这些都会影响绩效计划的实施。通过动态的沟通，能够让管理者及时调整既定的计划，保证总计划的实施。

## 二、绩效实施过程中沟通的内容

在进行沟通前计划好沟通的内容是十分必要的。一般来说，绩效沟通的内容包括六个方面：

(1) 阶段工作目标、任务完成情况。应对照绩效计划每个时间节点的要求，就每项工作完成情况进行沟通，上级主管可以就岗位职责、各项指标的完成情况进行逐项讨论、确定。讨论计划的进度状况，如果有滞后，应该一同想办法来弥补；如果工作完成的质量有问题，则需要想办法来改进。

(2) 员工工作过程中的优良表现。主要是挖掘在过去一个阶段员工工作中的闪光点，最好列出具体事例加以证明。这项沟通要求主管注意观察和发现员工在日常工作中表现出的优秀方面，及时给予表扬和奖励，以通过正面宣传带来积极影响。但首先要注意不要表扬一些不值得表扬的行为；其次要注意表扬一定要具体，表扬的内容要以事实为依据，表扬的态度要明确。

(3) 员工工作中需要改进的地方。应针对具体问题，明确指出员工在工作过程中哪些地方做得不到位，哪些地方还可以提高。请员工本人分析存在问题的原因，描述下一步该如何克服和改进这些问题，同时提出恰当的建议。

(4) 员工在工作中遇到的困难或障碍。询问员工在绩效实施过程中碰到的困难和问题，讨论这些问题产生的原因，并找出解决的对策。如果是技能方面的不足，应该给员工安排培训和辅导。

(5) 协助下属制订改进工作的计划。如果目标偏离，要帮助员工调整方向，根据当前工作的进展状况，和员工一起研究计划，并对需要改进的地方制订改进措施和行动计划。

(6) 下一阶段绩效工作目标、计划的制订和确认。要点在于和员工一起讨论、确定工作目标，完成进度表和检查考核计划，让员工对总体目标、阶段性目标、何时反馈等有明确的认识。

## 三、沟通的技巧

此部分所涉及的沟通技巧与后文绩效反馈面谈中的技巧有一定的相似性，此处只就两个重要的沟通技巧进行简要描述，第七章将对沟通技巧进行比较详细的阐述。

### 1. 营造和谐的气氛

绩效沟通可以通过两种方式进行。一种是主管主动，即主管有事情需要和员工交流；另一种是员工主动，在他们需要帮助、遇到问题或要告知主管某些事情的时候。主管的工作就是营造一个良好的沟通环境，让员工主动与主管分享所需的信息。营造和谐的气氛应该注意以下几点：

(1) 确定最恰当的时间。最恰当的时间就是双方都能腾出来的时间。这样大家才能静下心来，充分地进行交流，而不会受到其他事情的干扰。应当尽量避免以下时间沟通：繁忙的时间；刚下班、快上班或明显时间不够的时间段内；星期五、节假日的前一天等。

(2) 选择合适的场所。正式沟通时，一间安静的、单独的办公室或会议室是最理想的地方，办公室应该是和外界隔开的，不宜让别人看到或听到面谈的过程。如果是非正式的沟通，环境幽雅安静的咖啡厅、餐厅都是不错的选择。

(3) 营造良好的谈话氛围。管理者应该有耐心和亲和力，鼓励员工多说话，不要摆出一副高高在上的姿态，不要过多地作判断，要让员工感觉到信任和平等，这有利于员工畅所欲言。主管人员应该借助面谈的机会多倾听员工的声音，尽量去了解员工的真实想法，鼓励员工有新创意的想法。

### 2. 有效的倾听

在进行绩效沟通时，作为主管，首先要培养自己的倾听能力，倾听的目的是为了做出最贴切的反应，通过倾听去了解别人的观点、感受。有效的倾听应该做到以下几点。

(1) 全程投入，有亲和力。倾听的过程不应该被其他的事件打扰而中断，不然，员工会有不被尊重的感觉。作为一个有效的倾听者,主管应通过自己的身体语言表明对下属谈话内容的兴趣,如肯定性点头、适宜的表情并辅之以恰当的目光接触等,显示你正在用心倾听。

(2) 避免出现隐含消极情绪的动作。比如,一边听对方说话一边看电脑、不停地看手机、翻动文件、经常走神或有其他的小动作,这些动作都表明你对交谈不感兴趣,没有给予足够关注。这样的动作会大大挫伤员工沟通的积极性。

(3) 呈现出自然开放的姿态。可以通过面部表情和身体姿势表现出开放的交流姿态,不宜交叉胳膊和腿,必要时上身前倾,面对对方,去掉双方之间的物体,如桌子、书本等。双方应保持适当的距离,既不能靠得太近,也不能离得太远,双方应处在一个水平的位置。

(4) 不要随意打断下属讲话。在员工尚未说完之前,尽量不要做出反应,让员工把话讲完;不要轻易打断下属,一定要鼓励他讲出问题所在;在倾听中保持积极回应,千万不要急于反驳;先不急于下定论,务必听清楚并准确理解员工反馈过来的所有信息;可以重复员工说话的重点,证实你已获取了准确的信息,还可以运用提问的方式帮助员工理清思路,使之条理化、系统化,然后迅速做出判断,并表达自己的想法。

(5) 适当地做出反馈。在倾听的过程中要给出对方一些反馈,在沟通中运用点头、重复要点等方式表示你已经了解到了员工表达的信息。可以及时总结和归纳员工观点,这样做一方面可以向对方传达你一直在认真倾听的信息,另一方面也有助于保证你没有误解或歪曲对方的意见,从而使你更有效地了解员工的想法。

## 第四节　绩效信息的收集和记录

在绩效实施阶段,管理者与员工在保持绩效沟通和辅导的同时,还有一项重要的工作就是进行数据的收集和记录。绩效信息的记录和收集是绩效管理的一项基础工作,很多绩效管理失败的原因在于绩效信息的不准确以及管理者考核评价的随意性。准确、及时的绩效信息对绩效考核的顺利实施具有重要的意义。

信息的收集就是得到有关改善组织或个人绩效信息的整个过程。许多管理者会认为数据收集和做文档增加了工作量,是一种负担,而事实上,信息收集和做文档完全可以和管理者们的日常工作联系起来。

## 一、收集和记录信息的目的

“记录”是指以管理者为主体将有关员工绩效的行为记录下来;而“收集”则是指通过一定的方式,获取员工实施绩效过程的详细信息的过程。绩效信息收集的原因有以下几点。

1. 为绩效考核提供事实依据

绩效考核结果的判定需要明确的事实依据作为支撑。在绩效考核时,将一个员工的绩效判断为“优秀”“良好”或者“差”,需要有一定的证据作支持,也就是说管理者依据什么将员工的绩效评判为“优秀”、“良好”或者“差”,这绝对不是凭感觉,而是要用事实说话。尽管期初确定的工作目标或任务可以反映一些问题,但不足以证明员工完全按照规程、制度进行操作。而工作过程中收集或记录的数据,就可以作为对员工绩效进行考评的依据。同时,这些信息也可以作为晋升、加薪等决策的依据。

2. 为改进绩效提供事实依据

进行绩效管理的最终目的是为了改进和提高员工的工作效率和获取更多的工作产出。通过对员工的绩效进行记录和收集,可以发现员工绩效方面存在的问题。通过和其他优秀员工的对比,可以提出改进的绩效目标。每个员工之间是有差异的,当管理者评判员工哪些方面存在不足、需要改进的时候,要结合员工本人具体的事例以及优秀员工的事例来增强说服力,这样会让员工清楚地看到自己存在的问题以及与优秀员工的差距,有利于员工改进和提高绩效。

3. 发现绩效低下和优秀绩效的原因

对绩效信息的记录和收集可以使管理者积累一些关键事件,即工作中发生的好的和不好的典型事件。通过对这些关键事件的收集和分析,可以帮助管理者发现优秀绩效背后的原因和优秀员工高效的工作方法,可以利用这些信息帮助其他员工提高绩效,也可以分析不良绩效产生的原因,以便更有针对性地培训员工和解决相关的问题。

4. 为可能发生的劳动争议保留重要的证据

具体、详尽的绩效信息之所以很重要,还因为有关绩效的详情和沟通等信息是进行纪律处分和处理潜在劳动纠纷及争议的重要证据。近些年来,企业和员工之间的劳动争议有上升的趋势,在劳动争议过程中,如果能够有丰富的证据会对企业在合理的情况下赢得争议十分有利。而保留翔实的员工绩效表现记录就是重要的证据信息来源之一,这些记录既可以保护企业的利益,也可以保护当事员工的利益。

## 二、信息收集的内容

收集绩效信息是一项非常重要的工作，数据收集需要时间、精力和金钱，不可能对所有的员工绩效表现都做记录，因此必须有选择地收集。通常来说，收集的绩效信息的内容主要包括以下方面。

1. 和关键绩效指标密切相关的信息

这些信息包括：

(1) 确定绩效好坏的事实依据，例如，每个工人生产的产品数量、废品数量、客户不满的情况和客户表扬的情况；

(2) 绩效问题的产生原因，比如是员工能力问题、态度问题，还是生产流程有问题等；

(3) 绩效优异的产生原因，如优秀员工的工作方法、工作思路和工作流程等；

(4) 为确定员工是否达到了工作目标和标准提供依据；

(5) 目标和标准达到或未达到的情况；

(6) 员工因工作或其他行为受到的表扬和批评情况；

(7) 证明工作绩效突出或低下所需要的具体证据；

(8) 对管理者和员工找到问题(或成绩)原因有帮助的其他数据；

(9) 同员工就绩效问题进行谈话的记录，问题严重时还应该让员工签字。

2. 绩效实施过程中发生的关键事件

在收集的信息中，有相当一部分是属于“关键事件”的信息。关键事件是观察、书面记录员工有关工作成败的“关键性”事实。其主要原则是认定员工与职务有关的行为，并选择其中最重要、最关键的部分来评定其结果，即用关键事件来描述“特别好”或“特别坏”的职务绩效。对每一事件的描述内容，包括导致事件发生的原因和背景、员工的特别有效或无效的行为、关键行为的后果、员工自己能否支配或控制上述后果等。在大量收集这些关键事件以后，可以对它们进行分类，并总结出职务的关键特征和行为要求。

## 三、信息收集的渠道和方法

### （一）信息收集的渠道

信息收集的渠道有很多。有员工的汇报与总结，有同事的反馈与观察，有上级的检查与记录，也有下级的反映与评价。如果企业中所有员工都具备了绩效信息反馈的意识,就能给绩效管理带来极大的帮助与支持,各种渠道畅通,信息来源全面,便于做出更真实、更客观的绩效考核,使企业的绩效管理更加有效。收集绩效实施信息可以从以下多种渠道入手:

(1) 定期安排与员工的会面来考评他们的绩效;

(2) 对照制订的行动计划检查工作进展,考察绩效是否达到目标;

(3) 回顾在考评周期开始的时候形成的目标计划;

(4) 到各处巡视工作的进展情况,并与员工进行非正式的讨论;

(5) 从与员工共事的其他人处得到对员工本人的反馈(正式和非正式的);

(6) 检查工作的产出、结果,以了解其工作质量或准确性;

(7) 要求员工做工作进展报告;

(8) 提出要求后,检查任务完成情况,或者看是否有需要帮助员工解决困难;

(9) 通过分析工作结果、讨论改进方案,考评工作责任或绩效目标的完成情况;

(10) 关注客户的投诉和满意度(内部或外部),以便考评、检查员工的绩效。

## (二) 信息收集的方法

既然与绩效有关的信息是进行绩效考核时的必要信息,那么就需要采取一些系统的方法收集与绩效有关的信息。收集绩效信息的方法主要有考勤记录法、观察法、工作记录法和他人反馈法。

### 1. 考勤记录法

这是经常使用的一种方法,主要记录员工的出勤状况,如出勤、缺勤及其原因,以及对工作时间的统计。

### 2. 观察法

观察法是指管理者直接观察员工在工作中的表现,并对员工的表现进行记录的方法。例如,一个管理者到工作的现场观察客户服务人员如何接待客户投诉的过程、客户服务人员如何平息客户的怒气、如何耐心地聆听、如何帮助客户解决问题的全过程。这些就是通过直接观察得到的信息。通过观察可以获得最直接、最客观的信息。

### 3. 工作记录法

员工的某些工作目标完成的情况是通过工作记录体现出来的。例如航空公司的机务维修人员,要详细记录下当天飞机的状态、飞机部件出现的问题、问题的详细描述以及如何维修等信息。

### 4. 他人反馈法

员工的某些工作绩效不是管理者可以直接观察到的,也缺乏日常的工作记录,在这种情况下就可以采用他人反馈的信息。一般来说,当员工的工作是为他人提供服务或者与他人发生关系，就可以从员工提供服务的对象或发生关系的对象那里得到相关的信息。例如，对于从事客户服务工作的员工，主管人员可以通过发放客户满意度调查表或以与客户进行电话访谈的方式了解员工的绩效；对于公司内部的行政后勤等服务性部门的员工，也可以从其提供服务的其他部门人员那里了解信息。

收集信息时可以综合运用各种方法，因为单一的方法可能只能了解到员工绩效的一个或几个方面，不能够反映全面的信息。

### （三）信息的载体

绩效实施过程中收集到的信息可以用多种载体方式。可以是传统文档，也可以是电子文档，可以是复杂的表格，也可以是简单的笔录。当今时代是信息时代，绩效管理体系的建立和运作离不开信息网络的运用。就管理信息系统的功能而言，它是一个由人、计算机等组成的进行信息的收集、传递、存储、加工、维护和使用的系统，它的诞生和发展标志着计算机在管理中的应用达到了一个新的高度。在实施绩效管理的过程中，有大量的关键绩效数据需要进行汇总、统计和分析。这些工作单靠人工完成非常困难，必须采用信息管理系统，如很多企业现在采用的 ERP 系统不仅仅是很好的管理工具，也是很好的信息记录载体。

## 四、收集信息中应该注意的问题

**1. 管理者必须参与到信息收集的工作中**

很多企业的部门主管往往把绝大部分的时间花费在具体的技术工作和问题解决上，而忽略了自身的管理者职能。而管理者职能很重要的一个体现就是管理者要在日常工作中通过观察和沟通，收集被管理者的绩效表现数据和信息，协调被管理者之间的工作，带领他们完成工作任务，并引导他们和公司一起共同发展。所以数据收集和文档工作的好坏是一个管理者是否成熟的标志之一。

**2. 让员工参与收集信息的过程**

让员工参与收集信息的过程也是给员工授权的过程，能大大激发员工的自我管理意识。绩效管理的主要目的是提高员工的工作绩效，从而提升组织的绩效，这是管理者和员工共同的责任。员工参与了信息收集过程，一方面，有利于员工经常性地参照绩效目标进行自我管理；另一方面，可以在正式沟通之前员工根据自身的情况对工作进度进行微调，以利于绩效目标的完成。而且，基于记录的信息与员工进行沟通，更容易与他们达成共识。

要注意的是，让员工参与并不等于全部由员工记录，对于某些信息，可以由员工自己收集记录，管理者抽取采用；还有很多信息仍然是由管理者来收集和记录的，例如工作计划的变更、工作差错等。此时管理者应及时将这些信息向相关员工进行通报，及时对员工进行辅导和纠正。

3. 收集信息时要有目的性

收集信息是需要耗费一定的人力、物力的，如果收集到的信息不使用，只是封存在档案柜里，这无疑是一种浪费。因此，在收集绩效信息之前，一定要弄清楚为什么要收集这些信息，信息收集后如何使用。通常来说，信息收集工作可以针对关键业绩指标中的相关内容来进行。

4. 可以采用抽样法收集信息

管理者不可能时时刻刻来跟踪、记录员工的信息，而且也没有必要这样做。很多信息是由员工自己记录的，因此员工在做工作记录或收集绩效信息的时候可能会有选择地记录和收集，甚至会提供虚假信息。制约员工这种行为倾向的好办法就是抽查，即从员工全部的行为中抽取一部分做记录。这种抽样的关键是样本的代表性，常用的抽样方法有随机抽样法、分层抽样法等。

5. 要把事实与推测区分开来

信息收集是指收集那些已成事实的绩效信息，而不应记录对事实的推测。通过观察可以记录员工的行为，但行为背后的动机和原因往往是推测的，很可能是不可靠的。例如，某员工近期经常迟到、早退，而且效率低下，不能按期完成任务。上述内容就是事实记录，但是如果据此记录员工工作积极性降低、业务水平不高就是推测，因为很可能是其他原因(例如家中出现变故等)而导致其工作绩效低下。那些推测出来的信息往往缺乏信度与效度，在运用时很容易受到质疑。

## 本章小结

绩效辅导实施阶段是绩效管理过程中耗时最长的一个环节，进行绩效实施管理的主要目的是保证员工能够按计划设定的目标，顺利地在规定时间内完成工作任务。在这个过程中组织的高层管理者应该给予重视和支持，部门管理者和员工应该付出努力，其他的相关部门也应该积极、努力地配合。在绩效实施过程中，沟通是非常重要的，通过沟通，管理者能够掌握员工的工作进展情况，有利于双方加深对绩效目标的理解和达成共识。沟通中可以了解到员工在工作中遇到的问题，此时管理者应给予必要的帮助。员工在完成计划的过程中可能会遇到外部障碍、自身技能不足或其他意想不到的情况，这些情况都会影响计划的顺利实施，因此员工要如实地汇报情况，以便及时解决问题。在绩效实施过程中管理者与员工之间通过沟通，可以对绩效计划进行调整，使之更加适合外部环境以及内部条件的变化。沟通可以采用正式的沟通方式，如书面报告、会议沟通、一对一的面谈，也可以采用非正式的沟通方式，如走动式的管理、开放式的办公、非工作时间的交流等。在沟通的同时，还有一项重要的工作就是进行数据的收集和记录，通过考勤记录法、观察法、工作记录法、他人反馈法等方法，客观、公正地记录员工的表现，作为日后员工绩效考核和其他管理职能模块的重要信息来源。

## 案例分析

案例中的公司对绩效实施的过程缺乏有效的管理。虽然公司在年初制订了计划，但在整个实施的过程中，管理者没有有效地进行控制和管理，对员工也没有提供有效的帮助。

在绩效实施过程中，员工和管理者之间没有良好的沟通，小张不了解工作的要求，宋经理也没有给小张必要的信息反馈。

绩效实施过程没有详细的信息记录，因此在绩效考核时，没有详细的记录信息作为依据，导致小张很困惑。

员工需要在绩效实施的过程中了解到有关的信息。员工都希望在工作过程中能不断得到关于自己绩效的反馈信息，同时由于工作环境的变化加剧，员工在实施绩效计划的时候可能会遇到各种复杂的问题，他们希望在自己处于困境时能及时得到相应的资源及精神上的支持。

管理者需要得知有关的信息。管理者是绩效计划实施的掌控者，他们在绩效实施过程中需要对其上级和下属负责。通过沟通，管理者可以做到心中有数，确保绩效计划的实施，也使得后期的绩效考核真实可信，从而减少因考评结果而出现的矛盾与争议；绩效实施过程管理的必要性体现在：绩效实施是绩效管理的主要环节；绩效实施结果可以为绩效考核提供依据；管理者需要掌握员工工作进展情况；员工需要管理者对其工作的反馈、辅导和支持；必要时对绩效计划进行调整。

员工在完成计划的过程中可能会遇到外部障碍、自身技能不足或其他意想不到的情况，这些情况都会影响计划的顺利完成。员工在执行绩效计划的过程中需要了解到的信息主要分为以下两个方面：有关工作做得怎么样的信息；有关如何解决工作中的困难的信息。

## 思考题

1. 什么是绩效实施？为什么绩效实施管理很重要？

2. 企业高层的态度对绩效实施是否重要？为什么？
3. 在绩效实施过程中，人力资源部门有什么作用？
4. 直线主管在绩效实施管理中的角色是什么？
5. 绩效实施过程中的沟通内容有哪些？
6. 什么是正式的沟通和非正式的沟通？
7. 绩效实施过程中信息收集和记录的目的是什么？
8. 绩效实施过程中信息收集的方法有哪些？

# 第六章 绩效考核



引导案例

## 老总的意见竟然又被否决了

两年前一位记者朋友去一家乡镇企业采访，那位在当地小有名气的企业家、该企业的老总正坐在办公室生闷气。原来，上午在董事会上，他再次提出的上果汁生产项目意见又被否决了。

聊起企业的管理问题，他连连抱怨："现在的企业越来越难管了。"他说："企业刚创立的时候，虽然规模小，员工文化素质也不高，但干什么都比较顺心，我指东，没有人往西。现在倒好，规模上去了，效益也翻了几番，又招进了大批高学历的人才，按说，工作应该更得心应手了，可实际上呢，我的话现在不灵了，常常有人唱反调。就说生产果汁项目这件事吧，你知道，一瓶"汇源"或是"茹梦"，饭店卖十几、二十元。咱这个地方有的是果子，要是上了果汁生产线，你想想那利润！可另外几个副总愣是不同意，说果汁眼下走俏，但从长远来看却并非如此。"

两年后，这位老总在北京参加全国劳模表彰会，又与记者朋友见面了。闲聊时，记者朋友问他果汁加工项目后来是否上了，他长吁一口气，说："幸亏当初没上，如果上了的话，现在可就背包袱了。邻县上了一家，老本都搭了进去。"

他感慨地说，看来企业里有人说"不"，并不见得是坏事。

案例讨论题：

1. 为何企业里有人说"不"，并不见得是坏事？
2. 试分析老总的意见被否决的理由。
3. 企业该如何进行绩效考核？
4. 绩效管理与绩效考核有何区别？

绩效考核是整个绩效管理系统中最重要的环节。在绩效考核指标与标准确定的基础上，制订出一个健全、合理的绩效考核实施方案是极为重要的。考评方案除了考评内容、考评方法外，还要包括考评程序、考评组织者、考评者与被考评者以及考评结果的统计处理等。绩效考核方案能够保证各部门绩效考核工作的有序进行。

人力资源部门通常是考评的组织者，也是绩效管理系统的设计者，负责关于绩效管理的咨询、解释、裁决等工作，一般不直接参与对员工的考评工作。人力资源部门最重要的职责就是把握好绩效考核与组织目标相关联。

这一环节的绩效考核指的是年终的结果考评，是对员工一个周期的工作绩效状况的总结，包括工作行为表现和工作业绩。通过运用合适的考评方法，对照年初签订的绩效目标计划书，为员工的年度工作绩效做出客观的考评：是高绩效、低绩效，还是负绩效。

绩效考核工作大多由人工进行，数据的采集、评定、汇总、统计等都是很繁重的工作。现在的趋势是逐步走向电脑化，将上述工作简单化，提高绩效考核的效率。电脑化的另一个好处是能够提高绩效考核的准确性，同时降低人际风险。人际风险是组织在绩效考核中所遇到的最大阻力之一。

# 第一节　考评指标的设定

所谓考评指标是指与员工工作表现相关联的评价要素。绩效考核实施之前首先要确定考评指标。如果说绩效考核是整个绩效管理系统的核心环节，那么考评指标便是绩效考核环节中的核心。没有指标，绩效考核就无法进行。当一个组织的战略目标确定后，就要依靠考评指标来引导员工的工作行为。考评指标综合反映了组织对员工的期望，是员工努力的方向，也是组织实现目标的保障。同时，考评指标也为组织中的人力资源管理决策提供了重要依据，如招聘、晋升、薪酬、培训等都要依赖于对指标的考评。由此可见，考评指标在绩效管理中具有举足轻重的地位。

## 一、考评指标的确定原则

### 1. 针对性原则

针对性原则是指各类岗位人员由于工作性质、特点、职务、专业技术存在差异，所选的考评指标也应有所不同。如管理人员应该偏重能力指标，而生产人员则应该偏重业绩指标。即使同属管理人员，如果工作性质不同，其考评的具体指标也应该有所不同。

2. 明确性原则

明确性原则是指考评指标定义用词恰当、明白易懂，没有模棱两可的表述。考评指标含糊不清，会减弱它的导向作用，也会影响考评的准确性。如将“工作主动”作为一项考评指标，定义为“工作热情高”就比较模糊。这样的定义会让不同的考评者产生不同的理解，掺入主观意识的考评往往会影响到考评结果的准确性和公正性。如果我们将其定义为“完成额定工作后能自觉向班组长要求新的工作任务”，就比较容易考评。对行为的考评可以进行频度计量，即用“总是”、“经常”、“有时”、“偶尔”、“从不”等来考评。

3. 合理性原则

合理性原则是指考评指标的标准与实际工作标准之间要相互吻合，不能过高，也不能过低。要求过高，员工无法达到标准；要求过低，员工之间的工作行为无法区分优劣。两者都会使考评失去意义。

4. 精炼性原则

精炼性原则是指在保证考评质量的前提下，考评指标的数量宜精不宜繁，宜少不宜多。考评指标不是越全面越好。指标过多易使考评者和员工把握不住核心要求，会增加组织考评的财务成本，当组织发现成本过大而缩小支出时，往往会影响考评的准确性；指标过多同样也会增加考评者的时间成本，面对烦琐的考评，部门考评者经常选择敷衍了事的做法。因此，考评只选择那些对工作影响较大的、具有关键性的指标，这些指标最能反映员工绩效的核心特征。

## 二、考评指标的获取及确定

考评指标的获取与确定应该遵循如图 6-1 所示的步骤。

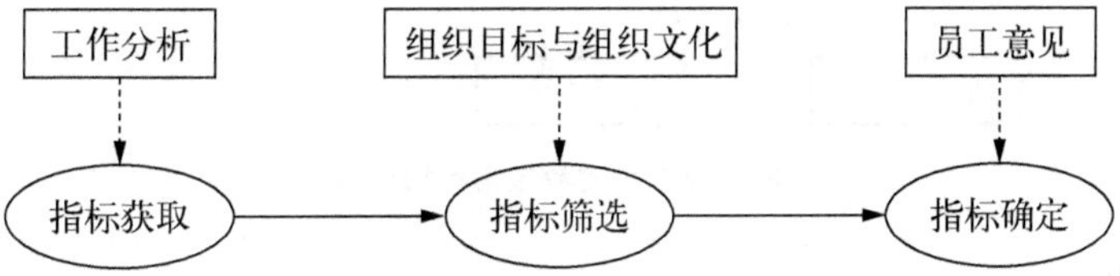


**图 6-1 绩效考核指标的确定流程**

1. 指标获取

指标的获取主要通过工作分析来完成。工作分析的目的是为了对考评对象所从事的岗位进行研究，提炼出与岗位高绩效相关联的指标。工作分析的方法有问卷调查法、面谈法、座谈法、个案法、经验法等，通过这些方法能够科学地获取考评的初步指标。

2．指标筛选

通过工作分析获取的初步指标由于受到岗位的局限不能成为最后的考评指标，还要放在组织的大环境中进行衡量。组织的发展战略与组织的文化对组织的目标实现具有重要意义，所以在考评指标中要得到体现。如果一个组织提出的是"产品差异化"的战略，就会在产品设计、研发、形象宣传等方面得以体现，涉及产品创新方面的指标会给予较高的考评权重；而如果组织的战略是"服务客户"，则考评权重就会偏向客户满意度方面。组织文化是组织倡导的价值观、理念和行为准则。有的组织倡导革新敢冒风险，有的组织则倡导稳固循序渐进。这些同样会融入考评指标中去，让最后形成的指标更适应组织发展的轨迹。

3．指标确定

指标确定可以由具备相关经验的管理者来进行，也可以聘请外部专家来决定。无论由谁来确定，最后都要听取员工的意见。员工贴近岗位，比谁都了解指标对岗位的意义。即使指标的确定已十分理想，这样的步骤也很有必要，因为它能够使员工获得尊重感及对指标的认同感，有利于发挥出指标对员工的导向作用，使绩效管理系统在目标轨道上有效运行。

## 三、考评指标的构成

考评指标通常不是单一数量的，对一个岗位的考评常有多个指标组成一个指标体系，各个指标之间的重要性并不等同。考评指标的构成如图 6－2 所示。

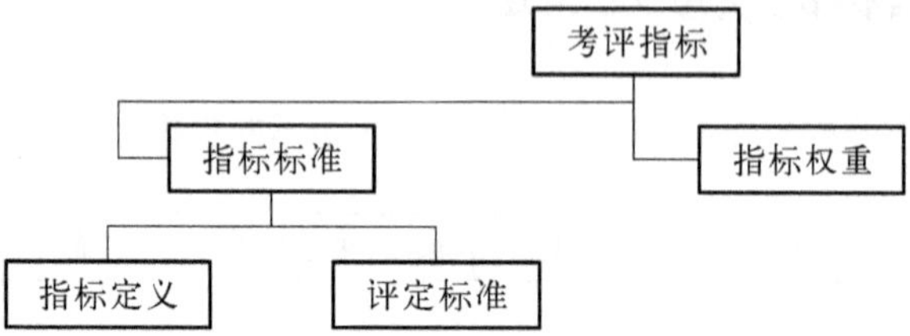


**图 6－2　绩效考核指标构成图**

1．指标标准

考评指标标准由指标定义和评定标准组成。

指标定义是对指标内容和范围的说明与规定。指标定义不同于词语定义，它是根据战略目标、组织文化以及岗位要求综合而成的结果。指标定义的好坏直接影响到对员工行为的导向效果。例如,美国施乐公司在检讨自己复印机市场份额不断被日本佳能公司抢夺时就发现,同样是“售后服务”指标,施乐公司定义为“在接到顾客维修电话后必须在 30 分钟内赶到为优秀”,而佳能公司则定义为“每月保持顾客零保修率为优秀”,显然佳能公司的定义要比施乐公司的好,因为要保持零保修率,负责区域维修的员工必须经常拜访客户,了解产品使用状况,把可能出现的故障消灭在萌芽中。而施乐员工的行为则是静坐等候客户,显然要被动得多。更重要的是,对客户的经常拜访有利于感情交流,为以后客户再次购买本公司产品打下基础。指标定义的重要性由此可见。

评定标准是将指标定义与员工行为进行比较而制订的考评规则。以上面佳能公司的指标为例,评定标准可以定为:每月 0%报修率为优、5%报修率为良、10%报修率为中、大于 10%报修率为差。

2. 指标权重

所谓权重,即某个考评指标在多个考评指标组合中的重要程度,其数量表示就是在考评指标组合而形成的总分中所占的分值多少。权重的分配就是要区分不同的考评指标在不同岗位的重要程度。例如某岗位考评有 5 个指标,总分为 100 分,则不可能将 5 个指标平均分配分值,因为这 5 个指标的重要程度不会等同。如果某个指标对该岗位来说最为重要,那该指标的分值应该最高;反之则相反。另外,同一指标在不同岗位的权重也可能不一样。如“出勤率”指标,对门卫岗位权重就会很大,而对销售岗位权重就会很小,甚至不列为考评指标。

某公司电脑销售人员的考评指标权重分配如表 6-1 所示。

对考评指标权重的分配,一般依赖于组织的战略目标、文化及岗位要求。组织间的差异会造成对重点认同上的差异,进而造成不同组织对相同指标权重分配上的差异。

**表 6-1 电脑销售人员的考评指标权重分配表**

| 测 评 要 素 | 权 重 系 数 |
|---|---|
| 品行素质 | 30% |
| 知识素质 | 18% |
| 能力素质 | 30% |
| 技能素质 | 17% |
| 身体素质 | 5% |

给考评指标加权的形式通常有两种:一是主观赋权法,二是客观赋权法。

主观赋权法是有关专家或管理者利用自己的经验和知识,运用主观判断来确定权重,例如德尔菲法、层次分析法等。主观赋权法虽然对权重分值不能精确到位,但一般对指标的重要程度进行前后排序较为准确。

客观赋权法是根据调查所获得的数据来确定权重,而不需要征求专家意见。在确定权重分值方面精确度较高,但有时面对影响因素较多的指标会出现与实际情况不相符的情况。

## 四、考评指标的类型

### 1. 从考评内容上分类

从考评内容上可以分出三大类指标:业绩指标、能力指标及态度指标。

业绩指标指的是员工的工作结果,通常包括完成工作的数量、质量、效率、销售额等。业绩指标容易量化,与组织目标常常形成很强的关联,因此成为考评关注度比较高的一类指标。

能力指标指的是员工完成工作所必需的才能和技能,它是员工获取高绩效的条件。员工的能力高低在某种程度上决定着员工的工作结果。对能力的考评能够发现员工自身的优势及劣势,为员工培训和发展提供了依据。

态度指标指的是员工对待工作的主观倾向,这种倾向包括热情与冷漠、喜欢与厌倦、主动与被动、认真与马虎等,是一个员工主观价值取向的反映。态度决定着行为,一个员工即使能力出众,但态度消极,也不可能取得良好业绩。

### 2. 从考评对象上分类

从考评对象上分类可以分为组织指标、部门指标和员工指标。

组织可以分为生产性组织、技术性组织、管理性组织和服务性组织等。对于生产性组织,一般依据客观物质产出来考核,因此,对其考评一般应以最终的工作成果如生产数量、生产质量等为主要考评指标,同时也要考评其工作方式、组织气氛等指标。对于管理性组织和服务性组织,其性质是比较相似的,它们一般不会有客观的物质性成果产出,因此应主要考评其整体素质、工作效率、出勤率、工作方式、组织的气氛等指标。而技术性组织则可能会有一定的物质性的工作成果,也可能没有直接的物质性的工作成果,与上述三种组织不同,因此应兼顾工作过程与工作成果两个方面。

组织由不同的部门组成,对部门的绩效考核是组织内部分权管理的需要。通过设定部门目标,有助于增强团队的集体观和凝聚力,提升部门内员工的士气。由于部门的性质不同,其考评指标也会有所不同。例如生产部门的指标偏重产量和质量,而管理部门的指标则偏重于工作效果。工作效果是工作态度和能力的综合体现。部门的绩效是集体的产物,是部门主管与员工互动的结果,是部门整体素质的反映。

实际上,组织内部更多的是对员工个人的考评,员工考评指标占据绝大部分。由于组织内岗位的不同,员工考评指标差异很大。一般情况下,可根据岗位分类分级的结果,分别对各类各级人员制订出相应的绩效考核指标。当然,考评指标的粗细程度,即是否对每一级岗位都制订出绩效考核指标,要视组织的规模、被考评者人数以及考评目的等因素来确定。

3. *从考评评价方法上分类*

考评评价方法分为主观评价与客观评价。由人的主观评价而得出结果的指标叫主观指标。主观指标具有设计和评价成本低、指标适应面广的优势,但主观指标具有一定的模糊性,易受考评人的主观因素影响,造成考评结果的不精确性,从而影响管理决策的效果。主观指标较适合于低层岗位。如果用于中高层岗位,考评最好由多人组成的专家团队进行,以保证考评的相对精度。

将工作行为或结果与量化数据比较而得出结果的指标叫客观指标。客观指标具有考评客观公正、精确度高、能为人力资源决策提供依据等优势,但客观指标存在设计成本高、指标量化不容易获得、指标覆盖面窄等问题。客观指标由于其考评结果的公平性好、员工满意度高,成为现在绩效管理中使用最多的指标。所以,我们在设计指标时要以客观指标为主。

# 第二节　考评主体的选择

考评指标确定后,就要选择合适的考评主体,即考评者。考评者的素质往往决定考评的效果。这是考评系统中一个不能忽视的环节。

## 一、考评者选择原则

1. *考评者应该了解所考评岗位的工作内容*

考评者对考评岗位越熟悉,对员工工作表现优劣的判断就越准确。某项工作应该做到什么程度为优秀,是基于岗位的需要而设置的标准。如果考评者不了解岗位的要求,在考评判断上就可能出现误差。

2. *考评者能够掌握所考评岗位的员工情况*

考评是建立在员工信息的基础上,考评者根据员工信息并依据指标评定标准来进行绩效等级评定。因此,考评者只有直接或间接掌握被考评者的准确信息,才能做出准确的判断。

3. 考评者的参与有助于实现某种管理目的

选用不同的考评者会对被考评者产生不同的影响。如把“上级”作为考评者，被考评者就会有“更愿服从管理”的表现，因为上级掌握评定绩效等级的权力，直接与被考评者的利益相关联。反之，就可能出现员工不听从指令的现象，影响组织的管理效果。这也是上级在所有考评者类型中总是被排为最重要考评者的原因。

## 二、确定考评者

在考评前先要成立考评小组，考评小组的成员可以来自五个方面：上级、同事、本人、下级和客户，如图 6－3 所示。

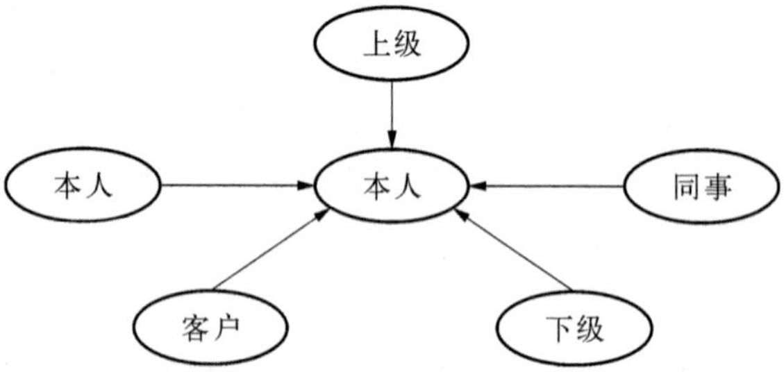


**图 6－3　360 度考评图**

一般考评总是选择某几个方面的人员，如果五个方面的人员都加入，便叫做 360 度考评。每一个方面的人员都有其优点与缺点，在实际运用中要注意把握好。

1. 上级考评

上级考评是目前用得最多的。上级承担着管理与监督下属的责任，赋予其考评权力有利于其行使职务权力，维护管理的权威，强化控制力。另外，上级比较熟悉下级的工作情况，了解下级对待任务的态度及完成任务的能力，因而对所考评的内容掌握比较准确。

上级考评的缺点在于一人决断，如对下级因存在偏见而感情用事，就有可能将个人好恶带入考评中，影响到考评的公正性。另外，上级所掌握的工作情况多数在工作结果方面，而对工作过程并不一定具体了解，考评时存在着一定的盲区。

2. 同事考评

同事比上级更清楚地了解被考评者的工作过程，尤其是在工作态度和工作效率方面。同事对员工间的合作意识、工作主动性及责任心最有感受，对相同的任务所要耗费的时间也最清楚。另外，员工常常在上级面前与在同事面前有不同表现，引入同事考评就能多角度了解被考评者。

但由于同事关系密切,彼此间存在某种利益的牵连,使得这样的考评存在很大的人际风险,这会使得同事考评难以有效进行,所得到的并非全都是准确信息,从而影响考评结果的准确性。

3. 下级考评

如果某个岗位存在下级的话,如生产组长下面还有组员,则可以进行下级考评。下级最了解上级的工作能力、处事作风、决策水平以及任务布置的合理性等,对上级的一言一行有着切身感受。引入下级考评能了解基层管理者的管理状况,提高管理者的决策合理性。

但由于下级的许多利益由上级决定,这使得参与考评的下级会充满顾虑而不能反映真实情况,甚至出现信息误导的可能。

4. 本人考评

本人考评是被考评者对自己的绩效进行自我考评。这种考评的形式通常是写一份个人小结,或者将小结以表格形式呈现。研究表明,本人考评的等级往往超过上级的考评等级,被考评者通常会展示自己良好的一面,而可能故意隐瞒自己做得不好的一面,这种现象使得本人考评的价值遭到怀疑。但本人考评的存在,可以使考评者不会遗漏员工的工作业绩。遗漏员工的工作业绩最容易引发员工的不满,而考评者不可能时时都在员工的身边,从这点上来说,本人考评还是有其存在的必要。

5. 客户考评

这里的客户指的是被考评者所服务的对象,包括外部客户和内部客户。外部客户有产品顾客、项目顾客等,内部客户因部门工作服务对象的不同而不同。对采购部人员而言,其服务对象便是生产部人员;对后勤部而言,其服务对象可能是员工。客户考评好处在于考评者由于与被考评者不属于同一部门而不大受人际关系的影响,相对而言能够客观公正地做出评价。另外,顾客的满意度对组织的发展至关重要,引入客户考评能提高员工的工作服务意识和质量。

但当客户与被考评者存在着利益关系,例如被考评者有权决定是否给予客户价格优惠时,客户考评就可能因利益的原因而失真,使得考评者得到的是不真实的信息。

当然应该肯定,多类考评者参与考评应比单类考评者的考评信息更全面、结果更准确、管理更有效,唯一的问题是成本比较高。

## 三、培训考评者

考评者就是在绩效考核中对被考评者绩效表现做出评价的人。要使绩效管理准确运行，达到预期目标，不仅依赖于绩效管理系统，尤其是绩效考核指标与标准设计的合理性，而且还依赖于考评者的自身素质。考评要靠人来实施。对人的评价不同于对物体的评价，需要依靠人的头脑，人的主观意识和评价能力都会影响考评的准确性。因此，对考评者的培训是绩效考核前不可缺少的环节。

对考评者培训的主要内容有：

(1) 让考评者充分认识到绩效考核的目的，只有在思想上高度重视，才能在行动上自始至终做到认真负责；

(2) 让考评者充分理解和掌握绩效考核的各项指标与标准，使考评者之间尽可能做到考评结果的一致性；

(3) 让考评者掌握各种考评方法的准确运用；

(4) 让考评者了解各种误差产生的原因及克服方法；

(5) 让考评者掌握考评面谈与矛盾化解的技巧。

## 四、考评者的误差

### 1. 首因效应误差

首因效应误差是指考评者受到对被考评者的第一印象的影响而产生的误差。考评者由于对被考评者的外表、言行、举止等产生好感或坏感而影响到对被考评者的客观评价。考评者如果对被考评者第一印象好，则对被考评者各方面的评价就高；反之，则对其各方面的评价就低。

### 2. 晕轮效应误差

晕轮效应误差是指考评者在对被考评者进行绩效评价时，由某一特征得出整体结论而产生的误差。人们往往具有根据某一局部印象来得出整体印象的倾向，造成以偏概全的评价结果。例如考评者对某位员工的工作态度评价高，便会对他的其他方面，如工作能力、沟通能力等，在没有做进一步了解的情况下也会给予较高的评价。

### 3. 近因效应误差

近因效应误差是指人们对近期发生的事情往往印象比较深刻，而对远期发生的事情印象比较淡薄，以至造成评价依据不全面的误差。在绩效考核中也会经常发生这种情况，即评价一个人时，只看其年末几个月的工作情况，而忽视其年初几个月的工作表现。如果被考评者在前半年工作绩效较差，而到最后几个月才开始认真工作，考评者受近因效应误差就会对他做出较高评价，从而导致评价的不准确。

### 4. 趋中误差

趋中误差是指在确定考评等级时，考评者的评定结果集中在中间等级的误差。

按照一般规律,评定结果应呈正态分布。造成趋中误差的原因主要是考评者对考评等级标准和被考评者的信息把握不准,或者是担心绩效等级定得太低会引起被考评者对自己的不满心理。趋中误差造成评价结果相差不多,分不出优劣,无法为人力资源决策提供依据。

5. 偏松误差

偏松误差是指考评者抬高被考评者绩效等级的误差。造成这种误差的原因是考评者出于保护下属的考虑而避免其留下不好的绩效记录,或者是考评者出于职位和部门利益而希望本部门员工的业绩优于其他部门员工的业绩,或者是考评者本人从避免得罪人角度考虑而使被考评者等级得到提升。

6. 偏紧误差

偏紧误差是指考评者压低被考评者绩效等级的误差。考评者通常是部门管理者,造成这种误差是考评者或出于惩罚、或出于辞退、或出于减少奖金发放等原因而故意采用比等级评定标准更苛刻的标准。部门管理者如果存在偏紧误差,会引起下属员工的不满,造成部门关系紧张。人力资源管理者应该及时消除偏紧误差。

7. 偏见误差

偏见误差是指考评者以自己的价值判断标准来评价被考评者而造成的误差。考评者会下意识地将被考评者与自己进行比较,与自己观点、意见、兴趣等相同的会给予较高的评价;反之,则给予较低的评价。

8. 压力误差

压力误差是指考评者有形或无形地受到外部的责难或感到对此项考评工作的责任重大而产生的误差。例如考评者了解到本次考评的结果会与被考评者的薪酬或职务变更有直接的关系,或者担心受到被考评者的责难,考评者可能会做出偏高的考评。

9. 对照误差

对照误差是指把某一位被考评者与前一位被考评者进行对照而不是与实际工作情况进行对照而得出评价结果的误差。如果前一位被考评者在考评者看来各方面表现都很出色,那么对比之下,就可能会给后一位被考评者带来不利影响。相反,如果前一位被考评者的工作表现较差,那么后一位被考评者可能被高估。

## 五、克服误差

1. 对考评者进行考前培训

前面已述,考评前的培训是保证考评正确进行不可缺少的环节。培训能使考评者充分认识到绩效考核对组织发展的意义，增强对绩效考核的重视程度，强化对考评标准的忠实执行，提高绩效考核技能。端正考评者的态度是避免各种误差的前提。

2. 对考评指标等级标准界定明晰

误差的特征就是在考评标准上下漂移，模糊的标准会给误差提供漂移条件。如果我们对考评指标及评定标准界定清楚，就能最大限度降低误差的产生。

3. 使用恰当的考评方法

针对某些误差可以使用恰当的考评方法来避免，如使用关键事件法就能避免近因效应误差，使用强制分布法就能避免趋中误差、偏松误差以及偏紧误差，使用成对比较法、行为观察法就能避免首因效应误差、晕轮效应误差、偏见误差和对照误差等。

# 第三节　考评对象的评价

任何组织在其内部都具有一个层级结构，所以考评也具有层级性。一般来说，绩效考核对象可分为组织、部门和员工三种类型，也就是三个层次，绩效因此可分为组织绩效、部门绩效和员工绩效。不同的层次由于工作性质不同，所设计的绩效考核指标也会不同。比如，由于高层管理者要负责组织整体的战略规划，因而其更为关注综合性的、与获利能力有关的财务指标；而作为计划执行的部门和员工个人更为关注的是具体、易于理解的业务指标。

## 一、组织绩效考核

组织的目标通常是追求利润最大化和价值最大化，但实现这些目标还要靠战略，如创新战略、人才战略等，所以对组织的考评不能局限于财务指标。财务指标能反映组织实现目标的最终结果，但它并不能让考评者看到这些结果是如何实现的，实现结果的过程就是组织的战略，对战略的审视有时比财务指标更为重要。

组织目标和战略是决定整个绩效考核指标体系的核心因素。无论是部门考评指标设计还是员工个人考评指标设计，都是围绕着核心因素进行的，是组织目标和战略的直接或间接的体现。所以，对组织绩效考核指标的确定具有统领作用。

在西方发达国家,组织绩效考核指标经历了近半个世纪的演变:在 20 世纪 60 年代,绩效考核指标普遍是销售利润率;70 年代则转成投资回报率;80 年代形成以财务指标为主、非财务指标为辅的考评指标体系;90 年代出现以平衡计分卡为代表的综合各种因素的新型考评指标体系。从历史演变中我们看到,财务目标始终是组织绩效考核不可缺少的指标。

对组织的考评由外部主体承担,落实到具体角色上就是外部出资者对组织的高层管理者的绩效考核。高层管理者是组织的核心资源。核心资源在通常情况下具有不可替代性,这些资源一旦离开组织,组织的其他资源就无法正常发挥作用,从而导致组织价值的减少。而一般人处于从属地位,属于合作性资源,不可替代性弱,这些资源离开组织,只会导致其自身价值的减少。所以,我们首先要重视对核心资源的绩效考核问题。对高层管理者的绩效考核可以分成两部分:一是个人素质考核指标体系;二是个人工作绩效考核指标体系。个人素质考核指标体系包括进取心、责任心、综合分析能力、决策能力、授权能力、协调能力、风险能力、人际关系能力等;个人工作绩效考核指标体系则要根据不同职位而具体设计。

### (一) 董事长的个人工作绩效考核指标体系

董事长的职责是代表董事会对公司的一切事务进行监督管理,在董事会休会期间,负责处理对公司有重要影响的业务活动。对董事长的绩效考核可以从五个方面来设计,具体如表 6-2 所示。

**表 6-2 董事长工作绩效考核指标体系**

| 一级指标 | 二级指标 |
| --- | --- |
| 公司的资本运营情况 | 1. 总资产增长率; 2. 净利润增长率; 3. 不良投资比率; 4. 固定资产比率; 5. 资金成本率; 6. 债务保障率 |
| 股东大会决策的执行情况 | 1. 制订决策计划; 2. 决策执行组织工作; 3. 对决策执行的有效指导 |
| 高级经理层的运作情况 | 1. 高级经理人员的配置是否得当; 2. 是否需设新的职位; 3. 分工职责是否明确; 4. 能否协调运转 |
| 劳资关系的协调情况 | 1. 员工生理满意指标; 2. 员工安全满意指标; 3. 员工社交满意指标; 4. 员工尊重满意指标; 5. 员工自我实现满意指标 |
| 企业文化建设情况 | 1. 企业知名度; 2. 企业形象; 3. 职工服务态度; 4. 组织制度文化建设; 5. 组织精神文化建设 |

## （二）高级经理人员的个人工作绩效考核指标体系

高级经理人员包括总经理和副总经理。对他们的个人素质要求基本一致，但由于他们各自主管的工作不同，对他们个人的工作业绩考评应依据其职务分工分别进行。

### 1. 总经理工作绩效考核指标体系

总经理是公司经营管理的代表，全面负责公司的日常行政和业务活动，一般可以从八个方面考评其工作绩效，如表 6 - 3 所示。

**表 6 - 3　总经理工作绩效考核指标体系**

| 一级指标 | 二级指标 |
|---|---|
| 市场 | 1. 市场占有率；2. 客户留住率 |
| 开发创新 | 1. 新产品开发数量；2. 新产品开发成功率；3. 研发费用率 |
| 技术装备和物资设施 | 1. 技术改造率；2. 设备更新率；3. 设备充足率；4.设备先进水平 |
| 产品 | 1. 销售额增长率；2. 优质产品率；3. 顾客满意度 |
| 财务 | 1. 资金成本率；2. 现金充足率；3. 现金周转率 |
| 盈利能力 | 1. 销售利润率；2. 成本费用利润率；3. 每股盈余 |
| 人力资源 | 1. 员工培训率；2. 绩效考核满意率；3. 员工离职率 |
| 组织管理 | 1. 组织结构得当；2. 管理方法创新；3. 组织文化建设 |

### 2. 副总经理工作绩效考核指标体系

组织内部一般可分为五大块，即研发、生产、营销、财务和人力资源管理。由于工作分工不同，对副总经理的绩效考核可以根据其具体职责来设计，如表 6 - 4 所示。

**表 6 - 4　副总经理工作绩效考核指标一览**

| 研发副总 | 生产副总 | 营销副总 | 财务副总 | 人力资源副总 |
|---|---|---|---|---|
| 1. 新产品数量<br>2. 新产品质量<br>3. 研发效益<br>4. 研发成本<br>5. 技术改造率<br>6. 新产品开发成功率 | 1. 设备故障率<br>2. 维修效益<br>3. 材料利用率<br>4. 采购费用率<br>5. 采购及时性<br>6. 物资损耗率<br>7. 产品返修率<br>8. 产品顾客满意度 | 1. 市场占有率<br>2. 客户拥有量<br>3. 销售额<br>4. 销售成本<br>5. 全员销售率<br>6. 售后服务 | 1. 资金筹集<br>2. 现金充足率<br>3. 资金成本率<br>4. 现金流动比率<br>5. 固定资产充足率<br>6. 现金周转率<br>7. 应收款周转率<br>8. 预算效益 | 1. 员工离职率<br>2. 员工出勤率<br>3. 员工加班率<br>4. 人均受训率<br>5. 工伤事故率<br>6. 激励政策<br>7. 绩效考核满意度 |

## 二、部门绩效考核

部门绩效考核是组织内部分权管理的需要。通过设定部门目标并将其与个人目标相结合，有助于增强集体观念和凝聚力。凝聚力的提高可以提升员工的士气和满意度，从而提高生产率，使部门的目标同组织的目标密切地结合起来。

部门的考核指标体系要根据部门所承担的不同职责而有所不同。组织内部的业务类部门包括生产部门和销售部门，管理类部门包括财务部门、人力资源管理部门、计划部门、研发部门、办公室等。与业务类部门相比，管理类部门由于投入和产出之间没有直接联系，所以难以用财务指标来衡量。

下面我们以某公司人力资源管理部门的绩效考核为例，介绍如何进行管理类部门的绩效考核工作。该部门共有 10 人，部门组织结构如图 6－4 所示。

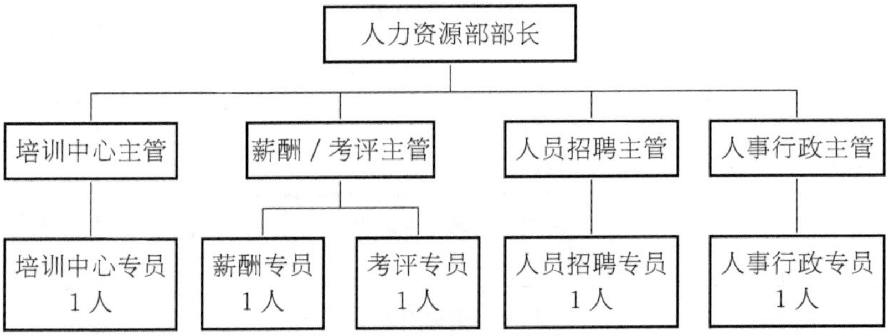


**图 6－4　人力资源管理部门组织结构**

部门近期的发展重点主要包括以下内容：

(1) 管理流程的健全；

(2) 招聘网站和培训网站的建立；

(3) 人力资源系统的实施。

结合公司的战略，人力资源部需要制定部门未来两年的战略目标。另外，他们还需要一套有效的 KPI(关键绩效指标)来衡量部门的绩效。

公司为人力资源部设定的战略目标有：

(1) 建立前瞻性的人力资源体系，提供高效、专业的人力资源服务，与各部门建立业务合作关系；

(2) 巩固完善以下管理流程：招聘管理、薪酬管理、绩效考核管理、人事行政管理、员工培训管理；

(3) 推动部门的信息化建设，提高人力资源、信息在决策支持中的正确性。

公司确定人力资源部关键的成功因素有：

(1) 财务：人力成本效益；

(2) 客户和市场：内部客户服务的满意度、与职能部门之间的沟通、在人才市场中公司整体的吸引力；

(3) 内部流程：招聘网站及培训网站的积极使用、完善的 HR 管理流程、HR 数据信息对决策层的有效支持；

(4) 学习与发展：优化、公正的绩效考核体系，系统性的培训机制，高效、高质的招聘体制，具有客户意识的公司文化。

根据人力资源部的战略目标以及关键成功因素，可以设计出关键绩效考核指标，如表 6-5 所示。

**表 6-5 人力资源部关键绩效考核指标**

| 关键业绩指标 | 序号 | 权重 | 指标定义 | 数据来源 | 收集频率 | 收集人 |
|---|---|---|---|---|---|---|
| 人力成本效益率 | 1 | 20% | 公司总人力成本(工资、奖金、福利、培训、招聘)/公司总营业收入 | 财务部 | 半年 | HR 部长 |
| 服务合同按时完成率 | 2 | 15% | 重点服务项目在承诺时间内完成的百分比 | HR 部 | 季度 | HR 部长 |
| 员工满意度 | 3 | 5% | 年度对员工满意度的调查结果 | HR 部 | 年度 | 人事行政主管 |
| 平均招聘周期 | 4 | 10% | 收到招聘需求后提供候选人到部门面试的平均时间(天) | HR 部 | 半年 | 招聘主管 |
| 内部客户投诉率 | 5 | 5% | 在与 HR 部长沟通无效后，向总经理室直接投诉量 | HR 部、总经理办公室 | 季度 | HR 部长 |
| 人均培训天数 | 6 | 10% | 各部门总体培训天数/部门总人数 | HR 部 | 季度 | 培训中心主任 |
| 员工流失率 | 7 | 10% | 离职人数/公司平均总人数 | HR 部、行政办公室 | 半年 | 人事行政主管 |
| HR 系统数据输入错误率 | 8 | 8% | 数据输入错误后导致信息出错的次数 | HR 部 | 月 | 人事行政主管 |
| 业绩评价覆盖面 | 9 | 12% | 接受年度业绩评价的人数/公司总人数 | HR 部 | 年度 | 薪酬/考核主管 |
| HR 招聘/培训网页的使用量 | 10 | 5% | HR 招聘网和培训网浏览次数 | HR 部、信息中心 | 月 | 招聘主管 |

对管理部门的考核实际上是对管理部门各层次负责人的绩效考核，考核内容一般包括工作能力、工作态度、工作业绩等。这类考核不但要考核部门的绩效情况，还要考核部门员工的表现情况。考核周期为一年考核一次，每个月或每季度汇总各项评定成绩。考核可根据组织情况选用合适的考评工具。

## 三、员工绩效考核

员工考评是指考评者在一定的目的与思想指导下，采用科学的考评方法，依据一定的考评指标及标准，对员工及其工作进行事实评判或价值评判的过程。员工考评是组织的人力资源日常管理中最为重要的工作之一，也是人力资源管理过程中最为核心的环节。员工考评主要是针对全体正式员工进行的定期考评，适合组织所有已转正的正式员工。比起组织和部门的绩效考核，对员工的考评涉及范围广、人数多、工作强度大、情况复杂，更具有挑战性和技巧性。对员工的绩效考核有两个目的：一是为了实现组织的战略目标。通过考评指标来引导员工行为，强化员工自我管理，提高工作绩效，同时发掘员工潜能，推动组织战略目标的实现。二是为人力资源管理提供决策依据。考评信息能够帮助管理者了解员工的工作态度、个性、能力状况，从而为组织的人员选拔、岗位调动、薪酬设计、培训及职业规划等提供依据。

### （一）员工考评的原则

**1. 公正原则**

员工考评面广人多，影响力大，保持公平、公正尤为重要，这是考评取得预期效果的前提。任何的暗箱操作、主观臆断、片面评定的做法，都会挫伤员工的工作积极性，给考评带来负面影响。

**2. 公开原则**

考评者应该事先与被考评者签订目标协议书，明确考评指标、考评标准、考评流程、考评周期等。最终的考评结果也应公布于众，同时应将更为详细的考评结果反馈给被考评者本人，使其了解考评的真实情况。考评公开是民主平等意识的体现，有利于获取员工的信任，树立服务员工的良好管理形象。

**3. 全面原则**

对员工考评不能强调单一指标，应该设立多类指标。要防止为了追求结果有不择手段的行为发生。组织形象受到损害，最终会影响组织的业绩，因此，考评指标不仅要重视业绩指标，同时也要重视行为和态度指标。只有强调工作过程的正规化、程序化和合法化，才能保证组织长远发展的利益。

4. 利益挂钩原则

绩效考核必须与员工的利益挂钩才能起到激励作用,例如将考评结果同员工薪酬、晋升、培训等有机联系起来,才能真正起到调动员工积极性、发挥员工创造力的作用。特别是薪酬与考评结果挂钩,将直接影响到员工的切身利益,有利于强化绩效考核的导向作用。

## (二) 员工考评的流程

员工考评流程一般分为观察记录、考评实施和考评反馈三个步骤。

1. 观察记录

观察记录是收集考评数据的必要步骤,包括考勤数据、承担任务数据、工作态度数据等。这些数据可以来自日常的考勤记录单、任务表、每月评议纪要等,也可以来自客户情况反映、员工间的意见等,保存好这些第一手的数据,能为以后的考评提供客观依据,有利于提高考评的准确性。

2. 考评实施

考评可以分为中途考评和结果考评。中途考评可以视情况以月、双月、季和半年为周期,结果考评通常以一年为周期。考评者依照事先签订的协议书中所约定的工作目标、考评指标,来对被考评者进行中途考评或结果考评。中途考评并不是可有可无的环节,从某种意义上来说要比结果考评更为重要。中途考评主要是周期性地了解员工的工作状况,当发现问题时能够及时给予帮助,以最终完成组织为个人设定的目标。中途考评能够促使员工提高绩效,而结果考评则仅仅是一种评价。

3. 考评反馈

在考评结束后,考评者应及时将考评结果告诉被考评者,与被考评者一起分析产生绩效的原因,帮助绩效不佳的员工制订绩效改进计划。组织绩效建立在员工绩效的基础上,员工绩效提高也带动组织绩效的提高,因此,绩效反馈是不可缺少的流程。另外,员工如果对绩效考核工作有疑义,也可以在绩效反馈时提出申诉,保证绩效考核的准确性。

## (三) 员工考评的内容

员工考评所涉及的岗位众多,每个岗位都有其特别之处,考评指标也就显得繁杂。如果用一种指标体系去考评所有岗位,那是不科学的。概括起来说,对员工考评的内容可以分为工作业绩、工作能力和工作态度三方面。

1. 工作业绩

工作业绩是员工工作结果的体现。员工考评应该紧紧围绕员工所处的工作岗位来进行，将岗位职责说明书中的内容作为评定员工业绩的基本依据，这样才能使员工在考评工作中有所适从，真正促进员工的工作积极性和绩效的提高。工作业绩包括可以量化的工作成绩、工作质量、利润率、销售数量等。

2. 工作能力

工作能力是员工完成某些工作所具备的基本素质，工作能力同时也决定着员工工作的效率和质量。工作能力可分为基础能力和专业能力。基础能力是指适用于岗位职责的专业知识和技能两个方面，如投资部员工要掌握有关的投资理论、财务部员工要掌握财会知识等；专业能力是指在特定环境中员工面对不同任务时所表现出的综合能力，如组织协调能力、对突发事件的反应能力、对投资环境的判断力、与同事和客户沟通的能力、起草制订各种文书文件的能力等。

3. 工作态度

具有较强能力的员工并不一定能产生高绩效，其中员工的工作态度决定着工作表现是否出色。因此，对员工工作态度的考评是不能忽视的内容。工作态度包括工作自觉性、工作协调性、工作主动性、工作责任心、合作精神等。

## 第四节　考评工具的选用

目前绩效考核工具或称考评方法有几十种。从绩效考核的方法上，可以分为主观考评和客观考评；从绩效考核的内容上，可以分为行为表现考评和行为结果考评。由于每种考评方法的特点不同，这就存在着一个合理选择的问题。一般选择考评方法的依据有三点。

(1) 实用性。考评方法如果不能让考评者考评到相应的指标，或者需要花费考评者过多的精力以至影响到考评的效率和成本，不符合组织的实际情况，这样的考评方法就不具实用性。

(2) 适用性。部门的人数、岗位的层次、人际环境都会影响到对考评方法的选用。如比较法适用于员工人数较少的部门，而强制排列法适用于因人际关系而会影响考评结果的群体。

(3) 考评成本。不同的考评方法其所付出的成本存在很大差异。如锚定法，前期的行为样本获取与后期的行为描述都要投入很大的人力与物力，而强制排列法几乎就没什么投入。是不是就该选择成本低的考评方法？并不是这样，先要考虑的是所选用的考评方法是否能实现考评的目的。如果绩效管理系统设计合理，具有针对性和适用性，大部分的考评方法都能胜任考评的任务，但胜任的程度会有区别。一般而言，越是复杂的考评方法其成本就越大，考评也就越精确、公平性越好，所获得的员工认同感自然也越高。

绩效考核的方法分为对行为考评和对结果考评两大类型。对行为考评又分为主观考评和客观考评。在行为考评中，又包括工作态度考评和工作能力考评。

对工作态度考评主要包括忠诚度、可靠性、主动性、责任心、自信心、协助精神、服务意识等；对工作能力的考评有管理能力、人际沟通能力、处理问题能力、创造能力、协作能力等。由于态度与能力属于员工的内在素质，所以考评标准有时难以量化，这给考评的公正性带来困难。对员工工作结果的考评包括销售额、产品生产数量、产品合格率、市场占有率等可以计量的指标，操作性较强，员工也容易接受。但不是所有的工作都是可以计量的，像许多管理岗位的工作可能每天都有差异，考评只能注重在行为上。单纯地注重员工结果而忽视员工行为过程的考评容易助长短期行为，不利于组织的长期发展。现在许多组织都倾向于行为与结果的双重考评。

考评方法除了第九章的直接排列法、选择排列法、成对比较法、强制分布法等以员工比较为基础的非系统的绩效考核技术和关键事件法等以特殊事件为基础的非系统的绩效考核技术，以及第十章的目标管理法等典型的系统绩效考核技术外，还有以下行为过程等评价方法。

## 一、行为锚定等级评价法

行为锚定等级评价法需要由主管事先为每一个工作维度收集可以描述有效、平均和无效的工作行为，每一组行为可以用来评定一种工作或绩效的维度，如管理能力、人际交往能力等。选择确实可以区分员工绩效的关键工作行为，并为每种行为赋值，就可以将有用的行为项目按照维度和赋值量的顺序整理排列，形成实用的评定量表，称为行为定点量表。

许多组织喜欢用锚定法来进行考评，是因为锚定法的考评标准非常明确，考评的精确度更高；考评量表给员工提供了好的和坏的行为样本，可以帮助员工改进工作表现；这种考评方法有很好的信度，不同的考评者、不同时间段的考评，如果员工的行为表现相同则不会出现很大的考评误差，有较高的评分一致性。

行为锚定等级评价法的设计需要收集大量的行为样本。锚定的意义在于：某考评维度上的种种表现都可以在锚定量表上找到相应的等级分数位置。如果找不到，则说明锚定量表上的描述有遗漏。所以，一份看似简单的锚定量表，其实在收集行为样本方面要付出大量的时间。这就使锚定法的开发需要昂贵的成本。

对于人数较少的组织来说,开发的成本可能会大于绩效考核所带来的效益。



## 二、行为观察法

行为观察法是在关键事件法的基础上发展起来的,与行为锚定等级评价法有相似之处,只是在考评工作行为时,前者是确定处于何种描述,并给予相应的分值;而后者是确定在某种描述上出现的频率,并给予相应的分数。如对“合作意识”的描述是“当其他员工在工作上遇到困难时能够给予及时帮助”,对这一描述的评分是:从不(1 分)、偶尔(2 分)、有时(3 分)、经常(4 分)、总是(5 分)。行为观察法如表 6 - 6 所示。

**表 6 - 6 行为观察法**

| 考评维度:管理技能 | | |
|---|---|---|
| 行为描述 | 评分 | 备注 |
| 能为员工提供培训与辅导 | | |
| 能检查员工的表现 | | |
| 能认可员工的重要表现 | | |
| 能告知员工重要信息 | | |
| 能征求员工意见,改进工作 | | |
| 评分:从不(1 分)、偶尔(2 分)、有时(3 分)、经常(4 分)、总是(5 分) | | |

这种频度计量的方法为我们考评行为表现提供了很好的途径,原来难以考评的工作行为,通过频度计量就可以得到一个考评总分。这样的总分可以作为不同员工之间进行比较的依据。行为观察法在考评时,还能为考评各个方面的重要程度赋予不同的权重,经加权后相加得到总分,更能反映组织对不同行为的重视程度,有利于与员工进行沟通反馈。

行为观察法克服了关键事件法不能量化、不能比较、不能区分工作行为重要性的缺点,且方便实用。但编制一份行为观察量表同样费时费力,而且,完全从行为发生的频率来考评会使考评者和员工双方都忽略工作的意义和本质内容。

## 三、加权选择量表法

加权选择量表法是行为观察法的另一种表现形式。它用一系列的描述性语句来说明员工具体的行为表现,作为对员工考评的依据。如表 6-7 所示。

**表 6-7 加权选择量表法样表**

| 考 评 项 目 | 等级分值 | 考评结果 |
|---|---|---|
| 他(她)喜欢与顾客建立私人关系 | 4.4 | □ |
| 他(她)不知道如何计算生产成本 | 0.5 | □ |
| 他(她)在经营中目光短浅 | 3.5 | □ |
| 他(她)的产品总是高质量的 | 8.5 | □ |
| 他(她)对员工的期望值过高 | 3.3 | □ |
| 他(她)的每周和每月的工作报告有时是不准确的 | 4.3 | □ |
| 他(她)对产品订货问题经常考虑不够 | 1.5 | □ |
| 员工喜欢与他(她)一起工作 | 7.5 | □ |
| 他(她)不能对其他人行使充分的职责 | 2.8 | □ |
| 他(她)对大部分产品都有准确的成本核算 | 7.5 | □ |
| 他(她)但愿仅仅是一个面包师 | 0.8 | □ |
| 他(她)店堂的清洁程度属于中等 | 4.4 | □ |
| 当店中设备出现一些小故障时,他(她)不积极主动地修理 | 1.8 | □ |
| 为保证产品的质量,他(她)定期要对所有的产品进行抽样检验 | 8.5 | □ |

加权选择量表法在描述上,要比行为观察法更加细致,而且直接在考评表上标出权重分。权重分就是实际得分。考评者只要对照量表语句进行打分,不符合语句描述的给予"×",符合的则给予"√"。

加权选择量表法具有评分容易、计算简单、便于反馈的优点。由于其对行为的描述十分具体,一般仅能用于某些岗位,使用范围较小。如部门多且岗位不同,需要分别开发考评量表,并且要赋予不同的权重分值。

表 6-8 所示为混合标准量表法,其考评共有三个维度:

(1) 工作自信心,按好、中、差的序号排列分别是 8、4 和 1;

(2) 工作汇报,按好、中、差的序号排列分别是 3、9 和 5;

(3) 工作效率,按好、中、差的序号排列分别是 7、6 和 2。

表 6-8　混合标准量表法样表

| 序号 | 典型绩效表现 | 评价符号 |
|---|---|---|
| 1 | 有正常自信，通常对工作有把握，只偶尔踌躇一下 | |
| 2 | 工作效率欠佳，完成任务时间长，有时不能按期完成 | |
| 3 | 口头及书面汇报都有条理，考虑周到，很少需另作补充 | |
| 4 | 工作中有些畏缩，往往不果断，偶尔甚至对事情采取回避态度 | |
| 5 | 有时汇报得无条理、不完整，因而价值不大，或需返工作补充修改 | |
| 6 | 效度基本符合要求，一般能在适当时间内完成所给任务 | |
| 7 | 敏捷、利索，总能完成计划进度，并能很快适应新给任务 | |
| 8 | 言行举止都表现得颇有自信，对各种情况能迅速做出果断反应 | |
| 9 | 汇报的内容多是有意义而有用的，结构也较有条理，但往往需作补充报告 | |

混合标准量表法在设计时要先确定若干个考评维度，把每一个考评维度的好、中、差表现用三个句子来描述，然后把不同维度的三个句子混合打乱，排列在一张量表上。这样做的好处是让考评者不易察觉各描述句是针对哪一个维度或表示哪一个等级，使考评者的主观成分难以渗入。实施考评时，考评者将员工的表现与所描述的句子进行逐一对照。要是员工的表现优于描述内容的，则打"＋"；与描述内容相符合的，则打"0"；差于描述内容的，则打"－"。最后根据不同符号的多少，依照评分规则给予相应的分数。对每个维度进行三次评分，也是为了保证评分的准确性，避免主观因素。如在某个维度上，对最好的描述句打"0"，表示符合，那在"中"和"差"的描述句上都应该打"＋"，即表示"优于描述内容"。如果不是这样，则评分就出现了矛盾或不准确。由此可见，这样的评分对考评者能起到制约作用。如职员张三，在此次绩效考核中的结果如表 6-9 所示；混合标准尺度如表 6-10 所示。

表 6-9　职员张三在此次绩效考核中的结果

| 序号 | 典型绩效表现 | 评价符号 |
|---|---|---|
| 1 | 有正常自信，通常对工作有把握，只偶尔踌躇一下 | 0 |
| 2 | 工作效率欠佳，完成任务时间长，有时不能按期完成 | ＋ |
| 3 | 口头及书面汇报都有条理，考虑周到，很少需另作补充 | ＋ |
| 4 | 工作中有些畏缩，往往不果断，偶尔甚至对事情采取回避态度 | ＋ |

续 表

| 序号 | 典 型 绩 效 表 现 | 评价符号 |
|---|---|---|
| 5 | 有时汇报得无条理、不完整,因而价值不大,或需返工作补充修改 | + |
| 6 | 效度基本符合要求,一般能在适当时间内完成所给任务 | + |
| 7 | 敏捷、利索,总能完成计划进度,并能很快适应新给任务 | 0 |
| 8 | 言行举止都表现得颇有自信,对各种情况能迅速做出果断反应 | − |
| 9 | 汇报的内容多是有意义而有用的,结构也较有条理,但往往需作补充报告 | + |

**表 6-10 混合标准尺度**

| 维　度 | 好 | 中 | 差 | 得　分 |
|---|---|---|---|---|
| 工作效率 | 0 | + | + | 6 |
| 工作自信心 | − | 0 | + | 4 |
| 工作汇报 | + | + | + | 7 |

由此可得到张三的评分结果：1/0、2/+、3/+、4/+、5/+、6/+、7/0、8/−、9/+,张三的最后考评结果为 17 分。七种组合如表 6-11 所示。

**表 6-11 七 种 组 合**

| 标准 | 七　种　组　合 | | | | | | |
|---|---|---|---|---|---|---|---|
| 好 | − | − | − | − | − | 0 | + |
| 中 | − | − | − | 0 | + | + | + |
| 差 | − | 0 | + | + | + | + | + |
| 得分 | 1 | 2 | 3 | 4 | 5 | 6 | 7 |

## 本章小结

本章主要对绩效考核所涉及的指标、考评者、考评对象以及考评工具做了具体的介绍。

考评指标由指标标准和指标权重构成。指标标准又包括指标定义和评定标准。考评指标是绩效考核的核心。

考评者可以分为五类：上级、同事、下级、客户和本人。每种类型的考评者在考评实施中都有其长处和短处。对考评者的考前培训是保证考评准确的必要步骤。

考评对象有三类：组织、部门和员工。每类考评对象因其层级差异而考评重点有所不同。员工考评因其人多面广，是绩效管理最为关注的对象。

目前考评工具有几十种，每种考评工具都有其特点及应用场合。选择考评工具的依据主要有三点：工具的实用性、工具的适用性和工具的应用成本。

## 案例分析

一个成功的企业背后，都有一个能人或一帮能人。创业伊始，这些能人凭个人的胆识和敏锐的市场洞察力，为企业赢得了市场份额。但随着改革的深入，经济体制日趋完善，经营环境发生了重大变化，新知识、新技术大量应用，竞争日趋激烈，经营风险也进一步加大。现实迫使企业向高层次转换，高层次的企业需要高层次的人才相匹配。企业若想要继续驰骋“商场”，靠单打独斗显然不行了。企业家首先要战胜自我、超越自我，从知识结构到经营理念进行全面更新。战胜自我的很重要的一个方面就是摒弃以自我为中心，察纳雅言，博采众长。

曾经有一知名企业的老总说过一句话：“20 年前，我是最强的，带着大家往前冲。20 年后，我站在后面运筹帷幄，看着大家往前冲。”

作为老总，员工在你面前唯唯诺诺，并不一定就是好事。当有人向你说“不”时，你应该庆贺才对。如果你总是按过去成功的道路走下去，接下来等着你的定是一条死路。

## 思考题

1. 绩效考核指标是如何确定的？
2. 什么是指标的权重？
3. 考评者有哪些类型？有哪些特点？
4. 如何克服考评者的误差？
5. 考评对象有哪几类？对其考评的重点有哪些？
6. 员工考评应遵循哪些原则？
7. 考评方法的选用依据有哪些？
8. 行为锚定法有哪些优点？

# 第七章 绩效反馈面谈

引导案例

## 一次失败的反馈面谈①

（还差5分钟下班，小徐正收拾、整理一天的文件，准备下班后去幼儿园接孩子，此时部门经理走了进来）

经理：小徐，你现在不忙吧？

小徐：什么事，经理？

经理：考核结果你也知道了，我想就这件事与你谈一谈。

小徐：现在吗？

经理：就现在。我今天晚上还有个应酬，得抓紧点儿了。哎，那些厂家的销售代表非要和我一起吃个饭，真是没办法。

小徐：（看了一下表，已经到下班时间了）经理，我下班后还有点事……

经理：小徐，你这就不对了，我也有事，还是公事。别啰唆了，赶紧到我办公室里来。快点！

小徐：（无奈地）那我就来！

（经理的办公室，办公桌上文件堆积如山，小徐心神不宁地在经理对面坐下）

经理：小徐，我们开始吧！绩效考核结果你也看到了……

（电话铃响，经理拿起了电话："喂，谁啊？吴总呀，餐馆你们已订好了？好好，客随主便，几点开始？好，一定。"）

经理：（通话用了五分钟，放下电话后笑容满面的脸重新变得严肃起来）刚才我们谈到哪里了？

小徐：绩效考核结果。

经理：喔，你上一年的工作嘛，总的来说还过得去，有些成绩还是可以肯定的，

---

① 摘自李德伟、张培德主编：《人力资源绩效考核与薪酬激励》，科学技术文献出版社2006年版（有修改）。

但成绩只能说明过去,我就不多说了。我们今天主要来谈谈不足。小徐,这可要引起你的充分重视呀,尽管你也完成了年度指标,但你在与同事共处、沟通和保持客源方面还较欠缺,以后得改进呀。

小徐:可是,您说的"与同事共处、沟通和保持客源方面还较欠缺"具体指什么?

(电话铃再次响起,经理接起电话:"啊,吴总呀,是7:00吗?什么?改成6:00了,不不,我没事,好好,就这样。")

经理:小徐,员工应该为领导分忧,可你非但不如此,还给我添了不少麻烦!这你应该很清楚!

小徐:我……

经理:年轻人嘛,应该多学习,多领悟!回去好好反思一下,看你以后的表现吧!

小徐:我全年的工作都按指标完成了,没有功劳也有苦劳吧!可考核结果……

经理:考核结果怎么了?别看我们公司人多,谁平时工作怎么样、为人处世如何,我心里可是明镜似的。

小徐:(委屈地)我觉得您可能对我有些误会,是不是因为在上次销售报告会议上我的提议与王主管发生冲突,弄得很不愉快,所以你才……

经理:你不要瞎琢磨。你看看人家小刘是怎么处理同事的沟通协调问题的。

小徐:(心想:怪不得他的各项考核结果都比我强)经理,小刘是个喜欢交际的人,自然人缘好。其实我并不是沟通协调能力差,但我是个业务型的人,比较踏实肯干,喜欢独立承担责任……

经理:好了,吴总又该催我了,今天就这样吧。还是那句话,年轻人,多学习,多领悟!

小徐:(依然一头雾水)……

经理自顾去陪人吃饭了,留下小徐一个人愣在那里。

**案例讨论题:**

1. 经理的做法合理吗?
2. 若你是经理,你将如何做?
3. 若你是小徐,你希望领导如何做?
4. 何谓绩效反馈?绩效反馈成功的关键应该包括哪些方面?

一般的管理者都认可绩效考核最主要的目的是提供组织与员工正式检查工作绩效的机会,以便检讨过去、规划现在与展望未来。但在组织的实务运作中会发现,大部分的管理者对于绩效考核结果的运用,往往只是花几分钟将考核的分数告诉部下就草草了事,致使组织的绩效考核变成了员工发放工资、分配资金的依据。

为了使组织的绩效考核能达到最高的效益,完善的绩效反馈是不可或缺的重要环节。

# 第一节　绩效反馈面谈的概述

## 一、绩效反馈面谈的目的和意义

绩效反馈面谈,也称绩效反馈、绩效面谈,是指主管与下属共同针对绩效考核结果所做的绩效回顾、讨论与确认并共同商定下一步的工作安排的绩效管理过程,它属于主管的基本管理职责。

从人事心理学的角度来分析,考评信息反馈的方式会极大地影响员工对于绩效反馈的反应。在考评工作中,员工常常会出现一些思想顾虑或抵触情绪。例如,有的员工可能担心考评结果会影响他们的晋级,或者认为管理部门会因此提高工作标准、减少奖金等。这样,员工就会在行动上有意无意地消极抵触,影响考评工作的顺利进行。

因此,除了向员工解释清楚考评的目的和作用、消除不必要的顾虑、增强他们的责任感以外,还应重视绩效考核结果的反馈,使绩效考核取得积极的效果。

有人曾调查过很多训练有素、富有朝气的员工:"为什么要辞去自己原来干得很好的那份工作?"这些人几乎都是众口一词:"从来就没有人告诉我干得怎么样,我也从未从主管那里听过一句赞扬我的话。谁欣赏我的工作?根本就没有人注意我!"

的确,如果你努力地工作,却没有人肯定过你,也没有人向你说过一句鼓励的话,那再干起活来,还会有劲头吗?

把考核的结果反馈给员工,不仅仅在于要把他们留住,而且还有更深层次的意义。被人们称为"管理之父"的法国工业家亨利·法约尔曾经做过这样一个实验:他挑选了20名技术水平相近的工人,每10人一组,把他们分成了两组。然后,在相同的条件下,让他们同时进行生产。每隔一个小时,他就会去检查一下工人们的生产情况。对第一组工人,法约尔只是记录下来他们各自生产的产品数量,但是并不告诉工人他的工作进展速度。对第二组工人,法约尔不但对生产的产品数量进行了登记，而且还告诉每个人他们各自的工作进度。每一次考核完，法约尔都根据考核的结果，在生产速度最快的两个工人的机器上，各插一面小红旗；速度居中的四个人，每人插了一面小绿旗；而最后的那四个人，则插了一面黄旗。这样一来，每个工人对自己的生产速度到底如何，就一目了然了。实验结果表明，第二组工人的生产效率远远高于第一组工人。

可见，把考核的结果反馈给员工是非常重要的，它不仅能为员工的努力指明方向，而且还可以激发员工的上进心和工作积极性，从而提高组织的整体绩效。

总体而言，绩效反馈面谈的目的和意义可以集中体现在以下几点：

(1) 可对被考评者的表现达成一致的看法。对同样的行为表现，往往不同的人会有不同的看法。管理人员对员工的考评，代表的是管理人员的看法，而员工可能会对自己的绩效有另外的看法，因此，必须进行沟通以达成一致的看法，这样才能制订下一步的绩效改进计划。

(2) 可使员工认识到自己所取得的成绩。每个人都有被他人认可的需要，当一个人做出成就时，他需要得到其他人的承认或肯定。因此，绩效反馈面谈的一个很重要的目的就是使员工认识到自己的成就或优点，从而对员工起到积极的激励作用。

(3) 可指出员工有待改进的方面。员工的绩效中可能存在一些不足之处，或者员工目前的绩效表现比较优秀，但如果今后想要做得更好仍然有一些需要改进的方面，这些都是在绩效反馈面谈的过程中应该指出的。通常来说，员工想要听到的不只是肯定和表扬的话，他们也需要有人中肯地指出其有待改进的方面。

(4) 可建立上下沟通的通道。面谈向来是人力资源管理实践活动的重要工具和手段。

它是组织上下沟通的一个重要通道，特别在考核或评定等紧张场面结束之后进行面谈，可发挥趁热打铁的组合效果。不过主管如果没有搞清楚面谈的本质或没有掌握正确的技巧就贸然行事，则反而有增加紧张关系的危险，造成反馈面谈的失败，因此应十分小心着手才是；但无论如何，这种借考评面谈的机会进行上下沟通，对巩固考评成果以及塑造员工正确行为导向等都具有积极的作用。

(5) 可促进面谈指导技术的学习。身为主管如能学会绩效面谈的技巧，对于部属平常的管理则极为有用。绩效考核面谈，是以当事人的业绩、能力、态度等为内容而进行的，将面对面地讨论员工长处、短处等敏感问题，因而更需要高度的面谈技巧。在学会了如何启发员工弥补短处、发挥长处、促进其自我启发或施以激励等有关的技巧之后，每遇考核时期，都可当作温故知新的机会，这对一个主管而言无疑是一种重要的定期技能培训。

(6) 可达到公正公开的人力资源管理。组织如果要实行公开型的绩效考核或更广泛的公开型人力资源管理,那么第一个条件便是主管与部属之间一定要有面对面交谈的机会。所谓绩效考核的公开,就是不仅限于考评内容,而且连评定结果也要通知本人,这也是民主化的人力资源管理所不可缺少的条件。如果考核过程是隐秘进行的,对其考核结果也缺乏面谈沟通,要想获得员工信赖,几乎是不可能的事情,因此目前将考核与面谈两者一并设计的组织,正在不断增加之中。

(7) 可有效制订绩效改进计划。在双方对绩效评定的结果达成一致意见之后,员工和主管可以在绩效反馈面谈的过程中共同制订绩效改进计划。通过绩效反馈面谈,双方可以充分地沟通关于如何改进绩效的方法和具体的计划。员工可以提出自己的绩效改进计划并且向主管提出自己需要其提供怎样的支持,以及如何让主管得到自己的绩效改进信息。主管则对员工如何改进绩效提供自己的建议。

(8) 可将绩效管理活动连贯起来。绩效管理是一个往复不断的循环。一个绩效管理周期的结束,同时也是下一个绩效管理周期的开始。因此上一个绩效管理周期的绩效反馈面谈可以与下一个绩效管理周期的绩效计划面谈合并在一起进行。由于刚刚讨论完员工在本绩效管理周期中的绩效结果以及绩效的改进计划,因此在制订绩效目标的时候就可以参照上一个绩效周期中的结果和存在的待改进的问题来进行,这样既能有的放矢地使员工的绩效得到改进,又可以使绩效管理活动连贯有序地进行。

## 二、绩效反馈面谈的原则

绩效反馈面谈能否顺利进行,能否取得成功,决定着绩效考核的效果及其激励、奖惩与培训等行为开发功能的发挥。作为绩效反馈面谈的实施者,各级主管在绩效反馈面谈中应掌握以下原则:

(1) 抓住时机,并及时反馈。绩效考核反馈面谈应快速及时,切勿等到问题已趋恶化,或者事情已经过去很久之后再进行,问题尚不严重时的善意提醒会让人更加乐意接受。如果事情发生已久,或者事情长期被容忍,往往会使人产生习惯性的心理认可;而当在绩效反馈时再对此提出批评则会使员工产生“为什么不早说”的反感与抵制心理。

(2) 清楚说明面谈目的。面谈双方如果想要使面谈取得良好的效果,就必须有一致的面谈目的。如果面谈双方对面谈的目的还没有一致的意见,各自怀着各自的目的,那么可以想象,面谈就不会朝着一致的方向进行。因此,主管在面谈开始时一定要清楚地说明面谈的目的,在面谈的过程中,如果一方表达的方向偏离了面谈的目的时,另一方就可以重申这一面谈的目的,将对方拉回到正确的轨道上来。

(3) 面谈交流需直接具体。面谈交流要直接具体,不能泛泛而谈,也不能太过抽象或者仅作一般性评价。对于主管来说,无论是赞扬还是批评,都应有具体、客观的结果或事实来支持,使员工明白哪些地方做得好,差距与缺点在哪里,既有说服力又让员工明白主管对自己的关注。如果员工对绩效考核有不满或质疑的地方,向主管进行申辩或解释,也需要有具体、客观的事实作基础。只有信息传递双方交流的是具体而准确的事实,每一方所做出的选择对另一方才算是公平的,考评与反馈才是有效的。

(4) 应该鼓励下属多说话。这是每一个主管人员都应该牢记的一条原则,面谈是一种双向的沟通,为了获得对方的真实想法,主管应当鼓励员工多说话,充分表达自己的观点。在平时工作的时候,可能主管人员对下属发出指令的时候比较多,而下属人员主要是被动地接受。因此,借助绩效反馈面谈的机会一定要让下属人员把自己真实的想法说出来。有些下属可能会迫不及待地表达自己的意见,主管人员在这种时候不要过多地打断和压制他们;有些下属人员可能比较害羞或不敢说话,只有主管人员问话时才做出回答,这时主管人员就要通过互相信任的气氛打破僵局,鼓励下属人员主动发表意见。

(5) 建立相互信任的关系。绩效反馈面谈的主要任务就是将考核结果告诉员工,其间既有肯定和表扬,也有建议和批评。由于这种结果更多地与奖惩措施相联系,所以面谈对员工来讲非常敏感,再加上下级员工心理上的弱势,容易使员工在面谈中产生戒备、抵触甚至反抗情绪,于是,营造一个平和的氛围、建立并维持彼此的信任就成为举足轻重的一步。主管人员应多倾听员工的想法与观点,尊重对方,向员工沟通清楚原则和事实,多站在员工的角度,设身处地为员工着想,勇于当面向员工承认自己的错误与过失,努力赢得员工的理解与信任。主管人员还要真诚地帮助员工认识到绩效考核不是在挑毛病,而是帮助其找出过去工作中存在的问题,以便今后更好地工作。

(6) 绩效反馈应着眼未来。绩效反馈面谈中很大一部分内容是对过去的工作绩效进行回顾和考评,但这并不等于说将绩效反馈面谈内容集中于过去。谈论过去的目的并不是停留在过去,而是从过去的事实中总结出一些对未来发展有用的东西。因此,任何对过去绩效的讨论都应着眼于未来,核心目的是为了制订未来发展的计划。

(7) 绩效反馈应对事不对人。绩效反馈面谈中涉及的是工作绩效,是工作的一些事实表现,如员工是怎么做的、采取了哪些行动与措施、效果如何,而不应讨论员工个人的性格特征。性格特点本身没有优劣好坏之分,不应作为考评绩效的依据,对于关键性的影响绩效的性格特征,如果需要指出来,也必须是出于真诚的关注员工与发展的考虑,而不应将它作为指责的焦点。现代绩效考核的出发点是“事”,着眼点是“事”,落脚点也是“事”,这与传统绩效考核重点关注人格特征有着显著的不同。

(8) 绩效反馈应从正反两方面分析。员工的优点和缺点都应在绩效反馈面谈中找出来,不能只重视其中的一个方面而忽视另一个方面。而且不能由于一个员工绩效很好、优点很多就掩盖他的缺点,也不能由于一个员工有比较明显的缺点就抹杀他的优点。

(9) 绩效反馈应平等商讨。主管人员不能居高临下,俨然一个高高在上的法官,铁面无私地审判着一个仿佛与自己丝毫没有关系的、犯了错误的人。主管人员应将自己的角色定位于帮助者、教练员,朋友似地展开面谈,使员工排除心理障碍,在平等的地位中感受较大的自由和责任,畅所欲言。

(10) 绩效反馈应避免对立和冲突。由于在面谈的过程中双方可能会有不同的见解,因此出现争论的场面也是正常的。作为主管人员应该尽量避免激烈的对立和冲突的出现。在有些情况下,当出现不同意见时,主管人员往往习惯于用领导的权威对下属进行压制,这样做的结果是以 WIN－LOSS 而结束,更加剧了主管人员与员工之间的对立和不信任。正确的做法是,主管人员应就有不同见解的问题向员工沟通清楚原则和事实,争取员工的理解,同时多站在员工的角度,设身处地为员工着想,对自己错误的观点要勇于当着员工的面承认。只有这样做才能达到双赢的结果。

(11) 绩效反馈应提出对员工的支持帮助计划。绩效考核反馈的目的并非是要对一个人盖棺定论,而是为了能够更好地改进员工的工作。为此,在绩效反馈面谈时,不能简单化地把问题提出,然后一切就让员工"自己看着办""好自为之"。而应该与其共同研究造成工作失误的原因;通过责任分担、一如既往的信任表态等做法减轻员工的心理压力;以真诚的态度来商议提出改进工作的意见与建议,并在工作活动的各个方面为员工提供支持与帮助。绩效考核的基本原理就是将员工的现实绩效表现与期望的绩效目标进行比较,找出差距和缺陷。对于员工绩效的不佳,主管人员应当与下属一起开诚布公地讨论,看看是工作态度不好、工作技能不足还是岗位不合适,在正确归因的基础上,对症下药,落实绩效改善计划。

(12) 绩效反馈应把握结束面谈的时机。当绩效反馈面谈的目的已经达到时,就应该结束面谈,不要拖延时间。值得说明的是,在很多情况下,即使绩效反馈面谈的目的并没有完全达到,也应该停止面谈。例如,双方的信任关系出现裂痕;下班的时间到了;员工已经面带倦容,注意力不能集中了;出现意外的急事打断面谈;对某个问题有分歧等。在这些情况下,一般要另外再约定一个时间继续进行面谈。

(13) 绩效反馈应以积极态度愉快结束。要设法使下属人员怀着积极的情绪结束面谈,最好是使下属人员受到鼓舞,振奋精神,增强工作中的干劲,而不要让下属人员将消极、不满的情绪带到面谈后的工作中去。在绩效考核中得到比较好的分数、得到正面评价比较多的员工容易有积极的情绪，而对于那些绩效考核分数不高、得到较多负面反馈的员工则比较容易产生消极的情绪。

## 三、绩效反馈面谈的流程

绩效反馈面谈的流程有以下 9 步。

### 1. 说明面谈目的

这个阶段，主管要详述此次绩效面谈的主要目的，避免下属不必要的猜测，清楚地让下属了解此次面谈的目的。总结起来，绩效反馈面谈有以下几个目的：

(1) 使员工了解自己在本绩效周期内的业绩是否达到所定目标，行为态度是否合格，双方达成对考评结果一致的看法；

(2) 探讨绩效未合格的原因所在并制订绩效改进计划；

(3) 主管向员工传递组织的期望；

(4) 双方对下一个绩效周期的目标进行协商，形成个人绩效合约。

至于表达方式则以积极为原则。例如：

"今天面谈的目的是希望我们一起讨论一下你的工作成效，并希望彼此能有一致的看法，一则肯定你的优点，二则也找出哪些地方有待努力。希望通过这次面谈，能让我们共同合作以完成既定的工作目标，使你在公司有更好的发展。"

"首先是不是请你先谈谈过去这段时间你在工作上的心得，或工作上有没有遇到什么困难？"

### 2. 告知考评结果

主管依据考评结果告知下属本期绩效表现状况，让下属知道在绩效考核后综合所得的印象。面谈时可以采用三明治说明法，即先对下属的优点、进步的情形，提出简单扼要的称赞；再告知下属的缺点及需要调整的工作项目；最后对其在工作上所做出的努力予以肯定与鼓励。例如：

"经过考评，你的工作整体而言表现得很好。在生产量方面，根据统计资料，这个月的生产量比前一个月多了 5 000 件。但是在不良品方面则从 4%增加到 9%，在你努力达成生产工作目标的同时是不是有什么没有注意到的地方？根据你的观察是不是有什么问题？相信如果你能将不良品率再降低一些，对你的业绩将会更有帮助。你个人认为呢？"

此外，主管在告知下属的绩效结果时，应集中在工作绩效上而不是员工性格上，多谈未来少谈过去，优点与缺点并重，鼓励下属多发言。

3. 听取下属述职

面谈一定要双向沟通，应鼓励下属多发言，让下属有机会针对考评结果陈述自己的理由与意见，以进一步发现问题。在下属自述原因的过程中，主管要注意倾听不要打岔，真正用心去听下属的想法，但不是只保持沉默而不说话。因为如果主管能保持倾听就等于告诉下属："你的意见非常重要。"在这种情境下，下属自然会将真实的想法表达出来。

4. 分析症结所在

分析症结所在是非常重要的一步。假如主管人员不能正确地找出不当行为的起因，就难以和员工找到正确的方向进行讨论，绩效也就不会有所改善。

在这一阶段，应该确保如下问题获得解决：

(1) 员工知道自己应该做什么事。主管人员应该告诉员工希望他们做什么，即给他们清晰的工作说明书。然而在现实中，很多工作说明书所说明的并不是工作内容，而是工作责任，但责任常常不切实际。人必须先做事，才能尽到责任。工作说明书必须是一张清单，其中列出组织希望员工所做的事。不必担心清单太长，关键是其中的说明，必须包含完成工作的必要行为。

(2) 员工知道怎样做。员工知道做什么事而不知道怎样去做，绩效仍将得不到改善。不论是通过培训还是教导或者其他方法，主管必须确保在面谈结束的时候，员工已经知道该怎样去做才能获得好的绩效。

(3) 员工知道改变的意义所在。如果员工不知道自己的所作所为会为企业带来什么、为其他人带来什么，不明白自己的价值何在，那么他们就难以有动力去改变自己的行为或态度。

(4) 清楚阻碍员工绩效改善的障碍。主管必须尽可能早些认识到是否存在阻碍，避免要求员工去做无法实现的事，也避免责备没有犯错误的员工。一旦找到了这些阻碍，主管有责任运用自己的知识、经验和影响力，消除这些障碍。

5. 协商解决方法

主管和员工最好共同协商决定一个解决方法。完全由主管个人决定的方法，员工可能很难接受。如果主管要求员工放弃他们长久以来做事的方法，员工最常见的反应是："我觉得你的方法行不通。"但他们并不会将这种想法直接告诉主管，而只是在平时工作的过程中告诉其他员工。即使主管所提的方法确实不错，但只有让员工相信，才能使方法被应用并且生效。这就要求主管同员工在一起仔细商量，不仅要有理有据而且要推断出方法的可行性，让员工心悦诚服，乐于实施。否则员工可能还会暗中破坏以证明主管方法的无效。

而且，有时员工可能会有比主管更好的方法，至少他们自己这样认为。如果主管并不这样觉得的话，就必须拿出强有力的证据来说服员工放弃自己的做法。所以，当主管提出新的做法时，可以问："有人有更好的方法吗？"如果没有，这个方法就可行；如果有，主管必须尽力处理，而不是故意回避这个问题。如果员工觉得自己的做法比较好，主管必须认真地解释自己并不认为如此的原因。

6. 制订下期目标

这个阶段的重点，就是把"希望下属能够做到的部分"明确提出来商谈。在设定目标时最重要的是目标要具体可行，目标如果欠缺具体性就失去目标的意义，而主管与下属也都无法确认。目标设定的具体性乃至把"做什么""做多少""做到什么程度""怎么做"定得很明确。在"做什么"的部分可以参考"工作职位说明书"的内容与实际工作需要，与下属讨论工作的项目，然后进行调整。

7. 确认面谈内容

双方在设定目标后，需将相互认同、达成共识的部分再予以确认。对于需要修正、更改的内容也应当场予以解决。把未来一定时期的工作或目标加以确定，并付诸实施。这是主管与下属的契约行为，而互动式绩效面谈表就等于是契约内容，因此其内容更改、修正都要经双方填写确认，表示对契约的承诺。而亲自填写可以提高对工作或目标的参与感和认同感，也具有提升责任感的作用。

8. 热情结束面谈

面谈结束前，主管应对面谈内容作要点式的总结，并诚恳地对此次面谈表示满意。另外，结束面谈应以积极的方式进行，要使下属离开时满怀积极的意念，而非想着消极的一面或带着不满的情绪离开。因此，会谈之后主管可以热情地与员工握别，作为一种积极的结束方式。另一种方式是以肯定此次面谈的成效作为结束。

9. 整理记录，向上报告

经过与下属共同讨论完成下属下期或下年度工作计划与目标之后，主管需将此计划整理并向上级主管报告。而主管可借整理的机会完整地将面谈流程再消化一次，检讨此次面谈的不足之处及修正之道，亦可积累丰富的面谈经验。

## 第二节 绩效面谈的准备工作

绩效考核的主要目的在于让主管了解下属的工作绩效，而绩效面谈则需要将注意力放在未来如何改进或提升工作绩效上。为使绩效面谈获得最大的效益，并且避免尴尬的场面与无意义的谈话，主管在进行绩效面谈前，应抱着谨慎的态度加以准备。

由于绩效面谈是主管与下属面对面的沟通，因此对彼此关系的建立影响很大。所以每位主管对于绩效面谈的目的、流程及如何运用恰当的沟通技巧和应有的态度，均应非常慎重。而绩效面谈前的准备工作，更是主管能否有效达成绩效面谈的关键；若准备不足，面谈便容易流于形式，彼此敷衍、应付表面无法发现真正的问题。

## 一、绩效面谈前双方的准备

成功的绩效面谈来自事前双方的精心准备。要使互动式绩效面谈有效果，主管与下属必须做好充分准备。临时短暂地阅览资料或边谈边看，其效果均会大打折扣。所以，将要进行面谈的主管，应先要求自己与下属针对互动式绩效面谈进行准备。

### （一）面谈者应准备事项

#### 1. 拟订面谈计划

在绩效面谈之前，面谈者即主管应明确面谈的目的和主题，在面谈前的1～2周，不仅要以文字形式预先告诉被考评者面谈的内容、时间、地点以及应准备的各种绩效记录和资料，而且还必须以口头的形式将上述要求亲自通知到每个被考评者，再一次进行确认，以保证绩效面谈的准备工作真正落到实处。

#### 2. 收集各种信息

绩效面谈的质量和效果不仅取决于考评者与被考评者事先的准备工作，而且还取决于双方所提供展示的数据资料的翔实和准确程度。在绩效面谈前要收集的资料主要有：

(1) 目标管理卡，它是部门主管与员工一起制定的绩效管理目标，在绩效反馈时，它是重要的信息来源；

(2) 职位说明书，它是人力资源管理最基础和最重要的文件，在工作发生改变或者一些目标未能组织实施时，职位说明书将发挥重要的补充作用；

(3) 绩效考核表，它是对员工考评结果的文字说明；

(4) 员工绩效档案，即在日常管理活动中，跟踪员工绩效目标时所发现和记录的内容，是进行绩效评价的重要辅助资料，是说明事实的依据。

3. 拟订面谈提纲

主管应在面谈前拟订好面谈提纲,同时辅导、督促下属也收集相关的绩效信息,以此作为面谈的依据。以下的问题可为计划互动式绩效面谈提供简要参考:

(1) 如何把最近的绩效考核成果整理出来?

(2) 如何告诉下属工作是好是坏?

(3) 如何衡量绩效的目标?

(4) 如何制订下次绩效考核的工作目标?

(5) 你和下属如何才能实现理想的改进目标? 实行的步骤有哪些? 达成的期限需要多长?

(6) 你认为哪些是该员工发展应定的工作目标?

(7) 你要如何提出绩效衡量的方法并予以解释?

(8) 在你的作业纸上列出的各项重点中,你要如何安排这些要点的顺序?

(9) 你将要如何说明每一个发展目标?

(10) 你打算与下属面谈多久?

(11) 你打算如何结束面谈?

不同的下属有不同的工作能力、工作意愿与特性,因此面对下属相异的特性,主管若能有所掌握,便能随机运用不同的面谈策略。

4. 了解下属表现

了解下属绩效考核结果,以便决定修正与奖励在面谈中的比例,以及面谈的工作项目。以下是四个可以用于思考下属绩效表现情形的问题:

(1) 你对下属在其职位上的要求是什么?

(2) 你想获得何种成果?

(3) 下属在各项工作中的表现如何?

(4) 你在互动式绩效面谈时会有哪些需要讨论的问题?

### (二) 下属应准备事项

在互动式绩效面谈时下属应先有所准备,以便在面谈中参与讨论,使面谈能达到双向沟通的目的。下属该完成的准备工作应有四项。

1. 填写自我考评表

要求下属在互动式绩效面谈之前,以填写“自我考评表”的方式,让下属对自己的工作事先进行了解与检讨,主管可依不同对象的需要,将其弹性修改成更适合的表格,如表 7-1 所示。

**表 7-1　下属自我考评表**

| 部门 | | 岗位 | | 姓名 | | 期间 | 自　年　月　日<br>至　年　月　日 | 直属领导 | |
|---|---|---|---|---|---|---|---|---|---|
| 目标项目： | | | | | | | | | |
| 具体内容： | | | | | | | | | |
| 绩效的自我考评： | | | | | | | | | |
| 上级领导对绩效的看法及意见：<br>☐表现最佳<br>☐表现优良<br>☐表现满意<br>☐尚需若干改进<br>☐尚需大幅度改进 | | | | | | | | | |

**2. 员工绩效相关信息的收集**

让下属预先适当准备一些如原始记录、员工业绩报告、计划总结、管理台账等相关的绩效考核资料，使得绩效面谈时员工也有据可依。

**3. 面谈时间的工作安排**

让下属预先把不在办公室时的工作安排好，因为工作交代妥当，才能在面谈时集中注意力。

**4. 阅读工作职位说明书**

通过让下属阅读自己的“工作职位说明书”的方式，使员工更进一步了解其本身的职责，以便有助于面谈工作的进行以及让下属能更清楚工作中问题之所在。

## 二、确定恰当的时间

面谈时间的选择非常重要。在进行面谈前双方要约定一个对彼此都合适的时间，往往是先由主管提出1～2个可选时间，再征得员工同意。在这段时间里，面谈双方要能够不受其他事情的干扰，静下心来，进行充分的交流。面谈的时间不宜太长，时间太长容易让人产生疲劳感，影响面谈效果，一般以1～2个小时为宜。

主管人员在选择时间时通常要注意以下几个问题：

(1) 选择主管人员和员工双方都有空的时间。如果在绩效反馈面谈的时间又安排了其他事情，那么在绩效反馈面谈时就很难集中注意力，难免要想到其他事情。

(2) 尽量不要选择接近下班的时间。因为在接近下班的时候，员工常常归心似箭，很难集中精力与主管人员进行交流。

(3) 主管人员要选择一个自己可以全身心投入到绩效反馈面谈中去的时间。这段时间不要被其他事情打断，不要将其他工作中的事情带入绩效反馈面谈中去。

(4) 由主管人员提出的时间要征得员工的同意。有些主管人员自己定下一个绩效反馈面谈的时间，就要求员工参加，这样做不利于员工很好地参与到绩效反馈面谈中去。因此，当主管人员定下一个进行面谈的时间后，一定要询问员工这个时间是否可行，这样做一方面可以表示出对员工的尊重，另一方面也可以确认员工在这段时间是否有其他的安排。

另外，还应该计划好面谈将要花费多长时间，这样有利于安排好手头的工作，给绩效反馈面谈留下足够的时间，也可以对绩效反馈面谈的时间有个总体的把握。

## 三、准备适宜的场地

主管不应选择空旷的大房间作为面谈场所，并且面谈时，主管与员工之间不应距离太远。面谈时空间距离太大，员工与主管之间的亲密感降低，会使员工感到孤立无助，使紧张感增加。比较好的选择是在一个比较小的工作间（这里的环境是员工熟悉的）进行面谈，而且主管与员工之间应坐得比较近。

进行面对面沟通时，主管的身体应稍微前倾，如果主管仍然像平日里那样正襟危坐，就容易使员工依然感觉"是向领导汇报"；主管宜选择小型会议室作为面谈场所，尽量拉近距离，以加强员工与主管在心理上的亲密感。

最理想的面谈地点是在中立性的场所，如会议室。场所要让双方都感到舒适。会谈时要关上房间的门，保证会谈的保密性，让员工没有心理负担，畅所欲言。场所布置也是有讲究的，布置好了，可以让面谈的气氛更加融洽；反之，则会影响面谈的效果。

通常，主管人员的办公室是最常用的绩效反馈面谈场地。办公室给人以一种严肃、正式的感觉，这固然很好。然而，选用办公室作为绩效反馈面谈的场地也有一些局限性。首先，办公室里经常会遇到各种各样的打扰，例如电话、来访的客人等；其次，办公室的情境会给人以明显的上下级的感觉，容易给员工造成层级的压力。

在面谈的场所中，还应该注意安排好谈话者的空间距离和位置。

曾有人专门做过一项实验，来考察在不同的位置上，被考核者分别有什么样的感觉，如图 7－1 所示。

在图 7－1A 中，被考核者往往觉得自己好像正在受到审问，因此容易产生一种权威化的生硬的感觉，心情也比较紧张。

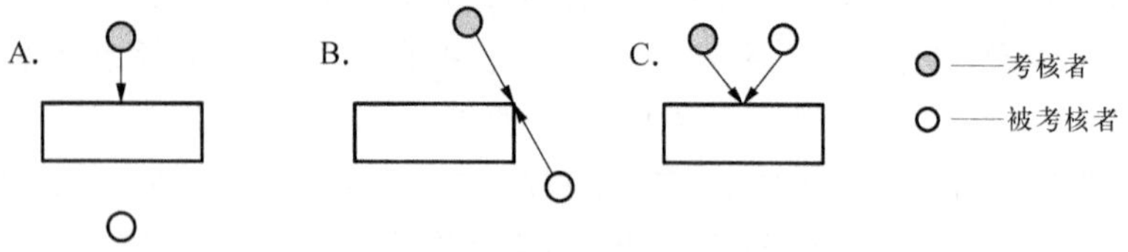


**图 7－1　面谈位置示意图**

图 7－1B 中,由于双方的距离拉近了,所以被考核者会有一种亲近感,心情自然也就轻松了。

而在图 7－1C 中,双方则完全处于平等的地位,被考核者感到考核者非常友好、亲切,面谈也进行得很愉快。

所以,在布置面谈的场所时,就可以按照图 7－1B 或图 7－1C 的样式来摆放桌椅,一定要避免图 7－1A 的摆设。

## 四、制作"面谈计划表"

绩效面谈反馈对主管而言是一项有效而重要的人力资源管理对策,在实行之际,也应依照 P－D－C－A 绩效管理循环的原则——"计划"、"实施"、"检讨"和"调整"的过程来进行。

尤其是绩效考核的面谈,是上司和下属之间以口头沟通的方式进行的,话一旦说出口就收不回来了,因此在"计划""准备"的阶段就须慎重处理。在计划、准备的时候,最好预先制作"面谈计划表"较为妥当,计划表的应用方法如表 7－2 所示。

**表 7－2　面 谈 计 划 表**

年　月　日

| 主管 | |
|---|---|

1. 被约谈者

| 姓名 | | 年龄 | | 年薪 | | 所属部门 | | 职务 | |
|---|---|---|---|---|---|---|---|---|---|
| 经历 | | 最近的业绩 | | 家庭状况 | | | | | |
| 面谈要点 | | 面谈注意事项 | | | | | | | |

2. 面谈的时间、场所

| 时　间 | 年　月　日(星期　)　时　分　～　时　分 | 场所布置 | |
|---|---|---|---|
| 场　所 | | | |

3. 面谈事项(问题分析)

| 问题概要 | | 会谈目的 | |
|---|---|---|---|
| 面谈类型 | 事实发现情报收集型□ 指导、激发向上型□、问题解决型□ | | |
| 事前调查事项 | | | |
| 面谈内容 | | | |
| 解决方法 | | | |
| 面谈结果 | | | |

# 第三节　绩效反馈面谈的实施

在做好绩效反馈面谈的准备工作之后,就可进行面谈。实施面谈的过程中,需要注意一些问题;否则,再充分的准备也只是徒劳,面谈还是难以达到预期的目的。

## 一、要营造良好的氛围

面谈在开始时最重要,一旦要开始面谈,下属难免会因为紧张而采取防卫性姿态,这是无法避免的。所以首先要从创造适合面谈的气氛着手。面谈氛围的经营,应该是让下属能感到自在、温暖、友善而不拘束,这样下属才可以更加自由地发表自己的看法。

要使下属能无拘无束地、坦诚地表达意见,与主管建立并维持彼此的信赖关系,主管人员应多倾听员工的想法与观点,尊重对方;向员工沟通清楚原则和事实,多站在员工的角度,设身处地为员工着想,勇于当面向员工承认自己的错误与过失,努力赢得员工的理解与信任。

具体做法举例如下:在进行面谈前,主管应该充分了解被面谈员工的情况,包括教育背景、家庭环境等;在面谈中双方尽量不要隔着桌子对坐,利用一个圆形的会议桌更容易拉近与下属的距离;在绩效沟通中,多使用“我们”,少用“你”;将绩效反馈集中在行为上或结果上而不是人的身上;微笑并点头;另外,良好的氛围还来自于对下属的尊重，当下属发表意见时主管要耐心地倾听，不要随便打断，更不要武断地指责。

经过大量调研发现，在融洽的气氛中，双方就能顺利地进行交流和沟通；相反，如果气氛比较紧张，那么面谈也就很难继续进行下去。所以，在正式开始面谈之前，花几分钟来营造融洽的气氛是很重要的。试比较两种不同气氛如表 7－3 所示。

表 7－3 气氛的比较①

| 融洽的气氛 | 缺乏融洽的气氛 |
| --- | --- |
| 舒缓、自在、轻松 | 紧张、恐惧、急躁 |
| 安静、舒适 | 吵闹、不舒服 |
| 友好、温馨 | 正式、冷峻 |
| 敢自由开朗地说话 | 不敢大胆地说话 |
| 信任 | 挑战、争辩 |
| 有效倾听 | 插嘴、中断发言 |
| 明白 | 糊涂 |
| 不攻击别人 | 侮辱对方 |
| 开放的胸怀 | 闭塞的胸怀 |

营造良好的氛围的具体做法可以体现在以下方面。

### （一）以和谐的开场白开场

为了营造出融洽的气氛，可以请下属入座，以和谐的开场白消除下属的防卫心理。真正开始反馈面谈前，主管要主动暖场，感谢下属及时到达面谈地点，以此放松面谈时双方的心情。多数时候，主管要提前到达面谈地点并主动为下属倒上一杯热咖啡或者准备一杯热茶，这更有助于营造温馨气氛。

开场方式有很多，并无固定的模式，要视情形而定，一般大致可遵循以下步骤。

**1. 可慰问下属的辛劳**

可以用几句话简单地对下属日常的辛劳表示赞赏。例如：

(1)“你上星期提的企划案不错，花了你不少时间吧。”

(2)“你最近工作表现得很积极，我们部门需要像你这样有干劲的人。”

① 李德伟、张培德主编：《人力资源绩效考核与薪酬激励》，科学技术文献出版社 2006 年版。

(3)“上次的会议报告很翔实,资料准备得非常充分,我很欣赏。”

慰问下属的技巧并不是下属有丰功伟绩的时候才能使用,即使是很细微的事情也可以采用。只要细心观察下属的行动,一定可以发现下属值得慰问的地方。要知道获得正面的评价与肯定对下属来说是莫大的鼓舞。所以上司的一句赞赏,往往可使下属大大提高对上司的向心力。

**2. 让下属放松心情**

为使交谈融洽,要从容易消除隔阂的话题开始。例如:

(1)“听说你上礼拜去钓鱼了,钓得如何?”

(2)“小孩的感冒好了没有?”

另外,还可以从对方不必考虑也可以答复的问话、闲谈开始,使下属能先放松心情。以下是使下属放松心情的话题:① 员工的兴趣爱好;② 时事新闻消息;③ 员工的家庭、子女状况等;④ 旅游观光;⑤ 健康休闲;⑥ 朋友熟人;⑦ 衣食住行。

## (二) 可让员工自由地交谈

面谈是双向的沟通,要想使反馈面谈有效果,必须使员工自由地交谈。主管应告诉下属或向他传递这样的信息:你要说的比我要说的重要!对任何影响工作行为和业绩的工作环境都应该鼓励下属一一列举出来,不管是正面的还是负面的,以使下属觉得此次面谈是富有建设性的,对自身的发展具有价值。

主管们可以通过以下方式来克服员工不愿意发言的心理。

**1. 面谈中切勿使用极端化的字眼**

极端化字眼包括“绝对”“总是”“从来”“从不”“完全”“极差”“太差”“决不”“从未”“肯定”等语气强烈的词语。在反馈面谈中运用极端化字眼,容易导致不良影响。一方面,下属会认为上司对他的绩效考核缺乏公平性与合理性,从而产生不满情绪;另一方面,下属会感到心灰意冷,并怀疑自己的能力,对制订未来工作目标和绩效改进计划缺乏信心。因此,主管在面谈时必须杜绝使用这些字眼,多使用中性字眼,而且还要注意多使用相对缓和的语气。

**2. 要用描述性的语言而不用判断性的语言**

主管如果使用判断性的语言来评论员工的绩效,就会导致员工采取防御的行为。使用描述性的语言指出问题可以使讨论的气氛更和谐,这样管理者和员工就能够不带私人感情地去讨论解决问题的方法,这种做法或许还能产生更好的效果,那就是员工会主动提供解决问题的方法。注意以下做法带来的不同效果:

判断性语言:“你怎么做出这么愚蠢的事情来?”

描述性语言:“你能解释一下为什么会这样吗?”

在考评讨论中运用描述性而非判断性语言的管理者显示出分析问题和解决问题的愿望,而不是找一只替罪羊,也不是要找机会来贬低员工。

3. 应采取赞同和支持性的态度,而不是权威性的态度

主管们在讨论中有时是故意地、有时则是不自觉地表现出一副权威性的姿态,这种姿态将导致员工产生怨恨和防卫心理。尊重员工自己解决问题的权利,通常能带来更好的效果。

权威性的态度:“我们要这样做才能准时完成任务。”

支持性的态度:“要准时完成任务,你建议我们做些什么?”

支持性的做法为解决问题提供了更多的选择,因为主管们的态度可以鼓励员工提出解决问题的建议。这种做法以解决问题为焦点,而不是以员工为焦点。另外,支持性的做法使双方都能够更好地倾听彼此的意见,而且让员工感受到这样一种氛围:这里不但可以接受不同的看法,而且还欢迎不同的看法。

4. 谈话要反映出平等,而不是优越感

管理者们如果太强调自己的地位和权利,与员工之间往往就会出现一层障碍;而愿意与员工分享看法和愿意寻求他们意见的管理者,可以让员工感受到一种平等。请看下例:

优越感的体现:“在你出生前,我就一直这么做的。”

平等性的体现:“我们这样行事已多年了,但我还想听听你的看法,我们怎样才会做得更好呢?”

员工欣赏能够求同存异、倾听意见的主管。明白这一点的主管将使绩效面谈讨论更有启发性和创造性。

5. 要妥善接纳他人建议而不是专横独断

一个处理决策、计划和问题的主管如果是以独裁者的姿态出现,就等于告诉员工没有必要接纳其他观点或解决办法,因为一切都已经成了定论。这样的话,就会挫伤那些颇有见地、试图超越的员工的士气。而当管理者在聆听员工的观点陈述,让自己的观点接受挑战,进而寻求最佳解决办法时,就激发了员工的热情和创造力,进而提高了生产效率。

## 二、要懂得用心倾听

任何形式的面谈都有一项关键的技巧,那就是“倾听”。倾听与耳闻不同,耳闻可以左耳进右耳出;但是在倾听的时候,你必须分析对方在说什么,区别与你相关和无关的内容,考验自己对听到的东西理解程度有多深,思考别人说的这段话有无弦外之音。因此,倾听是一种积极运用听觉的过程,需要经过思考,也要耗费精力。

但是,在一般的沟通过程中,我们却常常陷入自说自话的窘境,尤其是上司与下属沟通时更是如此。如果在互动式绩效面谈的过程中,你不能倾听下属的解释或意见,则面谈的过程很容易失去焦点,甚至你的下属会觉得你对他不够尊重,进而关闭沟通的大门。

因此,唯有懂得用心倾听,才能了解对方的问题所在,所以主管们一定要改进听人说话的方式,要在确实理解对方谈话的意思之后,才对听到的话有所回应。如果对方的语意不是很清楚,你也可以通过适当的发问澄清疑虑。而且,当主管与下属两人一起开口时,身为主管的你不妨先停下来让下属继续说。因为这样的做法等于告诉下属:"你要说的比我要说的来得重要!"所以,在面谈的过程中,切勿认为一次将你对下属的要求说完,就达成面谈的目的了,更为重要的是要多"倾听"。

主管要实现有效倾听,应表现出以下几种行为:

(1) 使用目光接触。下属发表个人观点时,主管能适时关注员工,与员工形成目光接触。使用目光接触将使谈话双方集中注意力,减少分心的可能性,并能鼓励说话的人。相反,若主管在同员工讲话时目光却不看着员工,对方则会将其解释为冷漠和不尊重,从而降低其进一步沟通和交流的积极性。

(2) 展现赞许性的表情和恰当的面部表情。当讨论到员工的优秀业绩或员工在做陈述时,主管应该通过非语言信号来传递自己对员工所说内容的反应,包括赞许性地点头、恰当的面部表情和目光接触等,向员工表明自己正在聆听。

(3) 避免中间打断员工的谈话。在主管得出结论之前,应该听完员工的陈述,不要根据已有的一些信息就自己妄加推断得出某些结论。很多事情只有听完才会知道。如果对方所说的情况你已经了解,也不要随意地打断谈话或表现出不耐烦,因为这会导致对方在后续的谈话中有所顾虑。

(4) 复述。指用自己的话再将员工的意思重复一遍。这种方法既能让员工觉得你对他所说的东西在认真地听,对他们是一种极大的尊重,又可以帮助主管准确把握员工的真实意思。因为当主管在复述中出现错误时,员工会再重申一次自己的想法。

(5) 尊重不同的意见。不要倚仗职位和权力而粗暴地否定对方的意见,让别人屈从于自己的看法。

(6) 避免分心的动作或举动。引发员工说话兴趣,从而能使其说出真实想法的另一种做法是避免那些明显走神的举动。在倾听时,最好不要看表、心不在焉地翻阅文件、拿笔乱画等,这会向员工暗示出你很不耐烦,他们就可能没有欲望再说下去了。

(7) 做好记录。好记性不如烂笔头,记下谈话的重点,作为今后管理工作中的依据。

## 三、要运用表达技巧

在绩效反馈面谈中,除了要善于倾听之外,还要善于运用各种表达技巧。

1. *多提引导性问题*

这些问题可以用于询问关于特定的某一点或某一事件的信息。引导性问题通常是在对方已经讲述完某一话题后才提出的,这时引导性问题所起的作用就是可以保持对话、交流继续进行,也可帮助主管获得其所具体感兴趣的某一件事的信息或看法。请看下例:

主管:"如果你确实认为我们可以提高绩效,你会采取哪些措施呢?你准备什么时候采取这些措施呢?"

引导性问题有以下好处:

(1) 它们提供了对管理者来说最重要的有关信息;

(2) 这些问题起到了挑战对方的作用,使对方更积极地去发掘思想,为自己辩护并提出解决问题的建议;

(3) 为双方提供了某话题的具体事实。

2. *多提开放性问题*

在绩效反馈面谈中,主管人员应该多给员工一些表达的机会,应该避免询问一些用"是"或"不是"就可以回答的问题,而尽量询问一些开放性的问题。通过提开放性的问题,可以得到员工对事情真正的观点或如实的表述。

常提的开放性问题有:

"你觉得……怎么样?"

"你认为……如何?"

提出开放性问题的优点是:

(1) 表示对对方的兴趣。当别人对我们所想的问题或我们所了解的某些事情感兴趣时,我们会感到很得意。通过提开放性的问题,也是让下属感觉到上级对自己以及对自己的某些观点感兴趣,这样容易拉近上下级之间的关系,更容易从员工那里获得比较多的信息。

(2) 这样的提问能调动对方的主动性,使对方感到很舒服。这些开放性的问题使被提问者得到一个主动表达的机会,使他处在一个主动的地位上。

(3) 使员工排除戒备心理。开放性问题可以让主管人员了解到更多的有关员工个人的情况,可以发现问题所在,以便制订出更有针对性的计划。

3. *多提反思性问题*

反思性的问题指以问题的形式重复对方的陈述。这种问题的提出需要主管具有良好的倾听技巧。要做到这一点，挑选对方所表达的最有意义的感受或看法非常重要。如：

员工："如果我们改变挑选样品的程序，效果可以更好。"

主管："你确信我们的效果可以得到提高吗？"

反思性的问题很有帮助，因为：

(1) 可以避免争论。你的反应不是接受也不是拒绝。

(2) 它显示出你理解了对方的观点。如果你做出的回应不正确的话，对方有机会更正。

(3) 鼓励对方就已经表达的观点进一步加以说明和分析。

(4) 如果对方听到对自己看法的间接性陈述，就比较容易认识到先前自己的陈述中不合逻辑的地方。

(5) 可以引发有助于达成共识的交谈。

开放性、反思性和引导性的问题都是非常有用的谈话技巧，可以让员工彻底地参与关于工作绩效和个人职业发展的讨论。

## 四、要恰当运用肢体语言

在信息传递过程中，肢体语言的作用绝不比口头语言的作用低，一举手、一投足，甚至一个眼神常常就迅速、准确地将所要表达的意思传递给对方。在绩效反馈面谈中，用好肢体语言，会带来意想不到的效果。

作为上级，在面谈中应做到：

(1) 保持适当距离。过分的靠近会令谈话对象感到不安，本能地产生自我防卫的心理。

(2) 注视对方的眼睛或鼻子与嘴之间的部位。表示在关注对方，重视与对方的谈话。

(3) 面带微笑。营造愉快的谈话气氛，严肃刻板的脸，只能让人产生压迫感和紧张感，难以放开心胸，开诚布公地交谈。

(4) 常点头，少摇头。一方面表示你收到了对方所要表达的信息，同时也给对方信心，使其继续说下去。

不应该有的动作：

(1) 不要双手交叉抱胸。这样的姿势显得盛气凌人，高高在上，拒人于千里之外，增加了面谈双方的距离感。

(2) 不要皱眉头。这个动作给人以不耐烦或很不满意的暗示。

(3) 不要抖动双腿。应尽量保持身体的平稳，不停地抖动双腿或变换姿势，会使对方觉得你焦躁不安,无法平心静气地进行沟通。

(4) 避免各种小动作。例如,抓耳挠腮、玩笔、玩手指等小动作要尽量克制,也不要用手指着对方或叉腰等。

下面,我们给出一些手势和姿态的基本含义,大家一定要结合具体的环境灵活使用,以达到补充语言沟通不足的目的。

(1) 没有眼神的沟通——企图想隐瞒什么;

(2) 触摸耳朵——准备打断别人的说话;

(3) 手指头指着别人——表示谴责;

(4) 衬衣纽扣解开,手臂和小腿都没有交叉——表示开放;

(5) 脚踝交叉——表示收回;

(6) 有意识地清嗓子——表示轻责;

(7) 说话时捂上嘴——表示没有把握或者撒谎;

(8) 脚放在朝向门的方向——准备离开;

(9) 触摸喉部——需要加以重申;

(10) 坐在椅子的边侧——随时准备行动;

(11) 小腿在椅子上晃动——表示不在乎;

(12) 搓手——表示有所期待;

(13) 双手紧合指向天花板——充满信心和骄傲;

(14) 架起二郎腿——表示无所顾忌;

(15) 摇晃一条腿——表示厌烦;

(16) 擦鼻子——反对别人说的话;

(17) 紧握双手——表示焦虑;

(18) 坐在椅子上向前移动——表示赞同;

(19) 手指叩击皮带或裤子——表示非常有把握;

(20) 把铅笔等物放到嘴里——需要更多的信息;

(21) 揉眼睛或捏耳朵——表示疑惑;

(22) 握紧拳头——表示愤怒;

(23) 双臂交叉置于胸前——表示不乐意;

(24) 无意识地清嗓子——表示担心和忧虑。

## 五、要适当、适时地做出回应

在仔细倾听对方的发言之后,以重现或是用自己的语言进行表达,对对方做出回应,这也是比较好的一种沟通技巧。为了能够准确地反映对方的感觉,就必须要真正地倾听，而不要只考虑自己打算说什么。在很多情况下，做出适当的回应非常必要，因为：

(1) 通过适当的回应，可以体现出你已经明白了对方所说的话。如果你的回应正确，对方会更有兴趣说下去；如果你的反应不正确，那么对方就会对你进行纠正，这样反复下去，最终会创造出相互了解和理解的局面。

(2) 通过双方的互应，谈话会越来越融洽，也越容易找到共同的感觉，在共同的感觉基础上更易于创造出达成协议的气氛。

(3) 有效的回应可以使人抓住主要观点，以便进行一次有逻辑性的交谈。

(4) 回应可以推动对方进一步表达自己的观点或者澄清一些问题。

(5) 回应是避免争议的好办法。因为它能使你在不拒绝或不接受对方意见的情况下做出回应。

# 第四节　绩效反馈面谈的技巧

有效的反馈可以使员工真正认识到自己的潜能，从而知道如何发展自我。反馈还可以使员工相信绩效考核是公平、公正和客观的，否则员工就有可能怀疑绩效考核的真实性。绩效反馈如此重要，但是，在实际工作中，很多人力资源经理对绩效面谈工作却深感头疼，也没能有效地执行。为帮助经理们有效地实施绩效反馈，此处将介绍一些反馈的技巧。

## 一、应该强调具体事情

绩效面谈在表扬和激励员工的时候，一定要具体，要对员工所做的某件事有针对性地具体提出你的表扬和批评，而不是笼统地说员工表现很好或很差就完事。比如，员工为了赶一份计划书而加了一夜的班，这时你不能仅仅说员工加班很辛苦、表现很好之类的话，而是要把员工做的具体的事情特别指出。这一点非常重要——根据员工的具体行为，明确指出他到底“错”在何处，而又“好”在哪里。

美国著名的化妆品公司玫琳凯公司的总经理玫琳凯·阿什告诫她手下的经理：“我认为，你们批评人的做法并不妥当，这不是说不应当提出批评，有时候，你们必须表明对某事的不满意。但是，要记住，批评的目的是指出错在哪里，而不是指出谁错了……”

## 二、应该指向可控制的行为

调研表明,人们对于自己可以控制的事情,总是积极、努力地去做;相反,对于那些无能为力的事,则显得漠不关心。

因此,对于我们进行有效的反馈,同样具有意义。在反馈的时候,应当指出那些员工可以控制的行为,特别是在反馈"坏"的考核结果时,这一点更为重要。

例如,你指责某个员工,因为每天上班必乘的地铁突然出现了电力故障,使她在地铁里整整待了一个小时因而迟到,这样做是毫无意义的,因为这种情况她自己也无法改变;相反,还会让员工对你产生反感,觉得你这个人吹毛求疵。但是,如果你指责她因为忘记给钟表上闹铃而上班迟到,那么她是无话可说的。因为这是她自己的原因造成的,并且是完全可以避免的。

正因为如此,一位管理学家说过这样一句话:"让别人记住那些自己无法左右的缺点是没有任何意义的。"

## 三、绩效面谈要避免指责

在面谈的过程中,一定要注意说话的技巧,采取"三明治"式的方法——先表扬,后批评,再表扬。即先针对下属表现良好之处给予肯定,然后再提出需加强的部分,最后描述改进之后将给下属及公司带来什么好处,进而设定下属可以达到的绩效目标。

### 1. 要真诚赞美

真诚是面谈的心理基础,不可过于谦逊,更不可夸大其词。要让员工真实地感受到你确实是满意他的表现,你的表扬确实是你的真情流露,而不是套近乎、拉关系。只有这样,员工才会把你的赞美当成激励,也才会在以后的工作中更加卖力。通俗地说,你的表扬和溢美之词一定要"值钱",不是什么事都表扬,也不是随时随处都表扬,而是在恰当之处表扬,表扬要真诚,要发自肺腑。

大部分的主管都不喜欢表现不佳的下属。但是,赞美表现不佳的下属并不是要你赞美他的整体表现、做事态度或人格,而是针对下属完成的几件特定事情来赞美他。因为这种针对特定成就的赞美方式,会让下属知道你并非完全不喜欢他,只是希望通过互动式绩效面谈的机会,使一些问题还处在萌芽状态之时就能加以解决。

因此,在表现不佳的下属进入互动式绩效面谈场所时,你可以先从座位上站起来,微笑着向他打个招呼,接着再从桌子后面走出来迎接他,伸出手与他诚恳地握一握，并感谢他来一趟，然后双方再选定适当的位置坐下来，最后再以实际的言语与行动表达你相当看重他在某些方面的贡献。

2. 要肯定彼此关系

另外，主管也可通过肯定你与下属未来的关系，彻底消除他心中的恐惧。主管可以向下属表明不但不会开除他，也不会给他降级。

因此在赞美下属的话说完之后，你可以向下属说："小王，下年度我们将会有一些专案计划，届时你的经验与意见对部门来说将会十分重要。"

因为你在谈论未来计划时偶尔提到他，他会从你的话里听出你并没有将他一脚踢开的意思。所以小王从你传递的信息中，会了解只要未来肯努力，他在部门与公司里还是颇有前途的。

3. 要既往不咎

除非必要，否则最好尽量避免揭别人的疮疤。主管可以在面谈前先将下属要改善的地方加以整理，并在心中记下下属在未来可以改善的地方。在面谈时则可以离"过去"远远的，把双方讨论的焦点集中于未来，以及你希望他未来如何做等方面。

对大部分的人来说，耗费心力的大幅度改变，往往是心理恐惧的一大来源。因此，在要求下属有所改变时，可先从小地方做起，一步一步地慢慢走，产生的阻力越小，改变越多。

4. 应表达你对要求的信心

在提出要求的过程中，身为主管的你一定要信心十足。因为信心不足的态度，反而会鼓励下属抗拒你的要求。所以当你提出要求时，一定要信心十足，你的言辞、声调与肢体都应充分表现出这份自信。

5. 应表达对下属的信心

主管在提出希望下属改变的要求后，不妨接着表达你相信对方一定会同意的想法。你可以这样说："小张，有件小事我想跟你谈谈，我有信心我们一定会很快地互相同意。"

## 四、要有针对性地沟通

有些主管在面谈的时候，往往忽视了这一点，他们总是强迫对方来接受自己的意见。结果却适得其反，对方虽然在口头上同意了主管的看法，但内心却很不满意。因此，也就根本不会把主管的意见放在心上，在以后的工作中，还是会犯同样的错误。

因此，在绩效反馈面谈中，会遇到各种各样的员工，应该根据员工的特点选择合理的反馈面谈策略。对于贡献型(好的工作业绩+好的工作态度)的员工是最应该保留的,面谈的策略是在了解公司激励政策的前提下予以奖励,提出更高的目标和要求;对于冲锋型(好的工作业绩+差的工作态度)的员工,面谈策略是通过良好的沟通建立信任,了解原因,通过日常工作中的辅导改善工作态度;对于安分型的员工(差的工作业绩+好的工作态度)应制订明确的、严格的绩效改进计划作为绩效面谈的重心,严格按照绩效考核办法予以考核;而对堕落型(差的工作业绩+差的工作态度)的员工应重申工作目标,澄清对工作成果的看法。具体处理方式如下。

### 1. 对于优秀的员工

对优秀的员工,与其面谈时要注意以鼓励为主。因为优秀的员工在其职责范围内的工作一定做得非常好,并且有很多别的员工所不具备的优异表现,所以一定要首先对员工的优秀表现加以认可,并且多了解一些他们做得好的典型行为,以便推广到其他员工身上。另外,优秀的员工往往有比较强烈的个人发展愿望,在绩效反馈面谈时可以花比较多的时间了解员工未来的发展设想,这样可以更好地为其发展创造机会和空间,有的时候,主管人员还可以和员工一同制订未来发展计划。而且,优秀的员工往往比较自信,对提升和加薪等事情也觉得在自己应得的范围之内,在这种情况下,主管人员就更应该谨慎对待,不要轻易做出加薪或晋升的承诺,以免不能兑现。

### 2. 对于一直无明显进步的员工

对于绩效总是徘徊不前的员工,没有什么明显的进步。一般来说,应该分析一下,员工一直没有明显进步的原因可能是什么。可能的原因有以下几点:

(1) 个人的动机问题。自己给自己设立的目标比较低,没有提出较高的要求。

(2) 目前的职位不适合他。有的员工也许有许多潜能,也有成就事业的愿望,但是没有办法在现在的职位上发挥出来。

(3) 工作的方法不对。有的员工可能在一个职位上做了很长时间,但是却一直没有找到适当的工作方法,因此工作绩效始终提高不上去。

(4) 有其他的个人困难。

对待一直没有明显进步的员工,应该开诚布公地与他们进行交流,查明他们没有进步的原因,然后对症下药。如果是个人的动机不足,那么应该充分肯定员工的能力,必要的时候可以使用"激将法",这样可能会激起员工的上进心;如果是现在的工作职位不适合这位员工,就可以一方面帮助员工分析什么样的职位适合他,另一方面听听员工自己想做什么,再做出决定;如果是员工的工作方法不对,就可以帮助他一起分析在哪些方面可以改进。总之,既要让员工看到自己的不足,又要切实为员工着想,帮助他们找到有效的改进方法。

3. 对于绩效差的员工

主管人员可能会有这样的感觉：与那些绩效好的员工进行面谈是一件比较愉快的事情，而跟那些绩效差的员工进行面谈却是一件比较令人头疼的事情。有的绩效差的员工可能会比较自卑，认为自己一无是处，破罐子破摔；有的绩效差的员工可能并不认为自己绩效差，这样在绩效反馈面谈中就容易与主管人员产生冲突。对待绩效差的员工，要注意的一点就是一定要具体分析其绩效差的原因，不要一概认为是个人原因。

4. 对于年龄大、工龄长的员工

可能有些年龄大、工龄长的员工，过去为组织做出了很大贡献，而现在由于对一些新知识、新技术的掌握比较慢，因此绩效不高。这些员工也许会有各种复杂的想法，比如说某些年轻的员工绩效比他们好，比他们提升得快，他们会觉得心里不平衡；认为组织在对他们的价值提出质疑，渐渐地以年轻人来取代他们；会比较自卑等。对待这些年龄大、工龄长的员工一定要尊重他们，首先要肯定他们过去为组织做出的贡献，并且对他们表示亲切的关怀，但也一定要让他们知道，过去的成绩虽然是不能被抹杀掉的，可也不能代表现在或将来。

绩效考核是对一定时间范围内的工作表现的考评，而且是有客观依据的，因此也应该让他们接受现实的差距。

5. 对于过分雄心勃勃的员工

对于成就动机过强，显得雄心勃勃的员工。他们往往期望自己能够为组织做出更加重要的贡献，他们会提出很多未来的设想和计划。对于这样的员工，虽然要用事实向他们表明一些现存的差距，但不能对他们一味地泼冷水，要与他们讨论未来发展计划的可能性，帮助他们制订切实可行的计划。

6. 对于沉默内向的员工

对于非常沉默内向的员工，在绩效反馈面谈的过程中，除非主管人员问到他们一些问题时才做出回答，否则他们不会主动表达自己的想法。他们在与主管交流时可能会局促不安，因紧张而手足无措；也有可能表现得沉静、冷漠、矜持。对待这种员工，要善于提一些开放性的问题使他们多表达，同时多征询他们对事情的意见，这样可以迫使他们有较多的说话机会。

## 本章小结

本章主要对绩效反馈面谈所涉及的原则、流程、前期准备工作、绩效反馈实施过程以及绩效反馈技巧等内容作了具体的介绍。

绩效反馈面谈的原则包括抓住时机及时反馈、清楚说明面谈目的、面谈交流需直接具体等内容。

绩效反馈面谈的流程包括：说明面谈目的、告知考评结果、听取下属述职、分析症结所在、协商解决方法等 9 步。

绩效反馈面谈的前期准备工作包括面谈前双方的准备、确定恰当的时间、准备适宜的场所、制订面谈计划表等。

在绩效反馈面谈实施过程中，为提高绩效反馈的效果，主管应营造良好的氛围、懂得用心倾听、恰当运用表达技巧和肢体语言，并适当适时地做出反应。

由于绩效反馈技巧的重要性，本章最后又重申了绩效反馈技巧方面的内容，具体包括：强调具体事情、指向可控制的行为、面谈中避免指责和有针对性地沟通等。

## 案例分析

本章案例中的绩效反馈面谈之所以失败，主要问题出在绩效反馈前期的准备工作、绩效反馈面谈原则和主管的反馈技巧运用方面。

经理就小徐的绩效反馈面谈工作是临时通知的，前期没有进行绩效考核资料的充分准备，面谈计划和面谈提纲都未设计。由于是临时通知小徐，小徐更没有做绩效面谈的前期准备工作；时间安排在差 10 分钟下班，犯了绩效反馈面谈时间安排的禁忌，安排的面谈时间不是经理和小徐相对空闲的时间，两人都很难集中精力投入进去。而且没有事先与小徐商量，小徐很难好好配合面谈；面谈地点安排在办公室，且两人是隔着办公桌相对而坐，很容易形成对立局面，不易形成良好、融洽的沟通氛围。

面谈过程中，经理不时接电话，造成两人交谈的中断。而且经理神情严肃，以一种权威而不是平等的态度展开面谈，给面谈造就了一种紧张气氛，使得小徐不能放松心情、自由交谈。面谈反馈中，经理重点进行批评，而对于小徐已有的绩效缺乏赞美；对于不足之处也不能指出具体的事例和行为，缺乏道理分析和阐释，更没有具体指出进一步改进绩效的方法和手段。结束面谈的时间比较仓促，方式也比较消极，既没有消除小徐对于绩效考核结果的困惑，也没有给予小徐及时的鼓励，使得此次面谈只是流于形式而没有达到效果。

要避免以上问题，首先是在绩效反馈面谈实施前要做好充分的准备，既包括相关绩效考核资料的准备、面谈提纲的设计、面谈计划的编制，还包括合适的面谈时间和地点的安排。其次，要注意绩效面谈反馈技巧的运用。绩效反馈的最终目的是通过对过去绩效考核结果的分析沟通，找出未来绩效改进的方法和思路。因此，绩效面谈反馈应看重未来绩效的提升而非过去。对于参与绩效面谈的员工应该是鼓励其积极发言，在肯定其过去某些绩效的前提下，比较中肯地提出绩效改进方案。提出的批评和赞美要指向具体行为和事例,而不是浮于表面、泛泛而谈。结束面谈应采用积极的方式,要使下属离开时满怀积极的意念,而非想着消极的一面或带着不满的情绪。

## 思考题

1. 绩效反馈的目的和意义何在?
2. 成功的绩效反馈面谈应遵循哪些原则?
3. 绩效反馈面谈前期,面谈双方应该做好哪些准备工作?
4. 绩效反馈面谈的时间和地点选择应该注意哪些问题?
5. 绩效反馈面谈的流程如何? 其中哪些比较关键?
6. 绩效反馈实施过程中,主管们应该注意哪些问题?
7. 如何成功运用各种反馈技巧?
8. 对于不同类型的员工,如何进行有效的沟通?

# 第八章 绩效改进

## 引导案例

## 王经理该留下谁[①]

优立销售公司是国际优立集团的子公司,负责全集团公司的产品在全国各地区的销售工作,全集团公司依据销售额和销售货款回收率这两大指标的完成状况对销售公司进行考核,相应地,销售公司也以这两个指标为主来考核销售员的工作实绩。

随着产品销售量的不断增加和营销策略的不断深化,销售公司感到人手紧缺。为此,从厂里录用了赵明、钱达、孙青和李强 4 名职工,进行为期 3 个月的实习试用,作为正式销售的候选人。目前,他们的实习期将满,销售公司王经理正考虑从中选拔合适人选作为正式销售人员。根据平时对他们的观察和同事及用户对他们的评价,公司对他们的个人素质和工作状况进行了初步总结,以作为选拔的依据。

1. 个人素质方面

赵明,是个刚进厂的小伙子,今年刚满 20 岁,高中毕业,精力旺盛,工作肯吃苦。但平时大大咧咧、做事粗心大意,说话总是带有一股“火药味”。

钱达,是为了照顾夫妻两地分居而从外地调进厂里的,今年 34 岁。他为人热情,善于交往,要求做销售工作的愿望强烈。

孙青,是市轻工电视大学经济管理专业毕业生,今年 25 岁。她工作认真,稳重文静,平时少言寡语,特别是在生人面前,话就更少了。

李强,今年 19 岁,大学公共关系专业学生,他为人热情,善于交际,头脑灵活。但缺乏销售工作经验。

2. 工作实绩方面

赵明,工作很主动大胆,能打开局面,但好几次将用户订购的产品规格搞错,用户要大号,他发给小号的,尽管经理多次指出,他仍然时常出错,用户有意见找他,

① “招聘选拔:王经理该留下谁?”中国人力资源网,2004-6-10(内有修改)。

他还冲人家发火。

钱达,工作效率很高,经常超额完成自己的推销任务,并在推销过程中与用户建立了熟悉的关系。但他常常利用工作关系办私事,如要求用户帮助自己购买物品等。而且,他平时工作纪律性较差,上班晚来早走,并经常在上班时间回家做饭,销售公司的同事们对此颇有微词,他曾找领导说情,希望能留在销售公司工作。

孙青,负责广东省内的产品推销工作,她的主管曾带她接触过所有主要用户,并与用户建立了一定的联系,但她自己很少主动独立地联系业务。有一次,她的主管不在,恰巧有个用户要增加订货量,她因为主管没有交代而拒绝了这笔业务。

李强,负责河北省的产品推销工作,他经常超额完成推销任务,并在推销过程中注意向用户介绍产品的性能、特色,而且十分重视售后服务工作。有一次,一个用户来信提出产品有质量问题,他专程登门调换了产品,用户为此非常感动。尽管如此,但他却时常难以完成货款回收率指标,致使有些货款一时收不回来,影响了企业经济效益指标的实现。

王经理必须在月底前做出决定,哪些人将留在销售公司成为厂里正式销售员,哪些拒收?

**案例讨论题:**

1. 如果你是王经理,你将怎样决定人员的去留?为什么?
2. 留下人员的依据是什么?
3. 你如何进行绩效改进?其依据是什么?
4. 为什么说绩效考核是前进动力的加油站?

本章重点讨论的是企业在管理混乱、用人不当、对素质差的员工监管不力的情况下,如何进行绩效改进的问题。通过对本章的学习,能够了解绩效改进的步骤,明确绩效改进的原则和要点,掌握绩效改进应注意的问题,了解绩效管理存在的深层次原因,以及如何通过绩效改进来发挥高绩效员工的作用,找到帮助低绩效员工的方法。

## 第一节　绩效改进的步骤与原则

作为一名管理者,你的工作不仅仅是进行考评,而且应该在员工绩效好时知道为什么好,绩效差时知道为什么差,并想办法多做一些能改进员工绩效的工作。这一点对于组织、管理者及员工的成功都是极其关键的。

## 一、绩效改进的步骤

通常采用的绩效改进的步骤有以下几个:

(1) 管理者应该意识到企业在绩效改进方面存在差距;

(2) 管理者应该清楚绩效差距将给企业带来的影响和危害;

(3) 找到可能产生这种差距的原因,包括系统和个人两方面的原因;

(4) 管理者与员工一起设计出解决这一问题的工作计划;

(5) 管理者要监督实施这个计划;

(6) 由上级公司评估绩效差距是否得到缩小;

(7) 管理者要巩固绩效改进的成果,设法缩小绩效差距。

无论你是采用以上方法进行绩效改进,还是利用其他你认为更有效的方法,结果都将取决于你如何处理这一过程。绩效改进需要员工的密切配合,作为管理人员的你需要利用一些处理人际关系的技巧和抓住重点的技巧。

制订绩效改进计划、实施绩效考核时要同员工的生涯规划、企业的培训计划有机地结合起来,而不仅仅局限于员工的薪资、奖金和晋升。考核过程中要充分体现公正、公平、公开的原则,能真实地反映员工的工作实绩,同时应尽量避免绩效考核的负面影响。考核之后,对被考核人进行考核意见的反馈也是很重要的,因为进行绩效考核的一个主要目的就是改进绩效。所以,主管和员工应合力安排实施绩效改进计划。

## 二、选取待改进方面的原则

选取待改进方面的原则主要有四个方面:

(1) 重申绩效不足的方面。主管的评价是否都合乎事实?也许主管没有真正察觉到员工所发生的问题,也许主管所认定的员工的缺点事实上却是员工的优点。主管没有能力,混淆是非,企业的正气就不能发扬。

(2) 从员工愿意改进之处着手改进。这可以激发员工改进工作的动力,因为员工通常不会选取他根本不想改进的地方着手。员工希望改进激励机制,克服干多干少、干好干坏都一样的弊病,应该以能力大小分配权力,以贡献大小分享利益。

(3) 从易出成效的方面开始改进。立竿见影的经验总使人获得成就感,也有助员工再继续进行其他方面的改进。

(4) 以所花的时间、精力和金钱权衡,选择最合适的方面进行改进。

## 三、绩效改进的四个要点

设计绩效改进计划的目的在于使员工改变其行为，为了使这种改变能实现，必须符合四个要点：

(1) 员工的意愿：即员工自己想改变的愿望。大多数员工都不希望自己在一个管理混乱、效益不好、没有发展前途的企业里工作，希望工作能够充分体现自己的劳动价值。

(2) 绩效改进的目标：员工必须知道要做什么，并知道应如何去做。组织必须制订服务内容及服务指标，让员工有工作目标。

(3) 宽松的改进气氛：员工必须在一种鼓励其改进绩效的环境里工作。而造就这种工作气氛，最重要的因素就是主管。员工可能因畏惧失败而不敢尝试改变，这时，需要由主管去协助他们，帮他们建立信心。

(4) 对员工的奖励与惩罚：如果员工知道行为改变后会获得奖赏，那么他较易去改变行为。奖励的方式可分为物质和精神两方面。物质方面包括加薪、奖金或其他福利；精神方面则包括自我满足、表扬、加重责任、更多的自由与授权。反之，管理者应制订一些违反绩效改进制度的惩罚措施。

此外，社会是在动态发展着的，绩效考核的标准与制度也应作相应调整，这样才能对员工的工作绩效切实起到改进、保持、发展的作用。

在实施绩效改进之前要进行绩效沟通，分步骤实施绩效改进计划。Wastson Wyatt 2006 年对美国和加拿大职员的调查研究表明，有效的员工沟通利于企业获得更高的财务绩效。调查发现最具有绩效沟通机制的公司，在 2000—2004 年期间，获得了 91%的投资回报。

绩效沟通是绩效管理的灵魂与核心，良好的绩效沟通能及时排除障碍，最大限度地提高绩效。但绩效沟通对绩效改进的推动作用是有条件的，如果做得不好，不仅达不到预期效果，甚至会产生反作用。绩效沟通成功的标准之一就是员工顺利采纳管理者的意见与建议，因此提高采纳率，是绩效沟通的重要目标，直接关系到绩效改进的成败。

# 第二节　绩效改进应注意的问题

相当多的企业在推行绩效管理，相当多的人也都经历过绩效管理，但大部分的管理者都有这样的感受：绩效管理不做不行，做好了不容易。那么，绩效管理到底存在哪些共同问题？是什么导致企业绩效管理的效果不尽如人意？应如何使绩效管理取得预期效果呢？

## 一、企业绩效管理通常存在的问题

绩效考核虽然推行多年，但并没有带来业绩的提升，相反却成为各级管理人员的负担。虽然采用了平衡计分卡、360 度考核等方式，但效果并不好，企业正在思考如何更好地应用这些先进的管理思想和方法。绩效考核成了人力资源部门自己的事情，各直线部门不给予足够重视。绩效考核结果不可靠，和员工实际工作结果不一致，无法使员工信服，经常出现员工投诉事件。绩效管理不成体系，只是简单的绩效考核。绩效考核信息很难获取，或者获取成本很高，或者考核信息不准确。

企业对于选择什么样的绩效考核方式和如何设计考核指标体系感到困惑；企业经营者固守集权式领导，不肯授权或不愿合理运用考核结果。

考核指标不能全面地衡量被考核者的业绩、能力和态度，考核人不能本着对企业负责的态度公正、公平地进行考核，被考核人不能正确了解考核的含义，产生抵触情绪，考核成了"走过场""形式主义"，无法有效地把员工绩效的优劣区分开。考核不仅没有起到积极作用，还会在员工之间造成不满意的倾向，无法通过绩效考核建立起组织目标和个人发展目标的有机联系。

## 二、绩效管理存在问题的分析

绩效管理存在问题的深层次原因主要有以下几点：

(1) 对绩效管理的认识存在误区。简单地把绩效考核认定为绩效管理。事实上，绩效管理的目的是为了提高组织和个人的绩效，绩效考核只是绩效管理的一个环节。绩效管理是由绩效计划制订、绩效辅导实施、绩效考核评价、绩效结果反馈组成的一个循环。

(2) 企业基础管理工作较差。企业的发展战略不明晰，部门职能不明确；缺少预算体系，经营缺少计划性；核算体系不健全，核算不能反映公司真实生产经营状况。

(3) 绩效管理体系不完备。没有从制度上明确绩效考核者、绩效被考核者、绩效考核周期、绩效考核内容以及绩效考核结果应用等各要素。

(4) 关键业绩考核指标体系不完善。关键业绩考核指标由指标名称、指标释义、绩效目标、评价标准以及绩效考核者等一系列要素组成。选择合适的绩效考核指标并明确各个指标的关系、制订客观的评价标准、确定合适的绩效考核者是设计考核指标体系的关键环节,绩效管理各个环节工作不到位、绩效计划制订没有依据、忽略绩效辅导过程、绩效考核环节随意性大、绩效考核结果应用不合理,绩效反馈处理不当,这些都是绩效考核体系不完善的表现。

(5) 绩效计划制订缺乏依据,绩效目标制订随意性较大,主管没有对下属进行及时的绩效辅导,因此不能及时发现存在的问题并给予下属支持。绩效考核过程随意性大,不能做到公平、公正。绩效考核结果应用不系统,应该将绩效考核结果与绩效工资、奖金挂钩,与培训教育、个人发展计划相联系。上下级之间不能充分进行考核沟通,考核的作用发挥不出来,培训工作不到位,各级管理者没有掌握绩效管理的工具和技巧。绩效考核指标选择有问题,没有突出战略导向,员工选择的行为和企业预期不一致。绩效考核信息不准确,造成绩效考核结果缺乏可信度。

## 三、影响推行效果的因素与管理本身的问题

1. 影响企业绩效管理推行效果的因素

(1) 企业文化;

(2) 公司发展战略;

(3) 公司的治理结构;

(4) 集团的组织架构;

(5) 公司部门职能明晰、岗位职责权利明晰;

(6) 基础管理工作的精细程度,包括预算、流程、研发、生产、销售、售后服务、人力资源、财务、行政后勤、信息管理等职能领域。

2. 以上问题的来源

从绩效管理本身来看,以上问题主要来自三个方面:

(1) 对绩效管理认识上的误区;

(2) 绩效管理体系以及绩效考核指标体系技术上的缺陷;

(3) 推行绩效管理的技巧问题。

## 四、使绩效改进取得预期效果的方法

### (一) 绩效改进,重在提高员工采纳率

要使员工的绩效得到改进,首先要注重对员工观念与行为的改进。怎样才能促使他们改进呢?直接而有效的方式就是提高其对绩效目标与方法等绩效考核活动的采纳率。埃森哲公司的高绩效企业学院曾经采访过 14 个领域的高级主管,他

们中有64%的人认为，为达到组织改进而实施的变革与举措，其失败的最主要原因是人们对变革的必要性认识不足，换句话说就是这些变革与举措没有被真正采纳。

英国Nimbus公司的莱恩·格慈(Lan Gotts)与理查德·帕克(Richard Parker)提出了一种绩效改进的基本公式：

$$R=IA^2$$

即：Results=Initiatives×Adoption$^2$(结果=措施×采纳率的平方)

这个公式表明，如果不能被采纳并实施，无论公司提出多少举措都无济于事。如果以百分比来表示措施采纳率的话，50%的采纳率会得到25%的结果，90%的采纳率会得到81%的结果，这体现出了采纳率对绩效结果的巨大影响。采纳率就是员工对绩效改进举措的认同、接受与应用的程度。采纳不只是点点头，或者在绩效反馈表上签字，而必须是员工内心真正接受，其态度与行为都要发生改变。员工的采纳有一个心理过程，即从抗拒到部分认同，再到全部接受，最后到主动应用。

由此可见，绩效改进中要注意的最重要的问题就是提高员工的采纳率，它是连接现有绩效结果与新的绩效目标之间的桥梁。因为员工很少会自觉地去采纳，只有在沟通中通过共同的语言和可以接受的方式才能使其自愿采纳。因此，绩效沟通必须以提高采纳率为目标，如果沟通花费的时间和精力最后没有在这一点上实现突破，那么沟通就是无效的，绩效改进的目标也无法实现。

## （二）以采纳为目标的绩效沟通与改进机制

从绩效管理的流程来看，绩效沟通并不是在绩效反馈时才开始的，而是贯穿于整个绩效管理过程中。只有持续不断地沟通，才能达到持续不断的绩效改进。所以，要在组织内形成一种关注采纳、督促采纳、考核采纳的机制与氛围。

### 1. 思路决定出路：理念的采纳

很多企业员工在谈到绩效考核时，都存在明显的抵触情绪，认为绩效考核是企业用来控制他们的工具，通过绩效考核企业可以主观克扣员工薪金，也可以对员工随意晋升或降职。员工的这些心态与看法，反映了他们对绩效考核体系的不信任。

因此，绩效考核前的思想沟通主要是事前理念引导工作，让员工从心理上去接受它，并从中学会绩效沟通的方法。首先，可以通过事前培训让全体员工学习绩效考核的基本知识，全面了解绩效考核是一种有效的管理工具，运用得好，可以提高部门业绩和自身管理水平；员工参与其中，也会对自身绩效与能力的提升有很大帮助。其次，可以通过学术报告会、专题讲座、动员大会、小范围的学习讨论等形式，让全体员工对绩效管理产生正确而清醒的认识。另外，还要通过建立系统沟通的制度保障，来强化沟通的执行。这些措施都有利于培养员工的沟通意识，使他们从抵触沟通到逐步形成为解决问题、提高绩效而乐意主动沟通的习惯。

实际工作中，一些管理比较规范的公司，在每次的年中、年底考核前，都要召开由各个部门负责人参加的考核吹风会和由全体员工参加的考核培训会，以促进员工理解考核的意义与程序，让管理者掌握考核的方法，预防考核问题的发生，为考核工作的顺利开展做好铺垫。

2. 劲往一处使：目标的采纳

在制订绩效目标时，双方需要采取面谈交流的方式进行沟通，在制订企业各部门目标和岗位目标时，需要实现高层管理者之间、中高层之间和中层主管与员工之间的立体多层沟通。沟通的内容主要包括绩效目标本身、达到目标的措施和实现目标所需的资源支持等。

针对目标本身的沟通，在于管理者与员工说明其工作的重要性和对企业整体目标、部门目标实现的影响。这个过程需要管理者与员工充分沟通"想做什么""能够做什么""上级希望自己做什么""自己希望上级做什么"等问题。只有弄清这几个问题，员工才会明确自己的工作方向，进而通过确定有效的工作方式，实现绩效的提升。因此，可以采取一种柔性的目标设置方式，先让员工自己提出绩效目标，管理者再在此基础上进行添加补充，而不要硬性地下达指标；若没有征求员工的意见，单方的契约就会导致员工口是心非地去执行，效果自然不会好，从而使绩效改进计划无法实施。

某经理觉得一名下属总是不能按照要求完成工作目标，气急之下就骂了他，当时这名下属很委屈，也低声辩解过，但经理一句话也听不进去。于是，下属从此不再表达自己的观点，总是默默无声地工作，甚至经理再骂他时，也一言不发、满脸茫然，但心底里一直认为经理很挑剔，两人合作很不愉快。后来经理在主管的提示下，进行了反思，发现自己在每季度制订目标时太苛刻、太绝对化，从来没有征求过下属的意见。于是，在一次公司组织的郊游活动中，经理有意坐在这位下属旁边并对他说："你前天提的一个计划挺棒的！"下属很吃惊，随即跟他谈起了更多的工作计划，于是他们之间关系渐缓。而经理也突然发现，这位下属并不像自己想象的那么笨，他的某些想法还真不错。从此这位经理开始尊重员工的意见和建议。不久后，他吃惊地发现，公司各部门的气氛不再死气沉沉了，业绩也一改过去的徘徊不前，开始平稳上升，绩效改进计划初见成效，公司领导很满意。

通过目标设定过程中的有效沟通，让员工明确自己的工作目标后，接着就要针对实现目标所需要采取的正确方法和措施进行沟通了。

在绩效改进的实施过程中，管理者与员工所进行的正式沟通，主要有工作总结、定期谈心、定期召开工作汇报例会、收集和记录员工行为或结果、关键事件或数据、临时性针对问题的沟通等形式。除了正式的工作沟通之外，还可以采取一些非正式的沟通方式,在不知不觉中达到员工采纳的目的来实施绩效改进计划,正所谓“随风潜入夜,润物细无声”。具体可以采用下面一些方法:

(1) 现场随机沟通。管理者在员工工作期间不时地到现场走动,和员工交流,纠正工作中的偏差。管理者对员工的及时问候和关心,不仅会减轻员工的压力,而且员工会感到被尊重与被重视,进而受到鼓舞,更加努力工作。

(2) 敞开门办公。管理者的办公室随时向员工开放,甚至可以设计成透明式的,在非特殊情况下,员工可随时进入办公室与管理者交流,向他们咨询问题。这种方式最大的优点就是员工处于主动的位置,能及时同管理者讨论所遇到的问题。

(3) 聚会联欢。通过员工欢乐夜、生日宴会、联欢会等活动,管理者可以与员工在一种较为轻松的氛围中沟通。这种沟通有助于化解矛盾,增进感情。

(4) 以身作则,用行动来沟通。沟通中,既要言传,更要身教,而且以身作则正是无声的榜样,表率的力量是无穷的,管理者身先士卒,效果不言而喻。

(5) 网络电话等沟通。可以通过网络留言、电子邮件或者即时聊天工具、手机短信、电话访问等方式随时进行沟通。

### (三) 明确绩效改进的生态大环境

由企业绩效管理和改进的系统环境可以清晰地看出,企业的绩效成果来自低绩效员工恰当的工作行为,而低绩效员工行为的有效性又受三个方面的制约:员工个人特征、组织战略和工作情境。

员工个人特征是绩效的原始投入,这些投入只有通过员工个人的行为才能转化为客观的绩效结果。但是,员工个人特征的有效投入,仅仅是说他们“可能”表现出有效的工作行为,而并不意味着他们“一定会”表现出这些行为,低绩效员工特征和行为的有效转化同时受制于企业的组织战略和低绩效员工所处具体工作环境的影响。组织战略对员工绩效行为的影响通常是通过企业的“目标(计划)管理系统”来实现的。而工作情境对员工行为的影响则体现在企业的工作流程、组织文化、企业引进的各种管理体系和企业所处的外部经济环境等诸多方面。

### (四) 剖析绩效改进的生态小环境

在绩效管理的整个生态系统中,绩效管理体系可以说是对绩效改进产生最直接影响的最内层的生态小环境。一个完整的绩效管理体系一般包括:绩效管理的组织架构;各级绩效管理人员的职责、角色和任务;绩效管理的政策、制度、流程、程序、工具、操作手册、职位说明书等。而在所有这些构成要素中,对员工工作行为和绩效改进产生最直接影响的又首推职位说明书和绩效考核方法。前者明确告诉员工组织的绩效期望是什么,后者则为员工的工作行为提供了具体的规范和指引。可以说,它们是绩效管理生态环境中两个最活跃、最直接的因素。



# 第三节　发挥高绩效员工的作用

不管在一个什么样的团队或组织里,总有些员工属于要害性人物,他们对企业战略目标的实现起着不可或缺的作用,他们就是"核心员工"。"核心员工"的去留和作用的发挥对企业绩效以及未来发展均具有举足轻重的作用。如何让"核心员工"在有效的治理下,留人留心还能发挥更高的绩效呢?

## 一、用好"核心员工"的三个关键点

(1) 教育培训。"核心员工"的培养重点在于后备队伍的培养,要选拔认同企业价值取向、素质高、有潜力的后备人员,有计划地给予重点培养,逐步形成"核心员工"队伍的阶梯式结构,从而持续有效地支持组织战略目标的实现。

(2) 以心换心留人。"核心员工"的保留有两点:人的保留与人所拥有的资源的保留。留人的关键在留"心"。创造良好和谐的企业文化氛围、追求组织与个人的共赢是留"心"的根本。如何把个人优势转化为企业优势则是保留"核心员工"的重中之重,比如"核心员工"所拥有的核心技术、经验积累、个人声誉、客户关系等。加强团队建设是转化个人优势的有效方法之一,团队使个人的作用有限,通过团队内资源共享,从而分散和降低了组织对个人的依赖性。另一个有效方法是加强制度的规范治理,比如客户关系的治理制度等,通过制度把个人拥有的资源记录、整理、分享并保存,从而变成企业的资源和优势。

(3) 制造愿景和激励机制。"核心员工"对组织的忠诚度,受到绩效治理、薪酬以及工作环境氛围三个方面的影响很大,所以激励工作可以重点从这三个方面入手,即"核心员工"的绩效治理、薪酬治理和环境氛围的营造。"核心员工"的绩效治理是战略性的绩效治理,通过分析实现战略的要害成功因素,我们可以确定企业的要害绩效指标,并由此确定"核心员工"的牵引性绩效指标,从而把他们的主要活动与企业战略紧密结合,保证其绩效贡献直接支持企业战略。员工的回报包括经济与非经济性两种,又有短期、中期和长期之分;对核心员工的薪酬治理要重点考虑中长期薪酬方案,现在很多公司实施员工持股计划和期权计划正是基于这种考虑。营造适当的环境氛围,是“核心员工”发挥高绩效的基础,也是留住“核心员工”的重要因素。

## 二、留住“核心员工”的五条原则

(1) 培育“核心员工”对企业的认同。影响“核心员工”去留的一个因素是他们对公司的真正有意义信息的了解,只有让“核心员工”更多地了解公司的运营状况、战略目标和公司的理念,让他们对公司的理念有认同感以及增进他们对公司客户需求的熟悉和了解,才能有效地达到“双赢”。

(2) 让“核心员工”有意义地参与。核心员工并不会自发产生对企业的认同,除非他们真正感到自己的日常活动是如何与企业业绩挂钩的。员工参与方案成功的要害在于“有意义”。例如,美国大西洋航空公司采取“成长与改进团队”的成员一个个都变成了活动的主人:他们检查自己所推荐的变革并确定其是否得到有效落实。这样,就完成了从诊断角色向一个更具领导色彩的角色的转变,从而使员工能更积极地投入并对业绩改进负责任。

(3) 制订明晰的目标。没有明确的、可测量的绩效目标,对企业的认同与投入对“核心员工”的忠诚和绩效的影响将微乎其微。要想使“核心员工”对企业忠诚与绩效之间的联系看得见、摸得着,就必须让员工理解目标并定期进行考核。

(4) 切实提高员工对工作的安全感。工作安全感意味着:假如员工正确完成其工作并帮助其所在的企业取得成功,那么这个成功将有助于其保住自己的饭碗,或提高其发现另一个工作机会的概率,并且还会反映到其薪酬的增长上。

(5) 向“核心员工”提供有巨大激励作用的一揽子奖励计划。要想使“核心员工”对组织有较高的承诺和绩效表现,就要提供一个有竞争力的奖励方案。只有那些对“核心员工”的忠诚和业绩给予高度关注的组织,才能在竞争中长期处于一种优势地位。

另外,对“核心员工”激励的兴奋点还包括:有爱好及重要的工作;使信息、沟通及反馈渠道畅通无阻;参与决策及归属感;独立、自主及有弹性;增加学习、成长及负责的机会。

为适应发展的需要,企业应全面推行全员经济目标责任制及经理负责制。层层分解和落实经济责任制,借此进一步明确每一位员工的责任,并与经济效益挂钩,奖优惩劣、奖勤罚懒,以全面推动企业的经济效益进一步提高。这一系列举措,无疑是企业管理史上的一大进步,其意义和效果也十分深远。

# 第四节　帮助低绩效员工的方法

有很多管理者总觉得陷入人才匮乏的窘境，这其实面临着一个两难的选择：是将绩效较差的员工转化为公司财富还是简单地解雇他们？在做出决定之前，花些时间评估企业的管理方式和员工能力，然后制订计划支持有较大潜力的员工，实际上要比看着谁不行就解雇更有效率，因为人才市场并不总是能够及时提供企业想要的人才，而且新进人才适应工作也需要花费成本。我们将绩效差的员工暂定为"低绩效员工"。

要达到低绩效员工改进的目标，需要公司上下的高度重视、全员的参与、长期的坚持，最重要的六个字是：计划＋沟通＋激励。通过目标的设置把上级的要求、希望改进提升的方面清晰地传递给下级，并通过高绩效员工与低绩效员工之间的沟通，使低绩效员工采纳；然后围绕目标持续有效地帮助员工解决问题，不断优化绩效。对于管理者而言，要很好地发挥高绩效员工的作用，运用沟通的方法使他们成为低绩效员工的一把心灵钥匙，随时随地促进低绩效员工对绩效目标、方法与结果的采纳，使其不断改善自我、改进绩效，这是一种挑战，也是一种责任，更是一种职业素养。只有将采纳思想贯穿绩效沟通的始终，才能使绩效改进的思想深入人心，使公司沟通顺畅，上下合力，创造企业业绩与人才竞争力的持续提升。

帮助低绩效员工首先要进行评估，然后进行计划和实施沟通，同时要不断进行激励。

## 一、正确评估低绩效员工的人品及工作效能

企业需要通过对以下问题的思考，来评估员工及其工作效能。

(1) 工作职能清楚吗？员工能理解工作要求吗？

当对职位的预期定义不清时，你会面临员工和公司双方的失败。鞋子不合脚的时候脚会起水泡，员工不清楚职责的时候，会产生不佳的工作绩效。

(2) 你是否使员工了解了公司对他们的工作预期？

很多情况下，管理者没有就工作预期和绩效标准与员工进行有效沟通。缺乏对成功产出和行为的理解与共识，员工很可能沿着一条错误的道路前进。在工作中，绩效考核是很容易实行的，但是绩效沟通却往往被忽视。

(3) 员工愿意做这份工作吗？

人们对不同种类的工作和活动有不同程度的意愿，意愿是指工作中“我愿意”或者“我不愿意”的因素。

(4) 员工有能力做这份工作吗？

个人的能力是指个人完成任务、活动或指定行为的能力或者精通程度的级别。能力常被描述为工作中的“我能”或者“我不能”的因素。

(5) 员工的工作行为方式与其职能和工作环境相适应吗？

我们生来就具备某些决定行为方式的性格特征。这些特征会影响我们完成特定任务的能力并影响我们与他人交往的方式。由于存在不同的性格类型，我们可能会误解他人行为的意图。例如，有些人可能生来就爱交际，但是缺乏对细节的关注，如果从事不恰当的工作，将成为绩效低下的员工。

(6) 员工与管理者的关系良好吗？

管理者的技能可能会决定员工绩效。同一员工采取相同的技巧和行为方式，在某种类型管理者的管理下可能会产生高绩效，而在另一种类型管理者的管理下可能绩效低下。造成绩效低下的原因包括性格冲突、人际关系技巧不足、缺乏对管理者职能的理解等。

## 二、给低绩效员工制订战略目标和绩效改进计划

我们评估了造成员工绩效低下的因素，接下来需要制订战略和行动计划。我们的目标是将绩效低下的员工转变为自我激励、技术娴熟、有活力的员工。当然，如果这一目标无法实现，送给员工最好的礼物就是让其拥有寻找一份适合自己工作的自由。

如果员工和工作不匹配，在你的组织中为员工寻找一个合适的职位。如果没有，可以让员工离职。如果你事先没有告知员工组织对他们的工作预期，那么以得体、专业的方式与员工就此展开讨论，同时要让员工知道，你会给予他相应的支持并关注他的成长。

你希望雇佣有意愿同时有能力的员工。在评估员工的工作意愿时，寻找员工言行中表达工作意愿或表达缺少工作意愿的事件。如果员工缺少工作意愿，你需要探索背后的原因，并帮助员工解决这一问题。如果员工缺乏工作能力，培训会提升员工能力。

主动与员工沟通是员工和管理者自身成功的关键。为了改善管理者与员工之间的关系，你可以使用行为方式描述评估工具来了解自己和所管理的员工。同时，让你的员工使用相同的工具。通过精确的评估工具所得到的信息可以促进管理者

和员工更好地沟通，使冲突最小化，构建双方和谐关系。你也可以通过这一方式了解如何使员工进行自我激励。

如果你确定员工的工作绩效有改善的余地，那么对员工进行指导、监督和激励。与员工共同制订绩效改善计划，帮助其实现你们共有的目标。然后监督员工的成果，及时给出反馈，并对其成就给予表彰。

精确的工作职责描述、完善的雇佣制度以及管理者激发员工潜力的能力有助于员工实现高绩效。但是如果员工不可教导，不值得激励，那么就该和他说再见了。通过培训会议、问题和绩效记录，你可以有足够的书面证据支持员工离职。

在明确了绩效改进计划后，员工即可按照计划开始逐项落实。在实施绩效改进计划的过程中，管理者通过与低绩效员工的沟通，了解低绩效员工的工作进展情况和问题，将为低绩效员工提供所需要的培训和必要的资源支持与技术帮助作为自己的义务，解决低绩效员工在权限、技术、资源、经验、方法等方面的困难，确保他们和其他员工一样顺利完成绩效改进目标。

同时，管理者还要适时地对低绩效员工的工作进行督导，检查他们的工作方法是否正确，进度是否能按原计划进行等，若出现问题则及时改正。在计划实施过程中，对低绩效员工好的行为及时赞扬，是非常重要的。这方面英特尔公司表现就很突出，如果一个团队成员做了一个非常成功的项目，这个团队的每个人都会及时地给他鼓励、认可和表扬。

很多个性较强、有想法的低绩效员工都持这样的看法：领导只需要关注结果就行了，不要过多地干涉过程。但是，如果对于他们的工作过程丝毫不做控制，也可能会产生一些严重的后果。这时只能是亡羊补牢，为时已晚。其实，只要在沟通方式上加以改进，就可以实现上级与下属双赢的效果。比如，对他们可以采取“引导式沟通”，即让低绩效员工自己去反思问题，提出改进的方法。在与其沟通时注意使用“你觉得这件事做得怎么样”“在这个过程中你获得了什么经验”“你认为怎样可以做得更好”“为什么你认为这样做好呢”“我们这样做会不会更好”等引导式询问。几次之后，就会让那些原本不愿意沟通的低绩效员工，像突然打开了话匣子，心怀感激地提出工作中存在的很多问题及更好的解决办法。接着，管理者可再引导低绩效员工更清晰地理顺下一步的行动步骤。

### （一）系统优化——决定绩效改进的上限

一谈到绩效改进，人力资源经理们都会不约而同地把注意力集中在从绩效评估的环节中识别低绩效员工需要改进的地方，特别是识别出那些所谓的“绩效待改进者”（低绩效员工），然后，在接下来的绩效反馈环节中共同制订改进措施，并把这些措施纳入下一轮的计划中。

在传统的以人为基础的绩效改进中,管理人员常常收集员工工作成果和工作行为方面的信息,作为对员工的绩效进行评价的依据。这种评价的一个基本假设是:员工对于这些工作结果是具有完全控制能力的。但是按照质量管理体系的系统观点看,企业工作产出水平的持续提升取决于系统本身有效性的不断改善和提升。在一个企业中,决定低绩效员工业绩的更重要的因素是“系统因素”(比如竞争对手的产品价格变化以及经济条件等),而这并不在低绩效员工的控制范围之内。因此,如果让低绩效员工去对由于系统因素而产生的工作结果负责,一方面会导致一些功能紊乱性行为出现,如伪造绩效数据,另一方面还会削弱低绩效员工持续改善绩效的动力,打击了低绩效员工的积极性。

因此,为了获得更加持续有效的绩效改进,作为企业绩效管理系统设计师的人力资源经理们就要在关注传统的员工绩效能力、绩效行为改善的同时,认真分析可能被忽略的绩效环境和绩效系统的改善。完整的绩效改善应该同时关注系统、过程、产品和员工能力四个方面。

绩效考核结束后的沟通主要关注员工目标完成情况、没有达到目标的原因分析等内容,具体来说一般包括三个方面:一是结果反馈与肯定。考核者与被考核者一起讨论员工的阶段性绩效结果,使员工有机会提出对考核结果的意见,力争对考核结果达成共识。二是问题诊断。针对部分未达到的目标,考核者与被考核者应共同分析原因,商讨如何制订员工训练和辅导计划,并拟订下一阶段改进的方向与计划。三是员工激励。考核者针对考核结果与被考核者沟通激励计划,鼓励其取长补短。

### (二)用过程的观点审视职位说明书

真正有效的改进并不是一个孤立的活动,它要求组织协调运用管理体系的各种要素,以实施改进,实现企业目标。过去,组织被看作是一些单独的职能部门的集合,这种条块分割的管理方式已经越来越难以适应现代企业的经营环境;而更多的企业开始将组织视为一系列将输入转换为输出的增值过程。对这些关键过程的深刻理解和准确反应,将成为决定绩效改善效果的重要因素。

因此,对职位说明书的改进,首先就要学会用过程的观点进行职位分析和设计。它的三个核心部分是:

(1) 工作产出。这是绩效的直接表现形式。没有对产出在数量、质量及时限上的准确定义,任何试图改进工作绩效的努力都是徒劳的。

(2) 过程活动。是指一组将输入转化为输出的相互关联或相互作用的活动。它又包括各种操作程序,这些操作程序明确说明了在产出形成的每一个阶段应当如何做事情。管理者只有对过程活动有了深刻的了解和认识之后,才能够明确哪些工作任务应当由哪些人来完成,同时还可以取消那些对于工作产出并不必要的业务活动,从而真正实现人岗匹配,为任职者的绩效发挥和绩效改进提供良好的流程环境。

(3) 工作投入。这是对过程活动的输入。它包括:原始投入,即转化活动需要的原材料、信息、数据等;资源,即为了完成转化活动而需要使用的人力、物力资源;控制,即为了使得转化过程符合既定要求,而需实施管控的事项。

### (三)"量身定做"职位设计与再设计

由于低绩效员工能力与技能的提升通常都需要一个周期,因此,企业绩效改进所面对的最大挑战,就是要在现有人员素质和水平的基础上逐步持续地实现绩效改进。如果针对不同任职者的具体能力状况进行适度个性化的职位设计,将会使得低绩效员工绩效潜力得到最大限度的释放。

#### 1. 正确评价"评价方法"的有效性

有效的绩效改进首先是建立在正确评价的基础上的,因此,有效的绩效评价体系要满足以下五个方面的标准:

(1) 战略一致性。是指一个绩效评价体系引发出的工作行为和工作绩效与组织战略、目标和文化相一致的程度。

(2) 效度。是指绩效评价体系仅对与绩效相关的方面进行评价的有效性。

(3) 信度。是指一个绩效评价系统的一致性,包括评价者信度和再测信度。

(4) 接受度。是指绩效评价系统的使用者对它的接受程度。

(5) 明确度。是指一个绩效评价系统在多大程度上使员工们知道公司对他们的期望,以及如何才能达到这些期望的要求。

当绩效改进工作陷入停滞状态时,不妨回头用以上五个标准,判断一下企业现在使用的绩效评价系统是否有效。

#### 2. 选择合适的绩效评价方法

手段是为目的服务的。在对绩效评价方法和手段进行改进之前,需要首先了解绩效管理的目的。一般来说,绩效管理主要有三个目的:战略目的、管理目的以及开发目的。

企业的战略目标是企业最大的绩效预期结果。绩效评价系统是把企业各级员工的工作行为聚焦到企业发展的战略要求上,使得当组织目标和战略发生变化时,组织的绩效评价系统也能相应地做出调整。

同样,组织在进行很多管理决策时,都需要用到绩效评价信息,比如薪资管理、晋升、保留、解雇、临时解雇、对员工个人绩效的认可,等等。

## 三、对企业员工实施全方位的绩效评价

至于员工智能开发的实施，更是需要通过有效的绩效评价为员工的行为、能力、素质、技能的改善提供具体的规范和指引。例如，某酒家经理承诺，完成季度营业指标的员工就有机会抽奖。公司提供的奖品是两台彩电，服务人员每超出业绩目标的百分之一就可以换取一张奖券，季度结束时，每个员工都可以凭借手中累积的奖券进行抽奖。他还先买回一台彩电，放在酒家的大堂里，每个人都可以看见。这个奖励计划让所有的服务人员深受鼓舞和激励，都积极为顾客提供优质服务。结果有一名低绩效员工充分发挥了他的才智，在第二个季度里，他超额完成了指标，并由此获得了彩电。这位经理因此得到了低绩效员工的信赖。

由上述分析可以看出，如果想给员工提供一个良好的绩效改进起点，就需要用过程的观点来逐一审视员工工作过程中的各环节是否能够有效地实现人岗匹配，使之能够充分发挥在岗人员的知识、能力和技能。因此，现代企业职位说明书的编制都是使用“过程的思想”进行职位分析，使用“过程的语言”描述各项职责。规范的职位说明书一般都采用“依据/按照……做……以达成……”的格式来进行各项岗位职责的描述，从而为员工绩效能力的发挥提供明确的指导和良好的施展空间。

在实施中特别强调沟通。低绩效员工在沟通过程中，很容易产生自我防卫的抵抗情绪，甚至会与上司争辩，结果不仅预期的目标不能达成，反而影响两者的关系，出现彼此尴尬的场面。高绩效员工可以发挥其表率作用，在实际工作中运用“加分式沟通”，主动与低绩效员工沟通，以自己的亲身经历告诉低绩效员工这个阶段做了哪些工作、成效如何，并对成绩给予充分肯定；然后告诉这些员工根据其能力还可以做哪些工作，怎样可以做得更好。管理者在绩效沟通中用的是“扣分式沟通”，比如员工做了 90 分的工作，他们便在假设 100 分为目标的前提下，告诉员工还有哪 10 分没有做。由此看来“加分式沟通”是首先肯定员工所做的那 90 分的工作，然后再让其知道还可以做哪些工作，如果做了这些工作并且做得好的话，就可以达到 100 分，甚至 110 分、120 分等。通过这种方式，低绩效员工很愿意去进行绩效面谈，因为他们在沟通中看到了自己的价值，发现了自己的潜力，更重要的是，他们知道了自己努力的方向，看到了未来发展的希望，感受到成长的愉悦，焕发出主动提升与创造的热情。

绩效沟通可以是管理者发起的，也可以是高绩效员工发起的，以充分利用高绩效员工的榜样作用来说服低绩效员工。企业应鼓励高绩效员工主动提出沟通，英特尔公司的“一对一”沟通方式就是由员工向主管或者经理提出的自下而上的交流，谈话的主题也由高绩效员工确定。以前有的管理者每天至少收到 6 个“一对

一”沟通的请求，而他60%的工作时间都用在和低绩效员工的“一对一”交流上，没有时间去抓绩效改进计划的全面实施，现在充分发挥了高绩效员工的作用，用他们的现身说法与低绩效员工进行主动沟通，节约了管理层的大量时间。

另外，为了有效实施绩效改进，就需要针对不同的管理目的选择合适的绩效实施方法，这就要求企业对常见的绩效实施方法的含义和优缺点有一个清晰的认识。

不同的实施方法具有不同的特性。组织的绩效管理者应根据组织面临的具体管理情境有效地选择不同的绩效实施方法或其组合来促进企业绩效的改进。

总之，企业是一个系统，系统本身的有效性决定了系统的绩效及其改善效果。作为企业战略伙伴的人力资源经理们在推进企业的绩效改进工作时，需要关注员工所处的系统和环境是否真的有利于其潜力的发挥。绩效改进勿忘优化绩效生态系统，毕竟系统的有效性决定了企业绩效改进的上限。

## 四、实行以能力大小分配权力，以贡献大小分配利益的激励机制

美国著名的心理学家马斯洛在《人类动机理论》一书中，提出了人类基本需要等级论。他把人的基本需要从低到高划分为五个层次，即生理的需要、安全的需要、社会的需要、尊重的需要和自我价值实现的需要。当员工的权利和利益和谐时，员工的基本需要也就满足了，绩效自然会提高。

(1) 生理的需要。生理需要是人类最基本的需要，它位于“金字塔”的底部。它包括了衣、食、住、行、休息、娱乐等，而这些人类最基本的需要的满足，则往往是推动人们行为活动的强大动力。

(2) 安全的需要。当最基本的生理需要获得满足之后，人们往往就希望得到生活、工作上的保障和安全。例如，有的人害怕下岗、失业，有的人希望得到住房、养老及医疗保障的待遇等。

(3) 社会的需要。在满足了基本的生理和安全需要之后，人们就有了强烈的社会交往动机。例如，人们希望和同事保持友谊，渴望自己有所归属，能成为群体中的一员，得到朋友、同事们的信赖。这种需要还包括个人对家庭、爱人、朋友、同事、上司所表现出来的亲情、爱情、友情、温情等等。

(4) 尊重的需要。尊重的需要主要是指一个人的自我尊重、自我评价和受到别人尊重的需要。其中，一方面表现为渴求实力、成就、适合性和面向社会的竞争性、自信心、自由与独立；另一方面又表现为一个人对名誉、地位、权利、人格和利益的渴望，并希望得到社会和他人的承认与尊重。客观地说，这种需要很少能够完全得到满足。但是，这种需要一旦成为推动力，就会使人具有持久的工作热情。

(5) 自我价值实现的需要。自我价值实现的需要主要是指人们希望完成与自己能力相称的工作，使自己的潜能得以充分的发挥，成为所期望的人物。自我价值的实现，是人生追求的最高境界。它主要包括：自我工作意义的理解；创造能力、自我才能、个人潜能的实现以及自我发展；表现个人思想、情感、兴趣能力、意志、愿望等。

由此可知，员工的五种需要是逐级上升的，作为企业的管理者，完全可以吸收、借鉴马斯洛的五种需要理论，将其合理地利用到企业的组织、管理之中，并可根据需要的不同层次，采取不同的、相应的激励措施来达到绩效改进的目的。

综上所述，员工的积极性与创造性，只有在满足他们必要的、基本的利益需要的前提下，才能激发出来。也就是说，必须在企业内部由经营者利益群体与员工利益群体在整体利益、全局利益一致的基础上，形成一个利益相关、荣辱与共的命运共同体，而签订经济目标责任书则不失为一个良好的方法。运用权、责、利的进一步明确，使员工的潜能得以充分发挥，才能得以充分展现，在企业内部真正形成奖勤罚懒、奖优罚劣的正常的、良性的局面，这不但可以进一步提高企业的经济效益，使企业得到长足的发展，更能够增强企业的凝聚力。因为在这个利益的共同体内，各个利益群体以尊重对方作为共存于共同体内的基本条件，不论是所有者、经营者还是员工，他们的利益归根结底是与本企业经营的好坏、经济效益的大小紧密相连、不可分割的。这是因为，所有者的利益、经营者的利益和员工的利益，都是从企业利益中产生的，没有企业利益，其他人员的利益均无所依靠、无从产生。因此，一心一意、同心同德地把企业办好，以追求和取得最大的经济效益，是企业内部各利益群体的共同利益之所在，也是利益共同体内各个主体的共同任务，只有实现利益的和谐，才能实现社会的和谐。

## 本章小结

本章重点讨论了企业在管理混乱、用人不当、对素质差的员工监管不力的情况下，如何进行绩效改进的问题。

绩效改进的步骤通常有七个，绩效改进的原则有四个方面。

在实际操作中，绩效改进的过程必须明确绩效改进的目的是通过梳理管理方式、方法等问题，铺设管理者与员工合作的途径，帮助员工和企业改进绩效。

然而通过调查发现，在很多企业中，尽管大多数人在对绩效改进、绩效管理的认识上都有所提高，但在实际行动中按照绩效改进的要求去做的管理者却很少。绩效改进就像上级交办的临时任务一样，已经告一段落，束之高阁了。帮助员工和企业改进绩效也成了一句口号，不能付诸实施。本章所强调的绩效改进方法和要点是管理者和员工必须遵守的原则。

那么，通过什么方法能帮助员工提高绩效呢？答案就是“绩效改进”。

绩效改进是绩效考核的后续应用阶段，是连接绩效考核和下一循环计划目标制定的关键环节。绩效考核的目的不仅仅是作为确定员工薪酬、奖惩、晋升或降级的标准，员工能力的不断提高以及绩效的持续改进才是其根本目的，而实现这一目的的途径就是绩效改进。要完成这些任务势必要按照本章所述的要点进行绩效改进，才能实现利益和谐和社会和谐。

通过本章学习可了解绩效管理存在的深层次原因，了解如何通过绩效改进来发挥高绩效员工的作用以及帮助低绩效员工改善的方法。

## 案例分析

从本章引导案例的资料来看，这 4 个员工，各有特点。对一个企业来说，录用员工除了能力外，品质也是不可或缺的！

赵明，精力旺盛，工作肯吃苦，适合做销售人员，要考虑从销售工作流程上是否可以对他的不足给予弥补呢？即使是做事细心的人，如果流程上不完善，不也会出差错么？何况对一个 20 岁的小伙子、高中生，能要求他什么都尽善尽美吗？

但更多的人认为赵明似乎不适合做销售，性格和思维方式是很难改变的，即使改变了他的行为，也只能是表面的，会使他的个性特点大打折扣。

钱达浑身是毛病，尽管做业务应该没问题，但他有些行为涉及劳动纪律和常常利用工作关系办私事等问题。另外也有许多人依然认为他的问题都是可以解决的。

孙青更适合做内勤，而不是业务员。

李强适合做销售。不过需要帮助他解决回款问题，案例提供的信息不足，也许他更适合做服务，或者是不需要管理回款的销售员。虽然很多销售员需要负责回款，但是销售和回款对个人素质方面的要求不一样。到底选择谁留下做销售呢？

这可根据企业的生命发展周期和各人的特点优势予以选择。同时通过考核可以进一步进行绩效工作改进。

## 思考题

1. 绩效改进有哪些步骤？如何实施绩效改进计划？
2. 绩效改进有哪些原则？如何选取待改进方面的原则？
3. 企业在绩效管理中存在哪些问题？主要原因是什么？

4. 如何实现员工的职业和职务的保障？

5. 如何实现员工的基本需要？

6. 如何实现员工的自身价值？

7. 什么是能发挥个人特长的组织环境和挑战性工作？

8. 绩效改进的最终目的是什么？

# 第九章 非系统的绩效考核技术



引导案例

## 绩效考核伤了小李的心

在公司的2007年度员工绩效考核工作中，小李被评了个A(考核分五级，A：杰出；B：良好；C：正常；D：需改进；E：淘汰)。小李很高兴，毕竟自己的工作得到了领导的认同和肯定。

绩效考核是由各部门经理对员工2007年度的工作绩效、任职状况、工作态度等方面的全面评价，结果会影响到员工的职位及薪级调整，比较重要。小李自认为很好地完成了本职工作：全年没有明显失误，尤其前一段时间经常加班到晚上9点多，很多节假日都不休息，表现还是对得起领导的评价的。但是当他听到一个消息后这种喜悦感就没有了，反而愤愤不平给女友诉苦：

"下午生产部的一个同事告诉我，他们部门的小张考核也得了个A，大家都觉得不公平。我听了很惊讶，第一感觉是不是搞错了，我并不是嫉妒他，而是觉得太不可思议了。这个小张每天都利用单位电话与女朋友聊天，一天要打上三四次电话，有时一次通话就长达半个小时之久，公司规定用单位电话打私人电话每次不能超过3分钟。另外他还经常上班玩游戏，其实在不忙的时候上上网、看看新闻，公司是允许的，可玩游戏是不允许的。你说就这样的员工不得个D就算不错了，竟然能被评为A，是不是有些不公平？还有天天上网炒股的小刘，最后被评了个B，而有的人全年表现都不错，只是出现过几个小错误就被评为D。我加班加点努力工作的考核是A，他们天天打私人电话聊天、玩游戏也是A，考核制度岂不形同虚设？"

这种现象说明该公司绩效考核体系中的某些环节在一定程度上出现了问题，比如绩效考核指标设计、绩效标准、考核指标权重、考评方式、考核办法等。我们首先需要深入实际地对具体问题具体分析，在没有进行认真细致的调查分析之前，还不能贸然做出明确的结论。

绩效考核一般关注两方面的内容：一是员工的工作结果，即任务绩效；二是员工在工作过程中所表现出来的行为，即周边绩效。

案例讨论题：

1. 小张为什么也得了 A?
2. 为什么小刘得了 B?
3. 绩效考核为什么伤了小李的心?
4. 绩效考核应关注哪些内容?

打造一套适用于本企业的、良好的绩效考核系统，确实是一个费时费力的过程。虽然，我们有一些系统考评技术，如基于关键业绩指标的绩效考核系统、基于目标管理的绩效考核系统、基于平衡计分卡的绩效考核系统等，但是更多的企业在进行绩效考核时，并不是自组织战略目标到员工个人绩效目标逐级进行系统考核，而是就具体的工作任务，在员工个体绩效层面上设计考评并进行绩效考核。在这一章里，我们介绍一些主要针对员工个体绩效考核的、非系统的绩效考核技术。

# 第一节　以业绩报告为基础的考核

非系统的绩效考核方法很多，但不外乎直接描述式和间接描述式两大类。直接描述式比较适合于评价成型工作，即可见性强、事件感强的工作；间接描述式比较适合于评价非成型工作，即可见性和事件感都不强的工作。前者的优点是客观性强、精确度高，缺点是无法反映出潜在的工作负荷，而后者正好相反。在实际使用中，以上两种方式常常结合使用，下面分别介绍各种常用的绩效考核方法。

## 一、报告法(自评)

报告法是利用书面形式对自己的工作进行总结及评价的一种方法。这种方法多适用于管理人员的自我考评，并且测评的人数不宜太多。自我考评是自己对自己一段工作结果的总结，让被考评者主动地对自己的表现加以反省、考评，为自己的绩效做出评价。

报告法通常让被考评人填写一份员工自我鉴定表，如表 9-1 所示，对照岗位要求，回顾一定时期内的工作状况，列出将来打算，并举出在这段时间内 1～3 件重大贡献事例及1～3件失败的事，给出相应的原因，对不足之处提出有待改进的建议。一般在每年的年终进行，要求大家集中在一起，预先不清楚集中的目的，且要求没有助手参加，自己独立完成总结。

**表9-1 员工自我鉴定表(样例)**

填写时间：____年____月____日

| 部门： | 姓名： | 职务： |
| --- | --- | --- |
| 工作总结： | | |
| 工作自我评价： | | |
| 以下由直接上级填写：<br>1. 工作成果 优秀( ) 良好( ) 一般( ) 较差( )<br>2. 工作能力 优秀( ) 良好( ) 一般( ) 较差( )<br>3. 工作态度 优秀( ) 良好( ) 一般( ) 较差( ) | | |
| 工作评语：<br>直接上级签字：________ | | |
| 备注： | | |

## 二、业绩评定表法

1. 业绩评定表法概述

业绩评定表法又称"等级量度法"，是最古老的也是最为广泛采用的一种考核方法，它根据所限定的因素来对员工进行考核，考核者通常使用一种事先印制的表格进行考核，如表9-2所示。

**表 9－2　业绩评定表(样例)**

<table>
<tr><td>姓　　名……………<br>职　　务……………<br>部　　门……………<br>主　　管……………<br>评价时期<br>从…………到…………</td><td colspan="5">考核说明：<br>1. 每次仅考虑一个因素，不允许因某个因素给出的评价而影响其他因素的决策；<br>2. 考虑整个评价时期的业绩，避免集中在近期的事件或孤立事件中；<br>3. 以满意的态度记住一般员工应履行的职责，高于一般水平或优秀的评价表明该员工与一般的员工有明显区别</td></tr>
<tr><td>评　价　因　素</td><td>较差，不符合要求</td><td>不符合要求</td><td>一般，一直符合要求</td><td>良好，经常超出要求</td><td>优秀，不断地超出要求</td></tr>
<tr><td>工作量：<br>考虑完成的工作量、生产率达到可接受的水平了吗</td><td></td><td></td><td></td><td></td><td></td></tr>
<tr><td>工作质量：<br>在进行任务指派时要考虑到准确、精密、整洁和完成情况</td><td></td><td></td><td></td><td></td><td></td></tr>
<tr><td>可靠性：<br>考虑对员工实现工作承诺的信任程度</td><td></td><td></td><td></td><td></td><td></td></tr>
<tr><td>积极性：<br>考虑是否自信、机智并愿意承担责任</td><td></td><td></td><td></td><td></td><td></td></tr>
<tr><td>适应能力：<br>考虑是否具备对需求变化和条件变化的反应能力</td><td></td><td></td><td></td><td></td><td></td></tr>
<tr><td colspan="6">合作精神：<br>考虑为他人及与他人合作的能力。如果让你加班，是否愿意接受</td></tr>
<tr><td colspan="6">未来成长和发展的潜力：<br>□目前工作中最高或接近最高的业绩。<br>□这个工作中最高或按照最高的业绩，但在另一工作中有成长的潜力。例如：<br>□经过进一步培训和实践能取得进步。<br>□没有明确的限定。<br>员工声明：　　我同意□　　不同意□　　这个评价<br>评论：</td></tr>
<tr><td colspan="6"></td></tr>
<tr><td colspan="6"></td></tr>
<tr><td colspan="3">员工</td><td colspan="3">日期</td></tr>
<tr><td colspan="3">负责人</td><td colspan="3">日期</td></tr>
<tr><td colspan="3">审查经理</td><td colspan="3">日期</td></tr>
</table>

采用这种方法，通过一个等级表，对业绩进行判断并评出等级。等级常常被分成几类，用数字 5—7 表示，也可采用诸如“优秀”、“一般”或“较差”这些形容词来定义。业绩评定表受到欢迎的原因之一就是它的简单、迅速。

在表格中列举了员工的许多特质作为考评的依据。就非管理阶层的员工而言，表格中的特质包括工作量、工作质量、对职务的了解程度、合作程度、可靠程度、进取心、勤勉程度，以及工作态度等项目；而用于考核管理人员的项目则通常包括分析能力、决策能力、创造能力、领导能力、进取心、工作表现、联系能力与情绪稳定力等。每一位被考评者的特质均用一张表格予以量度。

量度表中每一种特质可用连续计分法及不连续计分法予以权衡。使用连续计分法时，考评者需在一连续尺度上给予一个最能代表被考评者实际情况的分数，例如在以下衡量工作态度的尺度中，考评者应在 0～20 分中给予一个分数，如 5 分、7 分或 9.5 分。

若采用不连续计分法，则在既定的等级中选定一个最接近实际情况的等级，例如在以下衡量对工作了解程度的尺度中，考评者必须在 0 分、5 分、10 分、15 分及 20 分这五个等级中选定一个。

评价所选择的因素有两种典型类型：与工作有关的因素和与个人特征有关的因素。与工作有关的因素是工作质量和工作数量，而与个人特征有关的因素是依赖性、积极性、适应能力和合作精神等个人特征。考评者通过最能描述出员工及其业绩的每种因素的比重来完成这项工作。另外，当考评者为被考评者打出最高或最低等级时，应给予特别说明。

如对一名员工的积极性评价为“不满意”，则考评者需提供这种较低评价结论的书面意见，这种书面要求的目的在于避免出现武断或草率的判断。为了得到一个对工作质量的较优评价，员工必须不断地超额完成工作任务。对各种因素和等级定义得越精确，考评者就会越完善地评价出被考评者的业绩。当每个考评者对每个因素和等级都有同样的理解时，则会取得整个组织对被考评者评价上的一致性。

许多绩效考核的业绩评定表还提供了对员工成长潜力的评价。考核的结果从当前工作的最好或接近最好的业绩一直排列下去，没有明显的界限。虽然在对过去业绩或将来潜力同时做出评价方面有些欠缺，但这种做法还是经常被采用。

**2. 业绩评定表法的优点**

业绩评定表法具有下列优点：

(1) 易于了解及采用；

(2) 可依据所得的分数作统计分析，诸如求取其集中趋势、差异量数及偏态量数等；

(3) 由于分数本身被假定足以衡量每一个被考评者的绩效，故可借分数之高低对各被考评者进行比较。

**3. 业绩评定表法的缺点**

业绩评定表法也有一些缺点：

(1) 分数的高低未必能衡量出绩效的高低。例如甲得 80 分，乙得 77 分，但两个人的工作绩效并不一定如分数所显示的那样甲肯定高于乙。

(2) 业绩评定表法有一基本假设，即某一性质所获的高分数可用以补偿另一性质所获的低分数。这一假设并不切合实际。例如某人在工作量方面获得低分数，但在出席率、合作程度、工作态度方面获得高分数，这样是否可相互抵消？这是值得怀疑的。

(3) 考评者所给予的分数通常会偏高，这可能是因为考评者希望被考评者能获得薪资的提高，或希望显示被考评者的绩效较以前有进步，甚或各个考评者之间因处于竞争状态而彼此倾向于提高考核成绩。

## 第二节　以员工比较为基础的考核

大部分的绩效考核工具都是要求考评者依据某些优劣标准来评价员工绩效。然而，使用员工比较系统，员工的绩效则是通过与其他员工的绩效相比较来评价的。换句话说，员工比较系统是用于排序，而不是用于评分。排序形式有多种，如简单排序法、一一对比法或强制分布法。简单排序法要求考评者依据工作绩效将员工从最好到最差排序。一一对比法则是考评者将每一个员工相互进行比较，如将员工 1 与员工 2、员工 3 相比，或员工 2 与员工 3 相比，赢得最多“点数”的员工获得最高等级。强制分布法要求考评者在每一个绩效程度档次上(如“最好”、“中等”或“最差”)都分配一定比例的员工。强制分布法类似于在曲线上划分等级，一定比例的员工得 A，一定比例的员工得 B，等等。

### 一、简单排序法

在使用简单排序法进行绩效考核时，考评者只要简单地把一组中的所有员工按照总业绩的顺序排列起来即可。例如，部门中业绩最好的员工被排在最前面，最差的被排在最后面。这种方法的主要问题是，当个人的业绩水平相近时难以进行准确排序。

作为简单排序法的一种演变，平均比较法将每个员工的工作业绩与其他员工的工作业绩进行简单比较，获得有利比较结果最多的员工，就在绩效考核中被排列在最高的位置上。而有些人力资源管理者对这样一种考评方法持有异议，他们的观点是员工所要达到的是他们的任务目标，而不是他们取得的成绩要比工作小组中的其他人更好。这种考核方法的使用，事实上已超出了个人绩效领域，因此应在一个更广泛的基础上进行考虑。

通常来说，根据某些工作绩效考评要素将员工从绩效最好到绩效最差进行排序，要比绝对地对他们的绩效进行考评容易得多，因此，简单排序法是一种运用得非常普遍的工作绩效考评方法。其操作方法是：

(1) 将需要进行考评的所有人员的名单排列出来，然后将不是很熟悉因而无法对其进行考评的人的名字划去。

(2) 用表 9-3 所示的表格来显示在被考评的某一特点上，哪位员工的表现是最好的，哪位员工的表现又是最差的，并依次排列在表格中。

**表 9-3 简单排序法(样例)**

| 序号 | 周边绩效优秀者(姓名、性别、民族、单位及职务) |
|---|---|
| | |
| | |
| | |
| | |
| | |
| | |
| | |
| | |
| | |
| | |
| | |
| | |

很显然，运用简单排序法进行绩效考核的最大优点就是简单实用，其考核结果

也令人一目了然。但这种方法容易对员工造成心理压力,在感情上也不易接受。

## 二、选择排列法

选择排列法又叫交替排序法,是选择法的一种演变。选择排列法利用人们容易发现最优和最劣两个极端而不易发现中间的心理,通过"选优"和"淘劣"的比较方法,交替对员工的某一绩效特征进行选择性排序。

具体的做法是,首先在被考评的员工中挑选出最好的员工,然后再选择出最差的员工,将他们分别列为第一名和最后一名;接着再找出次优者和次劣者,将他们分别列为第二名和倒数第二名;依次类推,直到全部排完为止。

与简单排序法的一个不同点是,选择排列法不是总体性排列,而是对被考评者需要考评的几个方面分别进行排列,然后进行相加得出总的排序。

选择排列法是一种适用于对相同职务工作人员进行考评的方法。在考评之前,首先要确定考评的几个要素(即指标),但是不确定要达到的工作标准。将相同职务的所有员工在同一考评要素中进行比较,根据他们的工作状况进行交替排列顺序。最后,将每位员工在几个要素中的排序数字相加,就是该员工的考评结果,如表 9-4 所示。

**表 9-4　选择排列法(样例)**

**选择排列法的工作绩效考评等级**

考评所依据的要素:________

针对你所要考评的每一种要素,将所有被考评者的姓名都列举出来。将工作绩效考评最高的被考评者姓名列在第 1 行的位置上,将评价最低的被考评者姓名列在第 20 行的位置上。然后将次最好的被考评者姓名列在第 2 行的位置上,将次最差的被考评者姓名列在第 19 行的位置上。将这一交替排序继续下去,直到所有的被考评者都被排列出来为止。

考评等级最高的员工

| | |
|---|---|
| 1. ________ | 11. ________ |
| 2. ________ | 12. ________ |
| 3. ________ | 13. ________ |
| 4. ________ | 14. ________ |
| 5. ________ | 15. ________ |
| 6. ________ | 16. ________ |
| 7. ________ | 17. ________ |
| 8. ________ | 18. ________ |
| 9. ________ | 19. ________ |
| 10. ________ | 20. ________ |

考评等级最低的员工

选择排列法的优点就是速度快，但每次比较都局限于相同的工作岗位，比较范围较小，一般在 5—10 人，而且排优容易排差难。它的缺点是不能用于不同部门员工之间的比较，考评属于主观判断。

## 三、一一对比法

一一对比法，又称配对比较法或成对比较法。这种方法使得排序型的工作绩效法变得更为有效。其基本做法是，将每一位员工按照所有的考核要素（“工作数量”“工作质量”等）与其他员工进行比较，根据成对比较的结果，排列出他们的绩效名次，而不是把各被考核者笼统地排除。假定需要对五位员工进行工作绩效考核，那么在运用一一对比法时，首先应当列出一张像表 9-5 所示那样的表格来，其中要标明所有需要被考核的员工姓名以及需要考核的所有工作要素。接着，将所有员工根据某一类要素进行成对比较，然后用“＋”（好）和“－”（差）标明谁好一些，谁差一些。

当所有的工作人员相互比较完毕后，将每位员工在不同要素上的比较成绩进行相加，“＋”号数量越多，绩效考核的成绩越好；反之，“－”号数量越多，绩效考核的成绩就越差。最终汇总，排出所有被考评者的顺序。

一一对比法是在某项考评指标上将一个人与另一个人（而不是考评指标）进行比较，尽管优劣是相对的，但这种比较法较方便，尤其对那些指标一时难以精确确定（如主动性）的考核要素更适用。

应用一一对比法能够发现每位员工在哪些方面比较出色，哪些方面存在不足。如表 9-5 所示的指标就反映出员工 B 的工作质量是最好的，而员工 A 的创造性是最好的。

**表 9-5　一一对比法（样例）**

| 就“工作质量”指标进行考评 | | | | | | 就“创造性”指标进行考评 | | | | | |
|---|---|---|---|---|---|---|---|---|---|---|---|
| 被考评者姓名 | | | | | | 被考评者姓名 | | | | | |
| 比较对象 | A 张三 | B 李四 | C 王五 | D 赵六 | E 潘七 | 比较对象 | A 张三 | B 李四 | C 王五 | D 赵六 | E 潘七 |
| A 张三 | | ＋ | ＋ | － | － | A 张三 | | － | － | － | － |
| B 李四 | － | | － | － | － | B 李四 | ＋ | | － | ＋ | ＋ |
| C 王五 | － | ＋ | | ＋ | － | C 王五 | ＋ | － | | － | ＋ |

续 表

| 就“工作质量”指标进行考评 | | | | | | 就“创造性”指标进行考评 | | | | | |
|---|---|---|---|---|---|---|---|---|---|---|---|
| 被考评者姓名 | | | | | | 被考评者姓名 | | | | | |
| 比较对象 | A<br>张三 | B<br>李四 | C<br>王五 | D<br>赵六 | E<br>潘七 | 比较对象 | A<br>张三 | B<br>李四 | C<br>王五 | D<br>赵六 | E<br>潘七 |
| D<br>赵六 | ＋ | ＋ | － | | ＋ | D<br>赵六 | ＋ | ＋ | ＋ | | － |
| E<br>潘七 | ＋ | ＋ | ＋ | － | | E<br>潘七 | ＋ | － | － | ＋ | |
| 统计 | 2－<br>2＋ | 4＋ | 2－<br>2＋ | 3－<br>1＋ | 3－<br>1＋ | 统计 | 4＋ | 3－<br>1＋ | 3－<br>1＋ | 2－<br>2＋ | 2－<br>2＋ |

在采用一一对比法时必须注意，由于这种方法的特点是一一循环比较，因此所比较的员工数量不宜过多，如5名员工需要比较10次，10名员工就要比较45次，20名员工更是要达到190次，费时费力，可能会使考评质量受到制约和影响。另外，一一对比法得出的顺序是某一个范围内的相对名次，在这个范围内得到的最优名次并不意味着可以在整个组织中列入优秀之列。反之，如果整个部门员工表现都很优秀，所评出的中等名次的员工可能比其他部门的优秀员工还要好一些。

## 四、强制分布法

根据正态分布原理，优秀员工和不合格员工的比例应该基本相同，都属少数。大部分应该属于工作表现一般的员工，因此，可以做出强制规定。如可将最优到最差设定为五个等级，分别设定百分比为10%、20%、40%、20%、10%。考评时按照比例进行，将每位员工根据表现强制列入某一个等级。强制分布法简易方便，成本低，可以避免考评者过宽、过严或高度趋中的偏差。

强制分布法不适合员工数量少的部门。人数少不能形成足够数量的正态分布比例，分布的比例不符合实际，使考评的偶然性加大。人数越多就越能体现正态分布原理的价值，人数少的部门会存在都优秀或都一般的状况，对这些部门实行强制分布法并不公正。人数少也容易让那些不愿评差只愿评优的部门员工达成默契：优劣轮流当。这会使考评失去意义。

强制分布法也属于一种主观考评的方法，不能具体描述员工的优点和缺点，所评出的等级依据不强，无法对员工的发展给予指导和帮助以及有效的绩效反馈沟通。这种方法也容易让员工对绩效考核产生对立情绪，影响绩效考核的效果，实施不好还会增加团队矛盾。

强制分布法是根据正态分布原理，即俗称的“中间大、两头小”的分布规律，预先确定考评等级以及各等级在总数中所占的百分比，然后按照被考评者绩效的优劣程度将其列入其中某一等级。如图 9－1 所示。

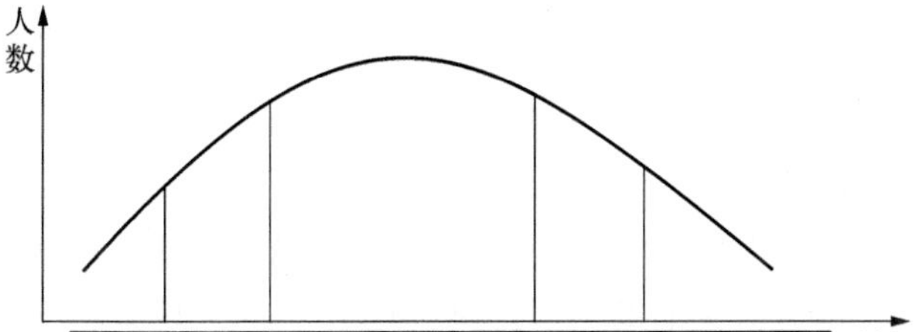


| 优秀 | 良好 | 中等 | 较差 | 最差 |
| --- | --- | --- | --- | --- |
| 10% | 20% | 40% | 20% | 10% |

**图 9－1 强制分布法示例**

强制分布法适用于被考评者较多的情况，操作起来比较简便。由于遵从正态分布规律，可以在一定程度上减少因考评者的主观性所产生的误差。这种方法的优点是有利于管理控制，特别是在引入员工淘汰机制的公司中，它能明确筛选出淘汰对象。由于员工担心因多次落入绩效最低区间而遭解雇，因而具有强制激励和鞭策功能。当然，它的缺点也同样明显，如果一个部门的员工的确都十分优秀，那么强制进行正态分布划分等级，可能会带来诸多方面的弊端。

GE 前任首席执行官杰克·韦尔奇凭借该规律，绘制出了著名的“活力曲线”。按照业绩以及潜力，将员工分成 A、B、C 三类，三类的比例分别为：

A 类：20%；B 类：70%；C 类：10%。

对 A 类这 20%的员工，韦尔奇采用的是“奖励奖励再奖励”的方法，提高工资、赠送股票期权以及职务晋升。A 类员工所得到的奖励，可以达到 B 类的两至三倍；而对于 B 类员工，也根据情况，确认其贡献，并提高工资。但是，对于 C 类员工，不仅没有奖励，还要从企业中淘汰。

随着杰克·韦尔奇和他的 GE 的成功，强制分布法得到了国内外越来越多的企业的青睐。许多大企业纷纷采用此方法，按照不同的绩效等级，对员工进行奖惩。在实践中，一些企业也如 GE 一样取得了成效，但同时，也有为数不少的企业，尝到了失败的苦涩，比如下面例子中的企业。

某地有一家音响器材厂，老板禀性敦厚，原本生意不错。为了使公司管理走向正规，开始了轰轰烈烈的考核。他们采用的就是强制分布法，将考核结果分为四级，分别是：优异 10%，优秀 10%，一般 75%，较差 5%。对考核“优异”的员工，工资上调 20%；考核“优秀”的员工，工资上调 5%；考核“一般”的员工，不涨工资，根据当月效益,给予一定的奖金(优异和优秀的员工也可同样获得奖金);而对考核“较差”的员工,无任何奖励,并且限期改善绩效,否则只能淘汰。没有想到,考核开始了,该老板的烦恼也开始了。他遇到的问题有如下几个:

(1) 团队合力问题;

(2) 分数的公正性问题;

(3) 结果的运用问题;

(4) 淘汰难以实行;

(5) 奖励难以兑现。

考核结果出来后,出乎大家的意料,不少领导和员工心目中的好员工,却不知为何拿不到好的成绩,而考评“优异”的,却有相当一部分难以服众。老板也不情愿给二流的人员发一流的工资。于是,考核“优异”的,怪老板言而无信;考核“优秀”的,心里不服气;考核“一般”的,有了推卸责任的借口;考核“较差”的,一部分要老板付出心力苦苦挽留,另一部分要企业付出金钱谨慎淘汰。混乱的局面,直到取消考核才停止。

客观来说,强制分布法也如平衡计分卡以及360度考核法一样,只不过是一种管理的工具而已,而每一种管理工具,都有其优缺点。如何发挥强制分布法的强激励作用,最大限度地减少负面影响?对此,我们有如下建议:

(1) 使用条件要成熟。强制分布法较之其他考评方法,更需要文化的吻合。因为其强烈的刺激,给员工心理带来的冲击更大。GE的“活力曲线”之所以发挥出很好的效果,在于其整整花费了10年时间来建立新的绩效文化。但即便是在GE,冲突也经常发生,有的部门负责人,甚至将已经过世的人的名字填上来,以填充后10%的人数。但GE的文化,较好地弥合了强制分布法的负面效应。坦率与公开是GE绩效文化中最显著的特点,员工可以在任何层次上进行沟通与反馈,在这种文化下,绩效的持续改进与提升是员工关注的重点。如果没有这种绩效文化的依托,强制分布法也只能起到传统考核所起到的“胡萝卜加大棒”的效果。另外,杰克·韦尔奇坚决果断的领导风格,也是GE文化中较有亮色的一笔。

(2) 方法要吃透。在使用强制分布法之前,一定要充分意识到其负面影响,权衡利弊后,如果确实利大于弊,方可采用。并且,要研究如何将其负面影响降到最小。笔者曾替一些企业收拾过失败考核的“残局”,感触颇深。在此,笔者再次呼吁,对一些管理方法和工具的使用,一定要“适”字当先,千万不可人云亦云,并且,要根据企业的自身实际,灵活而不是机械式地运用。

对上述那家企业,我们提出如下建议:既然不同部门间的平均绩效水准以及员工的素质参差不齐,那么在实践中,就应该将员工的绩效与部门的整体绩效联系起来,而不应该简单地“一刀切”。笔者推荐如下两种办法:

一种是整体领先法。在各部门人数确定的前提下，根据部门整体绩效的等级，不同等级给予一定的系数，确定部门内各等级员工名额，对整体绩效领先的部门给予一定的倾斜。比如，同样人数的两个部门，A部门整体绩效为“优异”，则A部门获得“优异”的员工人数为：10%×人数×1.5；获得“较差”等级的员工人数为：5%×人数×0.5。B部门整体绩效为“一般”，则B部门获得“优异”的人数为：10%×人数×0.6；获得“较差”的人数为：10%×人数×1.2（倾斜系数一定要根据企业的实际情况，经反复测算后方可确定）。

另一种是柔软等级法。与第一种方法类似，其区别在于不强调名额的精确性，模糊规定出上下限。比如，部门整体绩效“优异”的，只按倾斜系数规定出“优异”的人数，而不限制“优秀”“一般”和“较差”的人数；如果有绩效较差的，就如实评价，如果没有，也不需要强行拉入。而部门整体绩效“较差”的，不仅按倾斜系数限制“优异”、“优秀”的人数，并且“优秀”“优异”的人数可以少于规定的人数，而“较差”的人数则只能比倾斜系数计算出的多。如此，不仅可以避免“绝对强制”所产生的负面效果，更可以提高团队士气，达到长久的团队激励效果。

对于人数少的部门，不强行规定各等级人数，而由其直管领导根据其绩效实际，直接评价出等级（这需要在绩效指标与标准设定以及在绩效过程中都维持良好的沟通）。为有效避免发生部门领导绩效评价过严或过松的现象，由公司的考评小组，每三个月对上述部门评价为“优秀”以上的员工绩效进行公开审核，届时，直管领导需在专项会议上进行书面以及口头陈述。如果部门评价与考评小组评价有异议的，以考评小组为准；对绩效评价为“一般”以及“较差”的员工，如果本人以及其他部门都没有提出异议，则不需要考评小组进行审核。

可采用多种办法，比如提供培训以及更有挑战性的工作机会等，激发员工的工作热情。另外，在必备的绩效文化没有形成前，企业在绩效结果的使用上也需要留有分寸。比如初期，可缩小最后一个等级的人数比例；或者不把强制分布法与员工的末位淘汰结合起来，将关注点由对过去的结果评价转移到对员工未来绩效与能力的提升上来。

总之，对于强制分布法的使用，企业应该慎重。

从以上介绍的四种基本的比较方法可以看出，员工比较系统的优点是成本低、实用，考评所花费的时间和精力非常少。而且，这种绩效考核法有效地消除了某些评定误差，如避免了宽厚性错误及考评者的趋中性错误。当然员工比较系统也有缺点。首先，因为判定绩效的评分标准是模糊或不实在的，评分的准确性和公平性就可能受到很多质疑；其次，员工比较系统没有具体说明一个员工必须做什么才能得到好的评分，因而不能充分地指导或监控员工的行为；再次，公司用这样的系统不能公平地对来自不同部门的员工的绩效进行比较，比较常见的例子，如A部门排在第六名的员工可能比 E 部门排在第一名的员工做得更好。

# 第三节 基于员工行为及个性特征的考核

## 一、因素考核法

因素考核法是将一定的分数按权重分配给各项绩效考核指标,使每一项绩效考核指标都有一个考核尺度;然后根据被考核者的实际表现在各考核因素上评分,最后汇总得出的总分,就是被考核者的考评结果。此法简便易行,而且比排序法更为科学。

比如,我们可以为被考评人设定以下四个绩效考核指标,运用因素考核法划分权重并制定如下标准,以此为基础对员工绩效进行考核。

(1) 出勤:占总分 30%,分为上、中、下三个等级。出勤率 100%为满分(30),病事假一天扣 1 分,旷工一天扣 20 分,迟到或早退一次扣 15 分,旷工一天以上或缺勤 30 天以上者不得分。

(2) 能力:占总分 20%,分上、中、下三个等级。技术高、能独立工作、完成任务好、胜任本职工作的评为"上",低于这个技术水平的评为"中"或"下"。在考核阶段内如有 1 个月未完成下达任务的扣 10 分。

(3) 成绩:占总分 30%,分上、中、下三个等级。协调性好、积极主动工作、安全生产、完成任务好的评为"上",较差的评为"中",再差的评为"下"。在工作、生产中出现一次差错造成损失的,或安全、质量方面发生事故经企业研究做出处理者一次扣 10 分,情况严重者不得分;如有 1 个月未完成下达任务的扣 15 分,病事假每 1 天扣 0.5 分。

(4) 组织纪律:占总分 20%,分为上、中、下三个等级。工作服从分配、遵守规章制度、讲文明礼貌、能团结互助的评为"上",否则评为"中"或"下"。违反企业规章制度或因工作失误被企业处理者一次扣 10 分。

各考核因素的上、中、下三个等级的比例均分别控制在 25%、60%、15%。

## 二、图尺度评价法



图尺度评价法又叫图解式考核法,是最简单和运用最普遍的工作绩效考评技术之一。它列举出一些组织所期望的绩效构成要素(质量、数量或个人特征等),还列举出跨越范围很宽的工作绩效登记(从“令人不满意”到“非常优异”)。在进行工作绩效考评时,首先针对每一位员工从每一项考评要素中找出最能符合其绩效状况的分数。然后将每一位员工得到的所有分值进行汇总,即得到其最终的工作绩效考评结果。

当然,许多组织并不仅仅停留在一般性的工作绩效因素上,他们还将这些作为评价标准的工作职责进行进一步的分解,形成更详细和更有针对性的工作绩效考评表。

这一测评方法有很多种变形,比如通过对指标项的细化,可以用来测评具体某一职位人员的表现。指标的维度来源于被测对象所在职位的职位说明书,从中选取与该职位最为密切相关的关键职能领域(Key Functional Area,KFA),再进行总结,分析出关键绩效指标(Key Performance Indicator,KPI),然后为各指标项标明重要程度,即权重。

图 9-2 和图 9-3 为两个具体应用的例子。

举例一:

(一) 工作量

(　) 不符合最低标准　(　) 勉强　(　) 满意　(　) 很勤奋　(　) 优异

(二) 可靠程度

(　) 需严加监控　(　) 有时需督促　(　) 合理监督下能完成工作　(　) 不大需要监督　(　) 自动自发

(三) 工作知识

(　) 缺乏知识　(　) 某些方面知识缺乏　(　) 能回答大部分　(　) 了解工作各方面　(　) 熟悉各方面

(四) 出勤状况(略)

**图 9-2　图尺度评价法表格**

举例二:

工作执行成果(24 分)

| 一、工作态度(40 分) | 二、工作能力(30 分) |
| --- | --- |
| 1. 勤勉 | 1. 工作改善 |
| 2. 负责 | 2. 业务执行 |
| 3. 合作 | 3. 知识技能 |
| 4. 服从 | 4. 沟通表达 |
| 5. 适应 | |

**图 9-3　图尺度评价法考评项目**

图尺度评价法的具体使用方法如下：

首先在一张图表中列举出一系列绩效考评要素并为每一要素列出几个备选的工作绩效等级；然后，主管人员从每一要素的备选等级中分别选出最能够反映下属实际工作绩效状况的工作绩效等级；最后，按照相应的等级确定其各个要素所得的分数。

图尺度评价法的优点有：使用起来较为方便；能为每一位员工提供一种定量化的绩效考评结果。其缺点有：绩效考评标准可能不够清楚；晕轮效应、居中趋势、偏松倾向和考评者偏见等问题都有可能发生。

## 三、行为锚定等级评价法

行为锚定等级评价法的目的在于：通过一种等级评价表，将关于特别优良或特别劣等绩效行为的叙述加以等级性量化，从而将描述性关键事件评价法和量化等级评价法的优点结合起来。其倡导者宣称，它比我们所讨论过的所有其他种类的工作绩效考评工具都具有更好的考评效果。表 9－6 是美国海军招募人员时使用的行为锚定等级评价表的一部分。

**表 9－6　行为锚定等级评价表(样例)**

**推 销 技 能**

说服候选人加入海军的能力；用海军所能提供的福利和各种机会来有效地使候选人对海军产生兴趣的能力；办理手续的能力；将不同的推销技术有选择地运用到不同候选人身上的能力；有效地推翻对参加海军所存在的异议的能力。

| | |
|---|---|
| 9 | 如果一位候选人说他只对核武器感兴趣，如果不是从事此类工作，他是不会参加海军的，这个时候，招募人员并不放弃，而是会与这位年轻人谈起电子领域的技术，并强调在海军中可能获得电子技术方面的培训。 |
| 8 | 海军招募人员会严肃地对待反对加入海军的意见；努力用相关的和反面的事实来驳倒这种观点，为海军职业进行辩护。 |
| 7 | 当与一位高年级高中生交谈时，招募人员会提起出自同一学校的已经加入海军的其他高年级学生的名字来。 |
| 6 | 如果一位候选人只适合海军中的一种工作，那么招募人员将极力向候选人传达这样一种信息：这种工作是极为有意义的。 |
| 5 | 当一位候选人正在犹豫应当加入哪一军种的时候，招募人员应当尽力描绘海军在海上的生活以及在港口的意义。 |
| 4 | 在面谈中，招募人员对一位候选人说：“我将尽力将你送入你想要去的学校，但是坦率地说，至少在今后的三个月之内，它还不会开学，因此你为什么不做出第二次选择并且马上就走呢？” |
| 3 | 尽管候选人一再强调他已经决定参加海军了，可招募人员还是坚持要向他再提供一些小册子和电影资料。 |
| 2 | 当一位候选人陈述了反对加入海军的意见时，招募人员就终止了谈话，因为他认为此人肯定是对加入海军不感兴趣。 |
| 1 | |

采用行为锚定等级评价法通常要求按照以下五个步骤进行：

(1) 获取关键事件。要求对工作较为了解的人(通常是工作承担者及其主管人员)对一切代表优良绩效和劣等绩效的关键事件进行描述。

(2) 建立绩效考评等级。由这些人将关键事件合并为为数不多的几个绩效要素,并对绩效要素的内容加以界定。

(3) 对关键事件重新加以分配。这是由另外一组同样对工作比较了解的人来对原始的关键事件进行重新排列。他们将会看到已经界定好的工作绩效要素以及所有的关键事件,然后他们需要做的就是：将所有这些关键事件分别放入他们自己认为最合适的绩效要素中。通常情况是,如果就同一关键事件而言,第二组中某一比例以上(通常是50%～80%)的人将其放入的绩效要素与第一组的人将其放入的绩效要素相比是相同的,那么,这一关键事件的最后位置就可以确定了。

(4) 对关键事件进行评定。第二组人会被要求对关键事件中所描述的行为进行评定(一般是7点或9点等级尺度评定法),以判断它们能否有效地代表某一工作绩效要素所要求的绩效水平。

(5) 建立最终的工作绩效考评体系。对于每一个工作绩效要素来说,都将会有一组关键事件(通常每组中有6～7个关键事件)来作为其行为锚。

虽然使用行为锚定等级评价法比使用其他的工作绩效评价法(如图尺度评价法)要花费更多的时间,但是许多人认为,行为锚定等级评价法有以下一些十分重要的优点：

(1) 对工作绩效的计量更为精确。由于是由那些对工作及其要求最为熟悉的人来编制行为锚定等级体系,因此行为锚定等级评价法应当能够比其他评价法更准确地对工作绩效进行考评。

(2) 工作绩效评价标准更为明确。评价等级尺度上所附带的关键事件有利于考评者更清楚地理解"非常好"和"一般"等各种绩效等级上的工作绩效到底有什么差别。

(3) 具有良好的反馈功能。关键事件可以使考评者更为有效地向被考评者提供反馈。

(4) 各种工作绩效要素之间有着较强的相互独立性。将众多的关键事件归纳为5～6种绩效要素(如"知识和判断力"),使得各绩效要素之间的相对独立性很强。比如,在这种考评方法下,考评者很少会仅仅因为某人的"知觉能力"所得到的评价等级高,就将此人的其他所有绩效要素等级都评定为高级。

(5) 具有较好的连贯性。相对来说,行为锚定等级评价法具有较好的连贯性和较高的信度。这是因为,当不同的考评者对同一个人进行评价时,其结果基本上都是类似的。

值得注意的是,行为锚定式评价量表中所使用的评价量表与图表尺度法中所使用的评价量表在结构上并不相同。行为锚定式评价量表是用反映不同绩效水平的具体工作行为的例子来锚定每个特征的。

行为锚定式评价量表最大的优点在于它指导和监控行为的能力。行为锚定使员工知道他们被期望表现出哪些类型的行为,从而给考评者提供以行为为基础的反馈机会。在最初被提出时,行为锚定式评价量表被预测将大大优于图解式评价量表。人力资源管理专家认为,行为锚定能产生更准确的评分,因为它们能使考评者更好地诠释评定量表上不同评分的含义。然而,正如我们将要看到的,这种期望并未达到。

实际上,行为锚定式评价量表的优势远未被研究证实。绝大部分研究都没能提供证据证明建立和使用行为锚定式评定量表所花费的大量时间和精力从结果上看是值得的。

行为锚定式评价量表的失败可能在于考评者在尝试从量表中选择一种员工绩效水平的行为时所遇到的困难。有时一个员工会表现出处在量表两端的行为,因此,考评者不知应为其分配哪种评分。

# 第四节　以特殊列案为基础的考核

## 一、特殊列案法

### (一)特殊列案法的种类

一旦考核的特殊列案选定了,所应用的特别方法也就确定了下来。特殊列案法一般有如下几种。

**1. 年度报告法**

年度报告法的一种形式是一线监督者保持考核期内员工特殊列案的连续记载。监督者每年报告决定员工表现的每一个员工记录,其中特别好的或特别差的事例就代表了员工在考核期内的绩效。在考核期中没有记录或记录很少的员工所做的工作是令人满意的,他们的绩效既不高于也不低于预期的绩效水平(标准或平均绩效水平)。年度报告法的优点是它特别针对工作,其工作联系性强。而且由于考核是在特定日期就特定列案进行的,所以考核者一般很少或不受偏见的影响。

年度报告法的主要缺陷是很难保证将员工的表现精确地记载下来。由于监督者可能还有其他重要的事情,因此常常不会有充足的时间记录员工的表现。这种不完善可能是由于监督者的偏见或由于缺乏时间和努力而造成的。如果组织对监督者进行必要的训练,使他们能客观、全面地记载员工的特殊列案,这种考核方法也可以用于开发性目标。年度报告法的另一缺陷是缺乏关于员工的比较数据,很难用特殊列案的记录来比较不同员工的绩效。

2. 特殊列案清单法

特殊列案法也可以通过开发一个与员工绩效相联系的特殊行为的清单来进行绩效考核。这种考核方法对每项工作要给出 20 或 30 个特殊项目。考核者只简单地检查员工在某一项目上是否表现出众。表现出色的员工将得到很多检查记号,这表明他们在考核期表现很好。一般员工只能得到很少的检查记号,因为他们仅在某些情况下表现出众。

特殊列案清单法常常给不同的项目以不同的权重,以表示某些项目比其他项目重要,通常权重不让考评者得知。在将员工特殊列案清单上的检查记号汇总以后,就可以得到这些员工的数量型的考评结果。由于这种方法产生的结果是员工绩效的数字型总分,因此必须为组织内每个不同岗位制定一个考核清单,这种方法很费时而且费用也高。

行为定位评级量表把行为考核与评级量表结合在一起,用量表对绩效做出评级,一般地,可把特殊行为列案根据量表值做出定位评级量表。这种量表用于评价性目标,它可以很容易获得与绩效增长和提升可能性相联系的数字型评价结果。这种方法也能用于开发性目标,因为它是与工作紧密相连的,而且是用代表好的工作成绩的特殊事项作为评价事项。

## (二) 特殊列案法的运用

例如,通用汽车公司首先成立了一个委员会,专门领导这项工作。该委员会根据公司的实际情况,制订了以下的考核项目:“体质条件”“身体协调性”“算术运算能力”“了解和维护机械设备的情况”“生产率”“与他人相处的能力”“协作性”“工作积极性”“理解力”等。然后,要求工厂的一线领班,根据下列要求,对各自部下的最近工作行为的特殊事实进行描述,并记录如下内容:

- 事实发生前的背景;
- 发生时的环境;
- 行为的有效或无效事实;
- 事实后果受员工个人控制的程度。

例如,一位领班对他一个部下的工作“协作性”是这样记录的:

有效行为：虽然今天没有轮到杰克加班，但他还是主动留下加班到深夜，协助其他同事完成了一份计划书，使公司在第二天能顺利地与客户签订合同。

无效行为：总经理今天来视察，杰克为了表现自己，当众指出了约翰和查理的错误，致使同事之间关系紧张。

通用汽车公司采用了“特殊事实记录测评法”之后，出现了令人吃惊的结果。员工的有效行为越来越多，公司的效益也直线上升。正如委员会的主任——人力资源部长所称：“大多数员工并不愿意做错事，如果领班能不厌其烦地指出员工的不足之处，他们是会设法纠正的……”

### （三）特殊列案法的优缺点

特殊列案法一般是不会单独使用的。因为，记录的只是一些好的或不好的事情，并没有贯穿在整个过程中。这个考评方法，只是为以后的考核提供有利的依据。

特殊列案法的优点在于针对性强，结论不易受主观因素的影响。如果考评者能够长期观察员工的工作行为，对员工的工作情况十分了解，同时也很公正和坦率，那么此方法是很有效的，而且对于制定良好的绩效规划也十分方便。特殊列案法所记录的“特殊列案”能够清楚地向员工传达哪些方面做得好，哪些方面做得不好，容易让员工明确改进工作绩效的方向。尤其对于刚起步、处于成长阶段的公司，还没有自己绩效考核系统的时候，用特殊列案法记录员工好与不好的行为十分合适，可以作为加工资、发奖金和降级、离职的有力依据。

特殊列案法最大的缺点是基层工作量大，费时费力。许多基层主管都会拒绝这种让他们每日或每周记录员工行为列案的考评方法。另外，特殊列案法通常是由员工上司负责记录，他记录什么和不记录什么都影响到考评的结果。因此，这种方法对记录者的素质要求很高，不能带有主观意愿，不能只选择好的事件记录，也不能光选择不好的事件记录。但人容易受到情感因素干扰，在实际操作中往往难以做到完全客观公正。并且就它本身来说，考评的都是特定岗位上的特定列案，无法在工作人员之间、团队之间和部门之间进行工作情况的比较，因此不适合用于进行人事决策。

采用特殊列案法时一定要注意反馈及时，如果反馈不及时，极易造成员工的离职。因此给员工的反馈速度越快越好。

## 二、不良事故考核法

在对员工绩效进行考核时，我们往往会发现对于某些例行的工作，会存在这样一种现象，那就是即使这些工作被很好地完成，也不会被列为重要的绩效考核指标。而一旦这些例行的工作出了差错，却会给整个组织带来巨大的损失。如何对以这些常规性、例行性的工作为主要工作内容的员工进行绩效考核，这里我们建议使用不良事故法，即通过预先设计的不良事故清单对员工行为进行考核以确定员工的绩效水平。作者在为企业设计绩效考核体系的实践中，多次运用了这样一种绩效考核方法。以下给出的案例，详细说明了如何设计不良事故清单以及运用不良事故考核法的操作流程。

**某公司财务部不良事故管理方法：**

1. 目的：为规范公司会计行为，保证会计资料真实、完整，加强经营和财务管理，提高经济效益，特制订本办法。

2. 定义：会计核算与财务管理的不良事故，是指由于个人原因违反《中华人民共和国会计法》和国家统一制定的《会计准则》制度以及公司规定的会计行为而引起的后果。根据其影响面的大小分为A级（重大事故）和B级（一般事故）。

3. 不良事故的监督与预防：

（1）公司员工对违反本法和国家统一的会计制度规定的会计事项、会计行为有权拒绝办理或予以解决。

（2）无权处理的应当以书面的形式向单位负责人或向上一级领导人报告，有请求查明原因做出处理的责任和义务。

（3）各级领导必须随时对公司的各项经济业务进行监督、控制和防范，对已发生的事故应及时提报并设法予以解决。

（4）每位员工在工作报告中要如实地反映问题，对造成事故的当事人要提出相应的处罚意见。

（5）公司总经理、各相关部门应按照《中华人民共和国公司法》、《中华人民共和国会计法》及公司的有关规定，定期检查各环节中存在的不良事故。

4. 事故的查处程序及处罚规定：

（1）查知有不良事故，由人事部门记录并转相关部门查实，查实后填表上报（包含处罚意见），由部门主管审核认定，转人事部根据处罚规定进行绩效考核。

（2）本季度内A级事故发生一次，B级事故发生三次以上，扣除当事人当季绩效奖金；若及时查办上报并采取了补救措施，则记录在册并在季度绩效考核时适当扣分；若没有及时上报造成事态严重的，则当季业务管理评分记为零分。

5. 不良事故的名称与判定：

（1）伪造原始凭证、账簿、会计资料：不依法索取原始凭证或设置会计账簿，致使财务数据失真的，不良事故为A级。

（2）随意变更会计处理方法：会计处理方法不确定，违反《中华人民共和国会计法》造成损失的，不良事故级别为A级。

(3) 提供虚假的会计信息：向不同的会计资料使用者提供的财务会计报告不一致，由于个人原因造成的不良事故级别为A级。

(4) 隐匿会计资料：隐匿会计资料和上级文件，给公司造成不良影响的，不良事故为B级，造成经济损失的为A级。

(5) 故意销毁会计资料：未按照规定保管会计资料致使会计资料毁损、丢失的，不良事故级别为A级。

(6) 预算不准确：预算额与实际差异在30%以上不良事故级别为A级，在10%～30%以下不良事故级别为B级。

(7) 强令指使他人行为：强迫指使他人行为造成不良影响的，不良事故级别为B级，造成经济损失的不良事故级别为A级。

(8) 丢失(被盗)现金、支票和印鉴者：因故丢失或被盗现金、支票和印鉴者，造成影响或损失的，不良事故级别为A级。

(9) 预测信息不准确：预测信息不准，导致决策失误的不良事故级别为A级。

(10) 挪用公款：未按规定，将公款挪做其他用途的，1万元以内不良事故为B级，1万元以上的不良事故为A级。

(11) 职务侵占：未经他人允许超越工作范围或权限，给他人造成影响的不良事故级别为B级，给公司造成经济损失的不良事故为A级。

(12) 泄露公司秘密：泄露公司财务秘密，给公司经营决策造成不良影响的，不良事故级别为A级。

(13) 账务处理不及时：工作拖延给公司或他人造成影响的不良事故级别为B级，造成经济损失的为A级。

(14) 不及时催收发票：催收发票不及时给公司造成经济损失的，不良事故级别为A级。

(15) 手续不全，付款造成损失：手续不完备，不符合《中华人民共和国会计法》及公司规定的付款程序，造成经济损失1 000元之内的不良事故级别为B级，造成1 000元以上经济损失的，不良事故级别为A级。

(16) 违规操作：不按工作流程程序办事造成损失的，不符合公司规定程序工作的，不良事故级别为B级，造成经济损失的，不良事故级别为A级。

(17) 贪污公款：私自截留公款并占为已有，不良事故级别为A级。

(18) 私设"小金库"：隐匿收入或其他业务资金来源不入账，而进行私自存放的，不良事故级别为A级。

(19) 成本、费用不实：不按规定处理，该摊销或提取记入当期损益的，没有按规定摊销或提取，致使经营成果不实的，不良事故级别为A级。

(20) 财产不实，盘亏或盘盈巨大：不按《中华人民共和国会计法》及公司规定的核算方法进行核算，不及时记账、结账、对账，造成损失的，不良级别为A级。

(21) 渎职失职：不尽职尽责，滥用职权、玩忽职守、徇私舞弊，给公司带来严重影响或造成经济损失的，不良事故级别为A级。

其他：不按公司规定的要求去做，给公司造成严重影响和重大损失的，按照《中华人民共和国会计法》的规定，应适当给予经济处罚或行政处分等。

# 第五节　其他各种绩效考核技术

## 一、工作标准法

所谓标准，是用于比较的一种大家均可接受的基础或尺度。工作标准是指一个训练有素的人员完成一定工作所需的时间，其完成这样的工作应该用预先设定好的方法，用其正常的努力程度和正常的技能(非超常发挥)，所以也称为时间标准。

制订工作标准的关键是定义“正常”的工作速度和正常的技能发挥，例如，要建一条生产线，或者新开办一项事务性的业务，要根据需求设计生产运作能力，雇用适当数量的人员。假定一天的生产量需达到1 500个，则必须根据一个人一天能做多少个来决定人员数量。但是，一个人一天能做的数量是因人而异的，有人精力旺盛，动作敏捷，工作速度就快；还有一些人则相反。因此，必须寻找一个能够反映大多数人正常工作能力的标准。这种标准的建立，只凭观察一个人做一个产品的时间显然是不行的。必须观察一定的时间、做一定数量的产品，并观察若干个人，然后用统计学方法得出标准时间。此外，即使经过这样的一些步骤建立起了工作标准，在实际工作开始之后，也仍需不断地观察、统计，适时地进行修正。

制订工作标准或劳动定额，然后把员工的工作与工作标准相比较以考核员工绩效，是绩效考核的方法之一。工作标准确定了员工在某一工作岗位上正常的或平均的生产产出，一般是确定每小时生产多少或生产单位产品所需的时间。这种工作标准使企业可以支付员工的计件工资，但是制订工作标准不是一项简单的工作。时间研究可以用来制订特定的岗位上员工的产出标准，一种建立在随机抽样基础上的统计技术——工作抽样也可以用来制订工作标准。

现代组织很少单独采用工作标准法进行绩效考核。在某些情况下，生产标准仍作为考核程序的一部分,这时一般支付员工计件工资。生产数量仅仅是员工绩效产出的一部分,其他的一些方面也应被列为考核的指标。当根据员工之间互相比较的结果确定薪金和进行提升时,单独地以计件工作记录作为绩效标准就不行了。

除此之外,越来越少的工作能单独用生产水平来衡量。因为一个员工的生产量至少部分地依赖于其他员工的绩效。如果生产线停了或协同工作的其他人表现不佳,个人的生产就不可避免地受到影响。许多现代工作并不是仅仅承担每小时生产多少的任务,相反,每个员工的工作都是与别人的职责或任务相联系的,而这些是无法直接衡量的。因此,其他绩效考核方法用得越来越多。

## 二、短文法

短文法是指考评者书写一篇短文以描述员工绩效,并特别举出长处和缺点的例子。短文法主要适用于以员工开发为目标的绩效考核。由于这种方法迫使考评者关注于讨论绩效的特别事例,因此能够减少考评者的偏见和晕轮效应。而且由于考评者需要列举员工表现的特别事例,而不是使用评级量表,因此也能减少趋中和过宽误差。

这种绩效考核方法也有一个明显的弱点:考评者必须对每一员工写出一篇独立的绩效考核短文,这样所花费的时间对考评者而言是难以忍受的。另外,短文法不适用于考核目标,因为没有通用的标准,短文法描述的不同员工的成绩无法与薪金和提升相联系。这种方法最适用于小企业或小的工作单位,而且考评的主要目的是开发员工的技能,激发员工潜能。

## 三、面谈考评法

面谈制度是一种十分重要的方法,广泛用于人力资源管理的各个环节上。比如,企业规定上级管理人员应定期与下级面谈,听取下级意见,进行指导教育。除此之外,还有不定期的面谈申诉规定,有用于绩效考核的面谈,有录用新员工时的面谈测验,还有晋升考评中的面谈答辩,等等。

录用时的面谈测验主要是为了了解书面测验无法反映出来的对本企业的适应性情况。为了减少人对人评价时的主观性,通常由多个考评者(3~5人)同时与录用对象进行面谈,然后综合各人的考评评语。为了防止面谈内容发生偏颇,一般都会预先拟定面谈考评所需的各种表格,详细列出要考评的内容(考评因素),逐条进行考评。在有限的时间内,为了尽可能准确地做出评价,还可以采取"集体面谈",

即由考评者提出某一个话题，使一组被考评者展开自我讨论，考评者则从旁边观察被考评者在讨论中表现出的能力和特点，记入考评表。当考评者认为一个话题的讨论不能完全反映情况时，可以引导或更换到其他话题，直到足以做出评价为止。晋升中的面谈答辩一般由多个上级管理人员组成考评团进行，但这种考评的结果并不具有决定性作用，因为晋升长期以来主要由日常考评评语的积累效果决定。

## 本章小结

本章介绍了非系统性的绩效考核方法。任何考核方法都有其应用范围和使用局限，而本章非常清楚地描述了各类非系统性绩效考核的优点和缺点。这些考核方法包括以业绩报告为基础的绩效考核、以员工比较为基础的绩效考核、基于员工行为以及个性特征的绩效考核、基于特殊列案为基础的绩效考核。除此以外，其他的绩效考核方法也有介绍。非系统性绩效考核方法尽管不能构成组织中绩效考核体系的框架，但是它们能有机地融入这个框架中，比如面谈方法可以有机融入对高层领导者的绩效考核中，因为利用系统性绩效考核方法难以对这些以组织整体产出为绩效考核依据的人群以细致的和深入的考核。另外，非系统性绩效考核方法还能有效地适应系统性绩效考核方法以外的考核的需要。比如，有些因企业发展而产生的企业非常规业务，很难纳入企业原有的考核系统中，但可以利用非系统性考核方法。可见，非系统性绩效考核方法是对绩效考核的体系化和固定化的一个有益补充。但使用时应该注意把握如下一些问题。

1. 非系统性绩效考核方案要与企业所属行业和发展阶段相匹配

非系统性绩效考核方案的设计一定要考虑企业所处行业的特性、发展的阶段、管理的基础和管理团队职业化状况等因素，企业在不同的发展阶段和管理状况下需要采取不同的考核策略。初创期的企业考核应以简单化、可量化为原则，方案设计简单易于操作，注重市场结果指标；发展期的企业考核应以发展目标为导向，方案设计紧扣企业发展目标，适当引入一些过程考核指标进行引导；成熟期的企业考核应以团队绩效提高为导向，方案设计在追求系统和完善的同时，兼顾简单便于操作。

2. 非系统性绩效考核的组织保障

非系统性绩效考核的推行对于组织的震动与影响绝不亚于组织结构的调整，其实施难度和阻力是非常大的。为此，企业若想有效地实施绩效考核，组织保障是基础。首先企业要将绩效考核纳入企业“一把手”工程，成立以高层班子为核心的绩效考核管理委员会，以人力资源部经理为主，相关职能部门负责人为辅，组成绩效考核实施委员会二级绩效考核组织，其中绩效考核管理委员会负责企业绩效考核方案的审定，绩效考核实施委员会负责企业绩效考核工作的具体实施和推进，二级组织将绩效考核工作纳入企业中高层管理队伍的日常工作，使其制度化、日常化，确保绩效考核的有效实施。

3. 非系统性绩效考核应分步实施，逐步推开

非系统性绩效考核牵涉到组织成员的切身利益，实施过程中存在不可控因素，因此，应该系统设计方案，分步实施。这一点对于初次实施绩效考核的企业尤为重要。方案设计完成，选取试点部门运行，在实施过程中发现问题及时修正方案，继而全面推开。

在实施前，对员工进行系统培训，使员工了解绩效考核。绩效管理的目的，是基于企业的发展战略，通过员工与主管持续、动态的沟通，明确员工的工作任务及绩效目标，确定工作效果的考核办法，在绩效管理过程中影响员工的行为，从而实现企业发展的目标。绩效考核是通过考核发现员工工作的利与弊，提高员工的工作能力，尤其要提高考核者的现代管理意识和素质能力，发挥他们的牵引力。

做好职务分析，编制岗位说明书，制订切实可行的考核标准。要制订一套科学、有效的考核标准，必须进行有效的岗位分析，确认每个岗位的绩效考核指标。可以通过调查问卷、访谈等方式，加强主管和员工之间的沟通与理解。制订员工的岗位说明书，让员工明确认识自己的工作流程和职责。

4. 非系统性考核指标要符合企业发展实际

在考核指标的设计上，西方绩效管理理论为我们提供了平衡计分卡(BSC)、关键绩效指标(KPI)等工具，但对中国众多在生死边缘徘徊的中小企业而言，基本没有系统完善的工作分析，更无暇顾及长远发展问题。因此我国企业不宜生搬硬套，而是要选取部分适合自己的考核指标运行。随着企业的发展，参考这些体系，逐步完善考核指标。

5. 非系统性绩效考核结果的合理应用

绩效考核的目的之一就是通过考核进行合理公正的价值分配，考核的激励性就体现在考核结果的应用上。对于初次推行绩效考核的企业或中小规模的企业，考核结果的应用一定要直观、简单、易于操作，同时要尽量以正向激励为主、负向激励为辅。可以考虑与一定比例的工资(不同层级岗位可以比例不同)、职等职级(前提是职位体系相对完善)、奖金、福利等挂钩，形成多维的激励体系(当然可以根据不同企业的实际情况设计股权、期权、期股等长期激励方案)。

6. 重视非系统性绩效沟通

非系统性绩效考核主要是为了提高绩效，以及提高组织整体经营业绩与效率。因此沟通就显得格外重要，只有沟通才能使管理者(考评者)与被管理者(被考评者)就绩效目标和绩效不足不断达成共识，从而有效改进和巩固绩效。持续的绩效

沟通对于上司和下属都有着非常重要的意义。对于上级来说，通过沟通可以帮助下属提升能力；有助于考评者全面了解被考评员工的工作情况，掌握工作进展信息，并有针对性地提供相应的辅导、资源；使考评者能够掌握评价的依据，有助于上级客观、公正地评价下属的工作绩效；有助于提高考核工作的有效性。对于下属来说，通过沟通可以在工作过程中不断得到关于自己工作绩效的反馈信息，如客户抱怨、工作不足之处或服务质量等信息，以便不断改进绩效、提高技能；帮助员工及时了解组织的目标调整、工作内容和工作的重要性发生的变化，适时变更个人目标和工作任务等；能够使员工及时得到上级相应的资源和帮助，以便更好地实现目标。

绩效沟通的重点：掌握和运用好绩效沟通的方式、方法；把握不同绩效管理阶段沟通的目的和侧重点。

总而言之，绩效考核对于规范企业管理、提高经营绩效的作用毋庸置疑。绩效考核不宜照抄照搬，需要结合企业实际情况，系统分析，具体设计，使绩效考核成为管理者得心应手的管理工具和管理手段。

## 案例分析

**一、我们推设小李的判断是对的**

可能情况1：部门经理在考核过程中没有问题

可能由公司人力资源部设计的绩效指标不够规范和合理，要么与部门或岗位的业务工作特点不太符合；要么指标太多导致考核内容过于分散，缺乏重点；要么多是定性指标无法量化考核。于是考核就成了一种“形式”，部门经理也就凭印象靠感觉评分，下属员工只要别出大错，结果差不到哪里去；或者平日再努力，不如年底一次性考评。

也可能公司在上述的绩效考核两个方面的权重设计上存在比例失衡，比如绩效考核完全以任务绩效为主要考核内容，周边绩效的考核指标权重占比非常低，如此考评结果自然还是高分，“被评了个A”也就自然而然。

还有可能是绩效考核标准描述不全面、不严密或不合理，缺乏可操作性，部门经理无法通过绩效考核来全面反映员工的具体实际工作状况，比如设计考核员工的“创新能力”，绩效标准描述过于笼统、抽象，加大了在实际考核过程中操作的难度，最终可能变得有它不多，无它不少，纯粹成为摆设。

另外，也可能部门经理由于工作繁忙，无法在考核信息收集上做到全面细致，无法注意到下属在周边绩效方面的不良表现，例如在某些公司员工表现“领导在场不在场两个样”比较普遍，于是部门经理就不可能发现下属员工懈怠偷懒的行为。

可能情况2：部门经理在考核过程中存在问题

在一些企业文化氛围中，部门经理出于拉帮结派或培植自己小团队的私心，故意包庇纵容自己信赖的下属，在考核过程中睁一只眼闭一只眼；还有一些企业内部由于人际关系复杂，老好人现象特别突出，从而造成绩效考核流于形式；也有一些员工阳奉阴违、投其所好，做事原则是“干活不如把上司的脉，做人比做事更重要”，造成部门经理考评出现偏颇，更多是靠主观判断。

个别员工对企业或部门发展起着至关重要的作用，恃才无恐，而且他的去留关系着公司或部门的利益，部门经理不得不迫于压力违心考评给予挽留。

**二、我们推设小李的认识是错的**

小李没有认识到不同部门、不同岗位的人员由于工作性质、工作特点等原因，每一部分的考核权重、具体考核指标并不完全相同。

而其他人员出现所谓的打私人电话、玩游戏等违反公司管理规定的行为并不一定属于绩效考核范畴，一般属于公司内部行政管辖范围，需采取如警告、罚款等行政处罚措施处理。另外，盲目的比较和计较也是小李心理失衡的主要原因。

总之，只有认真、细致地调查分析，我们才能从根本上找准问题的症结。

## 思考题

1. 什么是非系统绩效考核？其主要特征是什么？
2. 行为锚定等级评价法适用的条件和范围是什么？
3. 图尺度评价法相对于简单排序法的缺陷是什么？
4. 为什么强制分布法会受到有些管理人员的反对？
5. 请描述构成特殊列案的要件是什么？
6. 请用简单流程图绘制不良事故考核法的操作流程。
7. 对于从事服装销售的初创业公司，上述哪些绩效考核法不能适用于该企业？
8. 金融危机下证券企业员工的绩效考核需要做哪些改变？

# 第十章 典型系统的绩效考核技术

引导案例

## Y公司老总的困扰

Y公司是一家国内知名的黄金生产企业，成立于1974年，注册资本1亿元人民币，现有职工1.3万人。公司于2001年转制成为股份制企业。

由于历史原因，公司在经营管理上存在着计划经济体制的痕迹，公司自身的管理理念滞后，管理体制不正规，现代企业制度也没有真正建立起来。特别是体现在人力资源管理问题上，公司并没有一套行之有效的人力资源管理体系，缺少现代的激励、考核措施。

公司的高层领导也意识到这些问题，陆续邀请了几家咨询服务机构来为企业把脉，制订公司的中长期发展战略，用现代企业制度对公司进行组织机构重塑。在人力资源管理方面，下大力气转变以往的“人才上不去，庸才下不来”的状况，在公司内部以岗位责任制为基础，采取记分制绩效考核手段，基于以绩效考核为核心的集团内部人员流动机制，建立了一套人力资源考核与管理体系。然而在具体实践过程中，公司负责人力资源的老总却遇到许多困扰，大致可以归纳为以下几个方面：

第一，年初的绩效考核工作计划做得很好，可是在实施过程中却“雷声大，雨点小”，各部门的考核者乐于充当好好先生，应付了事，大大有悖绩效考核的初衷；

第二，在考核过程中，公司员工缺少参与的积极性，抵触情绪很强，不少员工甚至质疑：是否绩效考核就是通过反复地填表、交表来挑剔员工的毛病；

第三，人力资源部门的负责人反映，考核的过程烦琐，耽误正常的工作时间，推行过程中往往又因为得不到高层的足够支持而阻力重重。

另外，考核过程和结果的公正性难以保证，大多数员工对于考核的结果都心怀不满，怨声四起，同事的关系也往往因考核而变得紧张，不利于公司日常工作的开展。

案例讨论题：

1. 如何解决 Y 公司老总所遇到的困扰？

2. 如何选择较为合理的绩效考核技术？

3. 在绩效考核实施过程中，员工应该担当怎样的角色？

4. 作为公司人力资源管理的领导，如何保证绩效考核的有效实施和推广？

绩效考核通常也被称为业绩考评或考绩，是现代组织不可或缺的管理工具。有效的绩效考核不仅能确定每位员工对组织的贡献或不足，还可在整体上为人力资源管理提供决定性的考评资料，从而改善组织的反馈机能，作为公平合理地酬赏员工的依据。

绩效考核作为人力资源经理管理的一项重要职能，其重要性和必要性已被很多企业所接受，他们在建立绩效考核管理系统方面可谓不遗余力。然而，不少企业都有这种感觉，努力建立起来的绩效考核系统最后都没有达到预期的效果。那么，到底是什么妨碍了绩效考核预期效果的实施？其中，绩效考核方法是一个非常重要的方面。

不可否认，绩效考核是一项复杂度较高的管理技术，绩效考核的方法是否合理、是否科学都会影响实施效果，那么人力资源经理在实施绩效考核时，该如何选择与企业和管理环境相适应的方法呢？本章将介绍四种行之有效的考核方法，供广大人力资源经理借鉴使用。

## 第一节 360 度绩效考核法

360 度绩效考核法（简称“360 度考核法”）是指从与被考核者发生工作关系的多方主体那里获得被考核者的信息，以此对被考核者进行全方位、多维度的绩效考核的过程。这些信息的来源包括：来自上级监督者的自上而下的反馈（上级）；来自下属的自下而上的反馈（下属）；来自平级同事的反馈（同事）；来自企业内部的支持部门和供应部门的反馈（支持者）；来自公司内部和外部的客户的反馈（服务对象），以及来自本人的反馈。具体评价图如图 10－1 所示。

360 度绩效考核法通过不同的考核者（上级主管、同事、下属和顾客等）从不同

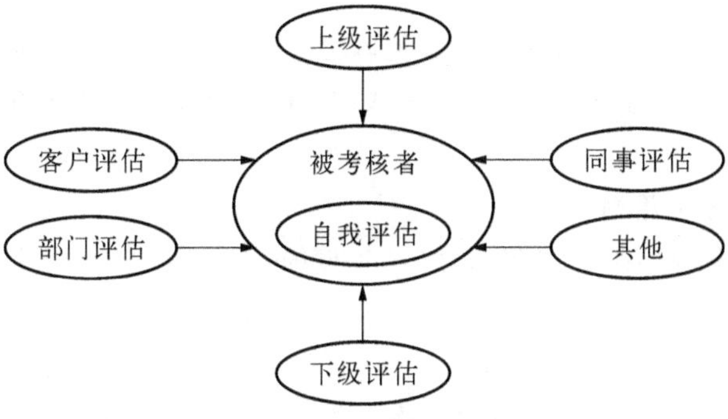


**图 10－1　360 度绩效考核图**

的角度来考核，全方位、准确地考核员工的工作业绩。该方法是被考核人的上级、同级、下级和服务的客户对其进行评价，通过评论知晓各方面的意见，清楚自己的长处和短处，从而达到提高自己的目的。

## 一、360 度绩效考核法实施的原则

从国内外的实践可以发现，实施 360 度绩效考核法的过程中可能会潜藏许多复杂而棘手的问题，只有充分认识到 360 度绩效考核法中所潜藏的问题，才能成功地应用和实施这种方法，也才会提高其实际运用中的有效性，从而给管理工作的实质性改善带来巨大的变化。否则，就会影响最终计划的落实，甚至可能使绩效管理工作流于形式，或更加无序和混乱。可见，运用 360 度绩效考核法来提高绩效考核管理工作的有效性需要注意以下几个原则。

1. 准确考评和预测原则

在实施 360 度绩效考核法之前必须充分考评和预测方法变革与改进所带来的风险。新方法实施前需要对管理工作进行任务的详细分解、确定任务的复杂度、丰富和饱满度，做好充分的考评和预测工作，只有发现其潜在的不确定影响因素，检验其可行性、有效性之后，才能保证该计划实施的成功，并大大降低变革所带来的震荡和风险。

2. 主要人员的参与原则

首先要取得高层主管的支持，然后确定主要人员如股东，让他们参与并与之保持联系。主要人员也可以是接受 360 度反馈的高层管理者、中层监督员或管理者，还可以是提供反馈的潜在群体，如员工、同事、团队成员和客户。所有成员都应该知道要测量的目标特征，收集、概括反馈的方式，并思考怎样将反馈与现有的发展或考评系统整合起来，以得到大家的支持，同时得到公平、客观、积极的反馈。

3. 客观原则

实施 360 度绩效考核是为了更好地体现公司对员工的公平公正性，体现公司“以人为本”的管理理念，所以对待考核信息的采集及结果的评价，一定要客观公正。

4. 信息畅通原则

充分地沟通从而使信息畅通，对于 360 度绩效考核反馈来说也是非常重要的。假定一些反馈信息可能具有威胁性，那么对这些反馈信息进行及时、清楚的交代，就可能避免潜在的误会和对感情的伤害。通常反馈过程中会出现一些争论和不期望出现的问题，但如果员工能及时了解信息，则有助于双方对讨论的问题达成共识。并且，当反馈进行时，能够促成改进的不是反馈本身，而是随后的沟通过程和目标设定过程。

5. 保密原则

很多员工因为对考核制度的保密性有怀疑，因此担心对上级评价后会遭报复。如果员工在与主管或同事的关系上有疑虑，那么对主管或同事的评价就会出现偏差，不敢据实以报，只好充当“老好人”，使考核结果不真实，达不到实际的效果。公司在实施 360 度绩效考核前就应承诺保密原则，消除员工的疑虑，使考核制度得以顺利运行。

6. 反馈原则

360 度绩效考核的主要目的就是反馈和开发，如果评价结果出来就结束了考核，那么 360 度考核就失去了其意义。应及时把考核结果反馈给员工，以保证员工及时发现其不足或弱势之处，进行自我提高与完善。

## 二、360 度绩效考核实施的一般程序

360 度绩效考核实施的一般过程包括以下几个方面。

1. 准备阶段

准备工作相当重要，它影响着考评过程的顺利进行和考评结果的有效性。准备阶段的主要目的是使所有相关人员，包括所有考评者与被考评者，以及所有可能接触或利用考核结果的管理人员，正确理解企业实施 360 度绩效考核的目的和作用，进而建立起对该考核方法的信任。

2. 考核问卷编制

决定是否采用 360 度绩效考核方法，需要进行需求分析和可行性分析。在确定实施该考核方法后，应编制基于职位胜任特征模型的考核问卷(或称自定义问卷)，这些问卷可以针对本企业的特殊要求来编制，也可以向咨询公司购买格式问

卷，但一定要考虑周到，不能简单搬用基于异国文化、不同行业的问卷，最好做一些需求调查，再决定采用哪种考核问卷。

3. 组建并培训考核队伍

首先，要组建360度绩效考核队伍。必须注意考评要征得被考评者的同意，这样才能保证被考评者对最终结果的认同和接受。然后，对选拔出来的考评者进行如何向他人提供考核和反馈方法的训练与指导。其次，为避免考核结果受到考评者主观因素的影响，企业在执行360度绩效考核方法时需要对考评者进行培训，使他们熟悉并能正确使用该技术。此外，理想情况下，企业最好能根据本公司的实际情况建立自己的能力模型要求，并在此基础上，设计360度反馈问卷。

4. 实施360度绩效考核

实施360度绩效考核，分别由上级、同级、下级、相关客户和本人按各个维度标准进行考评。考评过程中，除了上级对下级的考评无法实现保密之外，其他几种类型的考评最好是采取匿名的方式，必须严格维护填表人的匿名权以及对考评结果报告的保密性。大量研究表明，在匿名考评的方式下，人们往往愿意提供更为真实的信息。

具体而言，360度绩效考核的实施阶段主要包括以下几个环节：

(1) 对具体实施过程加强监控和质量管理。比如，从问卷开封、发放、宣读指导语到疑问解答、收卷和加封保密的过程，实施标准化管理。如果实施过程未能做好，则整个结果可能是无效的。

(2) 统计考核信息并报告结果。目前，已有专门的360度绩效考核软件可以处理统计评分和报告结果，包括多种统计图表的绘制和及时呈现，使用起来相当方便。

(3) 对被考评者进行如何接受他人考核信息的培训。培训可以采用讲座和个别辅导的方法进行，关键在于建立对于考核目的和方法的可靠性的认同。除了让被考评者认识到考核与奖励、薪酬挂钩这个目的，更要让被考评者体会到，360度绩效考核最主要的目的是用于为员工改进工作绩效和职业生涯规划提供咨询建议。

(4) 企业管理部门针对反馈的问题制订行动计划。这一环节也可以由咨询企业协助实施，由它们独立进行信息处理和结果报告。其优越性在于，报告的结果比较客观，并能提供通用的解决方案和发展计划指南。但是，企业的人力资源管理部门应当尽可能地在考核实施过程中起主导作用，因为，任何企业都有自己特有的问题。而且，企业的发展战略与支持员工的工作行为息息相关，涉及市场竞争的策略等内容，如果由多方面的专家结合进行，考核效果会更好。

5. 绩效反馈和辅导

向被考评者提供反馈和辅导是一个非常重要的环节。通过来自各方面的反馈(包括上级、同事、下级、自己以及客户等)，可以让被考评者更加全面地了解自己的长处和短处,更清楚地认识到公司和上级对自己的期望及目前存在的差距。根据经验,在第一次实施360度考核和反馈项目时,最好请专家或顾问开展一对一的反馈辅导谈话,以指导被考评者如何去阅读、解释以及充分利用360度考核和反馈报告。另外,聘请外部专家或顾问也容易形成一种“安全”(即不用担心是否会受惩罚等)的氛围,有利于与被考评者深入交流。这一阶段的内容详见第七章。

6. *效果考核*

这里主要指现场考核和反馈工作完成后所需要进行的工作,包括两个步骤:

(1) 确认执行过程的安全性。由于360度考核反馈中包括了下级、同事及其他人员的考核,要检查信息收集过程是否符合考核要求。此外,在信息处理时,还应当考虑不同信息来源的考核准确性的差异。

(2) 考核应用效果。客观考核这种方法的效果,此外,应当总结考核中的经验和不足,找出存在的问题,为下一次考核积累经验,从而不断完善整个考核系统。

## 三、实施时应注意的问题

360度绩效考核法虽已被广泛采用,但要格外小心。在采用此方法之前,要仔细阅读该方法实施过程中的每一项目,要记住,任何方法(包括360度绩效考核法)都是由人来决定其成败的,而不是由技术来决定的。应用时要仔细估算一下这种方法的成本和为提高绩效所做出的贡献。

首先,从辩证的角度看还存在一个问题:360度绩效考核法涉及的数据和信息比单一渠道考核法要多得多。这个优点本身就可能是个问题,因为收集和处理数据的成本很高。同时,由于有大量的信息要汇总,这种方法有变成机械和追逐文字材料的趋向,即从两人的直接沟通演变成表格和印刷材料的沟通。

其次,因评级方法的使用和考核准确性与客观性方面的原因,大多数专家都认同,用360度绩效考核法的结论来决定提升或酬劳是一种冒险的做法。如果拟采用360度绩效考核法,要将它作为一种为员工提供绩效信息的方法,而不要据此做出最后决策。

第三,理解从不同渠道得来的评分和信息有时也不容易,因为这些渠道并非总是一致的。例如,对同一员工的沟通能力问题,经理评为“优”,同事评为“中”,而客户评为“差”。这时应怎么办?另外,还有一些问题应注意:员工可能会相互串通起来集体作弊;来自不同方面的意见可能会发生冲突;在综合处理来自各方面的考核信息时比较棘手。

针对360度绩效考核法存在的问题,需采取一定的防范措施,以确保考核的质量。具体措施如下:

(1) 获得高层领导的支持。360 度绩效考核法涉及组织中各个层面的人，甚至还包括组织外部的人员，因此只有得到高层领导的全力支持，该考核方法才有可能真正顺利地开展起来，开展过程中出现的问题也才能及时地得以解决。

(2) 匿名考核。确保员工不知道任何一位考核小组成员是如何进行考核的(但主管人员的考核除外)。

(3) 加强考核者的责任意识。主管人员必须检查每一位考核小组成员的工作，让他们明白自己运用考核尺度是否恰当，结果是否可靠，以及其他人员又是如何进行考核的。

(4) 防止舞弊行为。有些考核人员出于帮助或伤害某一位员工的私人目的，会做出不恰当的过高或过低的评价；团队成员也可能会串通起来彼此给对方做出较高的评价。因此，主管人员就必须检查那些明显不恰当的评价。

(5) 根据先易后难程度逐步推广 360 度考核。每家企业的员工及干部的素质是不一样的，但对 360 度考核一步到位往往效果适得其反，应该根据先易后难的顺序逐步推广。首先从中高层推行 360 度考核，待逐步被中高层接受并不断完善后再在员工中推行。

(6) 识别和量化偏见。查出与年龄、性别、民族等有关的歧视或偏爱。

(7) 实施全员培训。通过培训提升全员考评技能，消除考核中的人为因素。为防止考评标准流于形式，应花时间和精力对考核者进行培训，确保大家对于考核标准达成共识是非常必要的。

## 四、360 度绩效考核的优缺点分析

### 1. 优点分析

据最新调查，在美国《财富》杂志排出的全球 1 000 家大公司中，超过 90%的公司在职业开发和绩效考核过程中应用了 360 度绩效考核方法。360 度绩效考核方法之所以如此盛行，就在于它有以下几项优点：

(1) 综合性强。它集中了多个角度的反馈信息，打破了由上级考核下属的传统考核制度，可以避免传统考核中考核者极容易发生的光环效应、居中趋势、偏紧或偏松、个人偏见和考核盲点等现象。较全面地反馈信息有助于被考核者多方面能力的提升。

(2) 提高考核的全面性和公正性。对一些工作而言，有时上级与下属相处的时间和沟通机会较少，而下属彼此间接触较多。在这种上级与下属接触的时间不多、彼此之间的沟通也非常少的情况下，上级要对下属做绩效考核也就非常困难。但相反，下属彼此间在一起的时间很长，所以他们相互间的了解反而会比上级与下属

更多。此时,他们之间的互评,反而能比较客观。因此,在考核中加入同事和下属的意见显得更合理。

(3) 通过强调团队和内部/外部客户考核,推动全面质量管理。客户的评价对从事服务业、销售业的人员特别重要,因为唯有客户最清楚员工在客户服务关系、行销技巧等方面的表现与态度。

(4) 从多个人而非单个人那里获取反馈信息,可以减少偏见对考核结果的影响。同时,可以反映出不同的考核者对于同一个被考核者不同的看法。

(5) 从员工周围的人那里获取反馈信息,可以增强员工的自我发展意识,增加他们的自主性和对工作的控制。员工的积极性会更高,对组织会更忠诚,从而提高了员工的工作满意度。

2. 缺点分析

任何事物都有其两面性,360 度绩效考核方法也不例外。它除了具有上述优点外,也存在一些缺点:

(1) 考核成本高。当一个人要对多个被考核者进行考核时,时间耗费多,由多人来共同考核所导致的成本上升可能会超过考核所带来的价值。

(2) 可能会成为某些员工发泄私愤的途径。某些员工不正视上司及同事的批评与建议,将工作上的问题上升为个人情绪,利用考核机会"公报私仇"。

(3) 考核培训工作难度大。组织要对所有的员工进行考核制度的培训,因为所有的员工既是考核者又是被考核者。

(4) 员工可能会相互串通起来集体作弊。

(5) 来自不同方面的意见可能会发生冲突。

(6) 在综合处理来自各方面的反馈信息时比较棘手。

## 第二节　目标管理法

目标管理法(Management By Objective,MBO)观念特别重视和利用员工对组织的贡献。目标管理法也是一种潜在有效的评价员工业绩的方法。在传统的绩效考核方法中,常常以员工的个人品质作为评价业绩的标准。另外,考核负责人的作用类似于法官的作用。运用 MBO 法,评价过程的关注点从员工的工作态度转移到工作业绩上来,考核负责人的作用也从公断人的角色转换成了顾问和促进者的角色。此外,员工的作用也从消极的旁观者的角色转换成了积极的参与者的角色。

目标管理法主要是通过上级领导与下级员工共同参与制订目标而实现组织的目标,是一种上下互动的过程。这些目标是详细的、可测量的、受时间控制的,而且结合在一个行动计划中。员工的绩效水平就根据这一目标的实现程度来评定的。目标管理法的关键是目标制订。组织内的最高领导层制订组织发展的长期目标。在总目标已确定的情况下,再分解目标,逐级传递,即分别为组织、组织内的各个部门、各个部门的领导以及每一位员工制订具体的工作目标。

目标制订要符合所谓的SMART原则,具体如下:

(1) S(Special results):即规定一个具体的目标。

(2) M(Measurable):即目标可以用数量、质量和影响等标准来衡量。

(3) A(Accepted):即设定的目标应该是上级与员工双方都能接受的。这意味着目标水平不能过高,应该让员工能够达到;同时,目标水平也不能过低,应该让上级也能接受,能够为组织带来持续发展。

(4) R(Relevant):即设定的目标应该和组织的需要与员工前程的发展相关联。

(5) T(Time):即目标中包含一个合理的时间约束,预计届时可以出现相应的结果。目标管理法的考评标准直接反映了员工的工作内容,结果容易观测,考评很少出现失误,也适合对员工提供建议、反馈和辅导。由于目标是由管理层与员工双方制订的,故员工对目标有很高的认同感,对目标的实现有很高的积极性,所以有助于提高工作效率。

但目标管理法是一种对工作结果的考评方法,容易引导下属注重短期行为,而忽略那些有利于组织长期发展的行为。能力强的员工目标设置就高,反之就低,容易形成苦乐不均,有失公平。另外,目标管理法很难在不同部门、不同员工之间设立统一的目标,因此难以对员工和不同部门间的工作绩效作横向比较,不能为以后的晋升决策提供依据。

员工同他们的部门经理一起制订目标,然后在如何达到目标方面,经理给予员工一定的自由度。参与目标制订使得员工成为该过程的一部分,目标的所有权增加了员工得到满足的可能性。在评价的后期,员工和部门经理需要进行一次评价会见。经理首先审查员工实现目标的程度,然后审查解决遗留问题需要采取的措施。采用目标管理法时,经理们在整个评价时期要保持联系渠道公开。在评价会见期间,解决问题的讨论仅仅是另一种形式的反馈面谈,其目的在于根据计划帮助员工进步。与此同时,就可以为下一个评价期建立新的目标,并且开始重复评价过程的循环。

## 一、对目标的要求

目标管理法主要包括两个方面的重要内容：一是必须与每一位员工共同制订一套便于衡量的工作目标；二是定期与员工讨论其目标的完成情况。

不过，尽管你可以通过与员工一起制定目标并定期提供反馈来使用目标管理法，但还必须考虑到，要运用这种工作绩效评价法，就必须在建立工作绩效评价体系的时候，同时也要照顾到整个组织的目标。

一旦确定以目标管理为基础进行绩效考核，那就必须为每位员工设立绩效目标。目标管理系统是否成功，主要取决于这些绩效目标陈述的贴切性和清晰性。设定绩效目标通常是员工及其上级、部门及其上级部门之间努力合作的结果。各级绩效目标是否能够被清晰、合理地设置，直接决定了绩效考核的有效性。为了确保各级绩效目标得以恰当设定，除了可以参考其他绩效考核方法中所使用的绩效指标设计的原则外，还必须特别注意以下几点：

(1) 目标要清楚、明确。在设置目标时，用双方都能理解的语言和术语来讨论在一定期限内要完成的主要任务。如果可能的话，让员工或流程负责人自己设置他们的目标，自己设置的目标对他们更富有价值。如果他们要求管理者为他们设置目标，管理者要创造出自由讨论的气氛，一起设置目标。定下工作目标以后，写成书面的备忘录，有助于他们自我检查。一般组织目标的通病是叙述太笼统。所定目标虽应有一定的弹性，但是还要使目标具体化，例如，“销售额比上年增长5%”“到2002年市场占有率应达到15%”等。高层的目标越具体，则组织基层制订目标的过程就越简单。

(2) 目标要可考评。所设置的目标，要简单且易于考评，最好能用量化指标。譬如，维修流程的修理数量和返修比率、产品开发与设计流程的开发周期和可行方案、信贷部门的利润总额和利润率等。如“在下一个计划年度把市场占有率提高5%”，这一目标是可衡量的，它使管理者在年度中能衡量工作的进展情况，并把实际的工作业绩和预期目标相对照。

(3) 目标要有相容性。一方面，个人目标要相容于流程目标，流程目标要相容于整个组织的目标；另一方面，流程之间、个人之间的目标要衔接。也就是说，一个流程目标的实现要有助于(至少不能妨碍)另一个流程目标的实现。

(4) 目标必须与在更高的组织层次上所设定的目标相一致。目标设定的进程从组织性层次开始，按等级制往下的连续水平上设定的目标，应当同更高组织层次上所设定的那些目标一致。个人的目标应当指出这个人必须完成什么工作，这样才能更好地帮助其工作单位实现目标。

(5) 目标必须是具体的和富有挑战性的。具体的和富有挑战性的目标是创造高绩效的保证。一个富有挑战性的目标是那种只有当员工付出他们最大努力才能实现的目标。

(6) 目标必须是现实的和可实现的。尽管目标应该是富有挑战性的,但还必须是现实的和可以实现的。一个目标的实现应当在员工的控制之内,你必须保证员工具有为完成目标所必需的资源和职权。如果一个目标随后被证明是不可达到的或是不贴切的,那么它就应该被抛弃。

## 二、SSMART 检测原则

目标管理的做法,是在前一年年底或当年年初,把年度目标制定出来。建立有效的目标管理,需建立 SSMART 检测原则。

SSMART 检测原则如下:

(1) S－Stretch:每项目标需要使自己在能力范围内再多做一点,若说达到一般目标是 100 分,那延展的满分就是 110～130 分。

(2) S－Specific:每项目标的制订,一定是特定的,而不是一个笼统的或概略性的。

(3) M－Measurable:每项目标必须要用量化的指标来评定。评量方法中,数字是最容易得到的。有些目标可以用数字来表达,如多少营业额、多少百分比的市场占有率、多少利润、多少百分比的离职率、完成几次等等;有些是采用"有"或"无"的评量方法,如有没有客户抱怨、有没有开发成功第一批产品、是否上市等等。再接下来的评量方法,可借其他的途径获得,如客户服务满意调查报告、市场调查报告或员工工作满意调查报告等。

(4) A－Achievable:所有的目标虽是比能力范围再高一点,但一定是可达到的。在此,主管必须帮助员工检视目标的可行性,因为,达不到的目标,制订跟没制订的结果是一样的。制订可行性不高的目标,员工第二年就觉得没意思了,使主管推行目标的阻力增加。

(5) R－Relevant:每项目标必须与其直接报告主管的目标相结合。

(6) T－Time Bound:每项目标设定好之后,除了要能量化考评外,还要在限定的时间内完成。

## 三、实施目标管理法的步骤

目标管理法主要有以下六个实施步骤:

(1) 确定组织目标。制订整个组织下一年的工作计划,并确定相应的组织目标。

(2) 确定部门目标。由各部门经理和他们的上级共同制订本部门的目标。

(3) 讨论部门目标。部门经理就本部门目标与部门下属人员展开讨论(一般是在全部门的会议上),并要求他们分别制订自己个人的工作计划。换言之,在这一步骤上需要明确的是:本部门的每一位员工如何才能为部门目标的实现做出贡献?

(4) 对预期成果的界定(确定个人目标)。在这里,部门经理与他们的下属人员共同确定短期的绩效目标。

(5) 工作绩效评价。对工作结果进行审查,部门经理就每一位员工的实际工作业绩与他们事前商定的预期目标加以比较。

(6) 提供反馈。部门经理定期召开绩效评价会议,与下属人员展开讨论,一起来对预期目标的达成情况和进度进行讨论。

运用目标管理法的思路应该说非常简单明了,但在实际操作过程中,有可能会出现三个方面的问题:

(1) 所确定的目标不够明确、不具有可衡量性。例如,确定一个像"能够更好地从事培训工作"这样的目标是没有什么实际用处的,而像"使四名下属人员在本年度得到提升"这样的目标才是可以衡量的。

(2) 目标管理法比较费时间。订立目标、对进展情况进行评价以及提供反馈意见都是十分耗时的,评价人每年在每一位员工身上至少要花费数小时的时间,这比你一次性地对每个人的工作绩效进行评价要费时得多。

(3) 与下属员工共同确定目标的过程有时候会演变成为一场"舌战"。因为你想将目标定得高一些,而下属人员则千方百计地要把目标定得低一些。因此,了解工作的要求以及下属的能力是十分重要的。因为要想使目标对员工的工作绩效真正有推动作用,就必须使其不仅是公平的,而且是员工能够达到的。你对工作和下属人员的能力了解得越透彻,那么你对制订出来的目标就会越有信心。

## 四、客观的评价

作为一种绩效考核工具,目标管理法得到了广泛的应用。许多研究认为,目标管理法有效性较高,它通过指导和监控员工行为而提高工作绩效,也就是说,作为一种有效的反馈工具,目标管理法使员工知道组织期望于他们的是什么,从而把时间和精力投入到能最大限度实现重要的组织目标的行为中去。研究进一步指出,当目标具体而具有挑战性时,或员工得到目标完成情况的反馈以及当员工因完成目标而得到奖励时,他们表现得最好。

从公平的角度来看,目标管理法较为公平,因为绩效标准是按相对客观的条件来设定的,因而评分相对没有偏见。

目标管理法相当实用且费用不高。目标的开发不需要像开发行为锚定式评定量表或行为观察量表那么花力气。必要的信息通常由员工填写,由主管批准或者修订。

目标管理法的另一个优点是,它使员工在完成目标中有更多的切身利益,其工作环境有更多可被知觉到的控制,也使员工及主管之间的沟通变得更好。

当然目标管理法也有一些缺点,并存在若干潜在的问题,这里我们讨论其中的四个主要方面:

(1) 尽管目标管理法使员工的注意力集中在目标上,但它没有具体指出达到目标所要求的行为。这对一些员工尤其是需要更多指导的新员工来说,是一个问题,应给这些员工提供"行为步骤",具体指出他们需要做什么才能成功地达到目标。

(2) 目标管理法也倾向聚焦于短期目标,即能在每年年底加以测量的目标。结果,员工们可能会试图达到短期目标而牺牲长期目标。例如,一个开发部的经理,由于要完成今年新产品开发的目标,可能会完全启用老员工而忽视新员工,这种行为会损害产品研发未来的前景(即长期目标的完成)。

(3) 绩效标准因员工不同而不同,因此,目标管理法没有为员工之间的相互比较提供共同的基础。例如,为一位"中等"的员工所设置的目标可能比那些"高等"员工所设置的目标挑战性要小,那么两者如何比较呢?因为存在这个问题,所以目标管理法作为一种决策工具的有用性就受到了限制。

(4) 目标管理法经常不能被使用者接纳。经理不喜欢目标管理法所要求的大量书面工作,另外,他们也许会担心员工参与目标设定而削弱了他们的职权,这样想的经理,就不会恰当地遵循目标管理程序。而且,员工也通常不喜欢由目标带来的绩效压力和由此产生的紧张感。

## 第三节　平衡计分卡

企业经营不单单是为了利润。辛辛苦苦工作一年,除企业资产、收入、利润、收益率等数字有了一些变化外,似乎还创造了更多的价值。这些价值也是企业发展所必需的。然而,在现行管理体系中,或者在多数人的习惯观念中,评价企业绩效的仍然是那些财务数据。

另外,传统的单一财务评价体系偏重有形资产的考评和管理,而对无形资产和智力资产的考评与管理显得无力,这导致传统的单一财务评价体系已难以适应信息时代快速变化的、不确定性和风险性日益增加的竞争环境。信息时代提高了无形资产管理对企业未来价值创造的地位与作用,因而对企业经营业绩的反映,不应仅仅体现在有形资产的管理及其管理的财务结果方面,还应包括企业无形资产的管理等多方面的内容。所以,这一时期,在原有利用单一财务评价体系的同时,越来越高的呼声要求重视和利用非财务指标对企业进行经营绩效评价。

你是不是希望有一个能做到以下几点的绩效考核体系?

(1) 全面反映企业各个部门,包括营销部门的工作对企业绩效的整体影响;

(2) 精确反映营销活动的绩效;

(3) 反映各个部门之间的相互影响;

(4) 使企业主管对企业的运营状况一目了然。

正是因为这样一些原因,西方很多学者以及实务界兴起了对平衡财务与非财务指标的综合绩效考核方法的研究,其中较有代表性的是由卡普兰和诺顿共同开发的名为"平衡计分卡"(简称 BSC)的绩效考核方法。他们通过对绩效方面处于领先地位的 12 家公司进行了为期一年的研究之后,推出了一套综合平衡指标和非财务指标的评价体系——BSC(Balanced Scorecard)。

平衡计分卡技术是一种绩效管理方法,它着重强调组织的绩效管理与战略目标的紧密联系,具体见图 10-2 所示。平衡计分卡是一种新型的绩效评价工具,同时也是增强组织长期战略计划的有力工具,它将绩效评价与战略管理完美地结合在一起。平衡计分卡理论的核心理念是:财务目标对组织的生存与发展固然重要,然而组织的生存与发展却并不全然依赖于财务目标的实现,要实现组织长期的生存与发展还必须保证包括顾客、内部流程以及可持续发展等各方面的良好绩效。因此,组织绩效内容源于四个战略角度:财务、顾客、内部流程以及学习与发展。组织应该从这四个角度分别测量,以考评整体绩效。

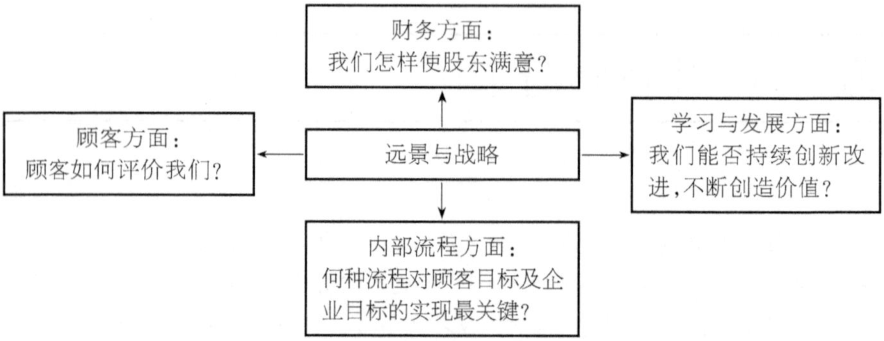


**图 10-2 平衡计分卡原理**

这种新的绩效评价体系使高级经理们可以快速而全面地考察企业。财务指标能揭示已采取的行动所产生的结果;用顾客满意、内部流程、学习与发展等绩效考核指标来补充财务考核指标,而这三方面的活动又推动着未来的财务绩效。可以通过平衡计分卡的方法把公司的战略和使命转化成具体的目标和考核指标,建立一套更为全面的绩效考核体系。

## 一、满足需要的四个重要指标

为了驾驶和操纵飞机,飞行员需要掌握关于飞行的众多方面的详细信息,诸如燃料、飞行速度、高度、方向、目的地、外部气候以及其他能说明当前和未来环境的指标。只依赖一种仪器可能会产生致命的后果。同样的道理,管理一个组织的复杂性远高于驾驶飞机,所以要求经理们能同时从几个方面来全面考察组织绩效。

平衡计分卡技术能够满足经理的这种需要,因为它从四个重要方面来反映企业绩效,也为四个基本问题提供了答案:

(1) 顾客如何看我们?(顾客角度)

(2) 我们必须擅长什么?(内部角度)

(3) 我们能否继续提高并创造价值?(学习与发展角度)

(4) 我们怎样满足股东?(财务角度)

### 1. 顾客角度:客户如何看待我们

平衡计分卡要求指标应能反映真正与客户有关的各种因素。客户所关心的事情不外乎有四类:时间、质量、性能和服务、成本。

(1) 时间。间隔期可以衡量企业满足顾客需要所需的时间。对现成品来说,间隔期是指从企业收到订单时开始,到企业实际向顾客支付产品或服务时为止。对新产品来说,间隔期代表了产品上市时间,亦即一种新产品从产品定义到开始装运所需的时间。

(2) 质量。质量还可以衡量按时交货的水平,即企业对交货期预测的准确程度。

(3) 性能和服务。性能和服务可以衡量企业的产品或服务在为顾客提供价值方面能起什么作用。

(4) 成本。顾客在与供应商打交道时,把价格只看作他们担负的成本中的一部分,其他是由供应商担负的成本。

为了使平衡计分卡真正发挥作用,企业应明确时间、质量、性能和服务、成本应达到的目标,然后将这些目标转换成具体的测评指标。

### 2. 内部流程角度:我们必须擅长什么

以顾客为基础的考核指标固然重要,但它们必须成为企业内部的运作目标才能实现顾客预期的考核指标。毕竟,优异的客户绩效来自组织中所发生的程序、决策和行为。内部流程角度指的就是企业能满足客户需要的关键内部经营活动。

平衡计分卡的内部测量指标,应来自对客户有最大影响的业务程序,包括周期、质量、员工技能和生产率的各种因素。企业还应努力确定和测量自己的核心能力,即为保持持久的市场领先地位所需的关键技术。

3. 学习与发展角度:我们能否继续提高并创造价值

平衡计分卡中,以顾客为基础的考核指标和内部业务程序考核指标确定了企业认为可以获得竞争优势的最重要的参数。不过,成功的指标是不断改进现有的产品和程序,以便有巨大的潜力引入新产品。

企业创新、发展和学习的能力,是与组织绩效直接相关联的。也就是说,只有通过持续不断地开发新产品、为顾客提供更多价值并提高经营效率,企业才能打入新市场,增加利润,也才能发展壮大,从而增加股东价值。

4. 财务角度:我们怎样满足股东

我们怎样满足企业的股东?作为市场主体,企业必须以赢利作为生存和发展的基础。企业各个方面的改善只是实现目标的手段,而不是目标本身。企业所有的改善都应该最终归于财务目标的达成。平衡记分卡将财务方面作为所有目标评价的焦点。如果说每项评价方法是综合绩效评价制度这条纽带的一部分,那么因果链上的结果还是归于"提高财务绩效"。

平衡计分卡把战略置于中心地位。它根据公司的总体战略目标,将其分解为不同的目标,并为之设立具体的绩效考核指标,还通过将员工报酬与考核指标联系起来的办法促使员工采取一切必要的行动去达到这些目标。这就使得公司把长期战略目标和短期行动有机地联系起来,同时它还有助于使公司各个单位的战略与整个管理体系相吻合。因此可以这样说,平衡计分卡不仅仅是一种测评技术,它还是一种有利于企业取得突破性竞争业绩的战略管理工具,并且它可以进一步作为公司新的战略管理体系的基石。

虽然平衡计分卡从财务、顾客、内部流程及学习与发展这四个相对独立的角度系统地对企业的经营绩效进行考评,但从这四个角度出发设计的各项考评指标彼此间并不是毫无关系的,而是在逻辑上紧密相连的。我们可以从图 10-3 中看出,在平衡计分卡的设计思想中,企业从学习与发展的角度出发,提高员工从业能力,促使企业在学习中不断成长,通过优化企业运作的内部流程,关注客户需求并不断满足客户需求,开拓并巩固企业的市场,最终完成既定的财务目标。相对应的,平衡计分卡的各项考核指标也遵循这一基本的思路。以图 10-3 中所示为例,企业通过对员工的培训,为客户提供优质的售后服务,使得客户满意度提高,并最终实现销售收入的增长,可见这四项绩效考核指标在内在逻辑上也是紧密相连的。

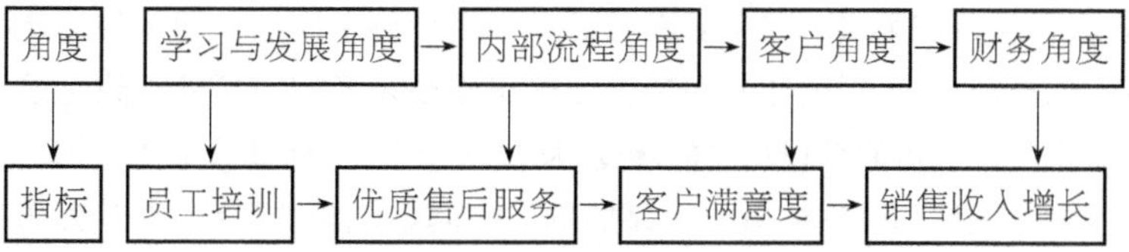


**图 10－3 各项考核指标间的逻辑关系**

表 10－1 是一个平衡计分卡的示例，说明了四项绩效考核指标的内在联系。

**表 10－1 某半导体公司的平衡计分考核体系**

| 维 度 | 目 标 | 考 核 指 标 |
|---|---|---|
| 学习成长能力 | 技术领先 | 开发新一代产品所需时间 |
| | 制造过程中的学习能力 | 产品成熟过程所需时间 |
| | 产品创新重点 | 占销售额 8%以上产品的数量 |
| | 市场创新 | 针对竞争的新产品上市时间 |
| 内部流程 | 技术进步 | 具有竞争力的生产程式 |
| | 制造水平提升 | 循环周期、成本报酬率 |
| | 改进设计 | 硅片工程效率 |
| | 新产品引入 | 相对于计划的实际引入制度 |
| 外部客户 | 提供新产品 | 新产品销售份额 |
| | 供货快捷 | 由客户评定的按时交货 |
| | 优先供应商 | 重要客户的购买份额 |
| | 强化客户伙伴关系 | 合作性经营活动的数量 |
| 财务收益 | 生存 | 现金流量 |
| | 成功 | 各分部季度销售增长率和营业收入 |
| | 繁荣 | 市场占有份额增长率和每股收益率 |

注：本表取自卡普兰和诺顿的《平衡计分法：良好的绩效测评体系》，《哈佛商业评论》1992年1月2日。

## 二、平衡计分卡的重要意义

平衡计分卡作为一个系统化的公司经营战略实施工具，面世 10 年来受到了普遍的重视，这从目前美国一些商学院已经将平衡计分卡作为一门单独的课程就可见一斑。从理论上讲，平衡计分卡顺应了近年来公司经营目标从单纯对股东负责到对利益相关人负责的管理思想的转变；从技术上讲，平衡计分卡为公司经营战略与实施计划的设计和事后结果的考评提供了一套系统化的思路，是对公司高层关注的战略管理问题与基层关注的运营控制问题的一个对接和整合。

平衡计分卡是一个以组织战略目标为中心、以因果链为分析手段而展开的战略指标综合评价系统。它克服了传统的绩效评价方法过分强调财务绩效的缺点，采用多个方面的指标进行综合评价。把组织的战略目标与实现的过程联系起来，把企业当前的业绩与未来的获利能力联系起来，通过评价体系使企业的组织行为与企业的战略目标保持一致。具体有：

(1) 由于将员工的日常工作与企业的战略目标建立起一个自然的联系，企业的战略目标的实现就有了保障。

(2) 由于企业的员工知道自己日常所做的工作是在为实现企业的战略目标做贡献，员工会比较有成就感、方向感，提高了员工的工作热情。

(3) 分解指标的过程，是一个高效的双向沟通的过程，这个过程提高了企业的凝聚力，加强了员工对企业的认同度，因此也就降低了人才流失。

(4) 企业最高领导者通过平衡计分卡的体系，可以方便地掌握自己企业内部各个部门清晰、全面的运作状况。

(5) 在企业的绩效考核指标制定过程中会发现各个部门、岗位的设置是否合理、工作量是否饱满。

(6) 平衡计分卡技术帮助企业管理层梳理企业流程，发现企业中存在的各种问题，改善企业的管理水平。

(7) 平衡计分卡技术衡量绩效的范围更全面、更实际、更客观。

(8) 传统的财务绩效考核反映的是已有成果的总结，是过去式，向后看；平衡计分卡技术表明工作方向和目前达到的水平，是向前看，向前进。

(9) 平衡计分卡方法是企业战略目标的分解，是帮助企业提高战略能力、实现战略目标的绩效推进指南，是与企业的使命、战略目标联系在一起的。

(10) 平衡计分卡技术指出了绩效管理路线，从而蕴含了工作进步和工作管理的方向，为企业管理体系的构建和改革提供了思路。

(11) 平衡计分卡技术把战略(而不是控制)置于中心地位。

(12) 该方法不但完全改变了企业绩效评价思想，而且还推动企业自觉去建立实现战略目标的管理体系。在产品、内部流程、顾客和市场开发等关键领域使企业获得突破性进展。

## 三、平衡计分卡的建立步骤

(1) 准备。企业应首先明确界定适于建立平衡计分卡的业务单位。一般来说，有自己的顾客、销售渠道、生产设施和财务绩效考核指标的业务单位，适于建立平衡计分卡。

(2) 首轮访谈。业务单位的多名高级经理(通常是6～12位)收到关于平衡计分卡的背景材料，以及描述公司的愿景、使命和战略的内部文件。平衡计分卡的推进者(外部的顾问或者是公司中组织这一行动的经理)对每位高级经理进行访谈，以掌握他们对公司战略目标情况的了解。

(3) 首轮经理讨论会。高级经理团队与推进者一起设计平衡计分卡。在这一过程中，可以通过小组讨论提出对公司使命和战略的各种意见，最终应达成一致。在确定了关键的成功因素后，由小组制订初步的平衡计分卡，其中应包括对战略目标的绩效考核指标。

(4) 第二轮访谈。推进者对经理讨论会得出的结果进行考察、巩固和证明，并就这一暂定的平衡计分卡与每位高级经理举行会谈。

(5) 第二轮经理讨论会。高层管理人员和其直接下属，以及为数众多的中层经理集中到一起，对企业的愿景、战略陈述和暂定的平衡计分卡进行讨论，并开始构思实施计划。

(6) 第三轮经理讨论会。高级经理人员聚会，就前两次讨论会所制订的愿景、目标和考评方法达成最终的一致意见，为平衡计分卡中的每一指标确定弹性目标，并确认实现这些目标的初步行动方案。

(7) 实施。由一个新组建的团队为平衡计分卡设计出实施计划，包括在考评指标与数据库和信息系统之间建立联系、在整个组织内宣传平衡计分卡，以及为分散经营的各单位开发出二级指标。

(8) 定期检查。每季或每月应准备一份关于平衡计分卡考评指标的信息蓝皮书，以供最高管理层进行检查，并与分散经营的各分部和部门进行讨论。在每年的战略规划、目标设定和资源分配程序中，都应包括重新检查平衡计分卡指标。

## 四、实施中需要注意的问题

(1) 切勿照抄照搬其他企业的模式和经验。不同的企业面临着不同的竞争环境，需要不同的战略，进而可设定不同的目标。每个企业在运用平衡计分卡时，都要结合自己的实际情况建立平衡计分指标体系。因而不同的企业平衡计分卡四个层面的目标及其衡量指标皆不同，即使相同的目标也可能采取不同的指标来衡量。另外，不同企业的指标之间的相关性也不同，相同的指标也会因产业不同而导致作用不同。每个企业都应下发具有自身特色的平衡计分卡，如果盲目地模仿或抄袭其他企业的模式，不但无法充分发挥平衡计分卡的长处，反而会影响对组织绩效的正确考核。

(2) 高层管理者的充分参与和上下沟通。基本上，平衡计分卡的操作方式是由上至下，即由高层管理人员主导战略的制订，然后再将战略转换成一套环环相扣的绩效衡量指标体系，以便确保全体职员可以努力达成企业的目标。同时，实践也证明必须要由高层管理人员主导整个平衡计分卡的引入，才能保证平衡计分卡的操作不至于半途而废。然而在实际操作中，这种引入方向却往往因为高层管理者所制订的经营战略只有其自己最清楚、最热衷，而使下属职员不能对此有很好的了解，就是没有将战略成功地转化成确保能够达到目标的各种行动方案，甚至没有发展成衡量职员执行各种行动方案的绩效指标，导致平衡计分卡无法发挥应有的作用。

(3) 防止其使用目的的单一化。平衡计分卡作为一种绩效考核方法可以起到激励和考核绩效的作用，但实质上它绝不仅仅只是一种绩效考核方法，它更是一个战略管理工具。它的首要价值在于能够保证绩效考核体系支撑战略目标的达成，为企业的发展提供明确的目标导向并合理配置资源。为确保平衡计分卡的功能发挥，应避免仅仅将平衡计分卡当作单纯的考核手段来使用。

(4) 提高企业管理信息质量。与欧美等国家的企业相比，我国企业信息的精细度和质量要求相对偏低，这会在很大程度上影响到平衡计分卡应用的效果。因为信息的精细度与质量的要求度不够，会影响企业实施平衡计分卡的效果。

(5) 正确对待平衡计分卡实施时投入的成本与获得的效益之间的关系。平衡计分卡的四个层面是彼此连接的，要提高财务绩效，首先要改善其他三个方面，要改善就要有投入，所以实施平衡计分卡首先出现的是成本而非效益。更为严重的是，效益的产生往往滞后很长时间，使投入与产出、成本与效益之间有一个时间差，这个时间差可能是 6 个月，也可能是 12 个月，或更长的时间。因而往往会出现客户满意度提高了，员工满意度提高了，效率也提高了，可财务指标却发生下降的情况。关键的问题是在实施平衡计分卡的时候一定要清楚，非财务指标的改善所投入的大量资金，在可以预见的时间内，可以从财务指标中收回，不要因为实施了一段时间没有效果就失去信心了，应该将眼光放得更远些。

(6) 平衡计分卡的执行要与奖励制度结合。为充分发挥平衡计分卡的效果，需在重点业务部门及个人等层次上实施平衡计分，使各个层次的注意力集中在各自的工作业绩上。这就需要将平衡计分卡的实施结果与奖励制度挂钩，注意对员工的奖励与惩罚。

(7) 充分重视平衡计分卡工作的连续性与持久性。采用平衡计分卡进行绩效管理,改变了以往为考核而考核的方式。多数公司认为,应该经常性地自上而下对战略进行广泛的沟通,以便使员工都能参与到该战略之中,了解为使战略成功他们必须完成的关键目标。

(8) 需要专人不断关注与跟进绩效指标的变化。采用平衡计分卡进行绩效管理将是一个长期的、持续不断地改进的工程。平衡计分卡客观上将公司发展战略作为整体指标中的核心,在实践运用中,一方面可以根据战略不断修正各部门及员工个人的绩效目标;另一方面也可以根据客观发展及时修正战略。这些工作需要有专门部门对其负责,这样才能够在第一时间不断改进长期战略有偏差的地方,保证公司的稳健发展。

# 第四节　关键绩效指标法

绩效管理的思想和方法正在被世界范围内众多的公司所采用,也被越来越多的中国企业家所重视。但是,在实践中,企业绩效考核经常遇到的一个很实际的问题,就是很难确定客观、量化的绩效指标。其实,对所有的绩效指标进行量化并不现实,也没有必要这么做。通过行为性的指标体系,也同样可以衡量企业绩效,所以建立明确的切实可行的关键绩效指标体系,是做好绩效管理的关键,也是企业绩效管理的基础。

## 一、关键绩效指标的含义

关键绩效指标(Key Performance Indicators,KPI),是通过对组织内部某一流程的输入端、输出端的关键参数进行设置、取样、计算、分析,来衡量流程绩效的一种目标式量化管理指标。它是把企业的战略目标分解为可运作的远景目标的工具,是企业绩效管理系统的基础。关键绩效指标是目前人力资源管理领域中比较流行的一个词汇,也是近几年来才兴起的一种确定考核项目的方法。它是指在制订员工的考核项目时,不是把他们所有的工作内容都事无巨细地全部列为考核内容,而是选取一些关键的、与组织目标的实现关系比较紧密的工作内容作为考核项目,从而使员工的工作更有重点和方向,也更能发挥绩效考核对组织目标实现的促进作用。关键绩效指标不仅特指绩效考核指标体系中那些居于核心或中心地位的考评指标,而且也代表了在绩效管理实践活动中所派生出来的一种新的管理模式和管理方法。因此,可以将其定义为关键绩效指标法。该方法的核心是从众多的绩效考核指标体系中提取重要性和关键性指标。

作为一种绩效考核体系设计的基础,我们可以从以下三个方面深入理解关键绩效指标的具体含义:

(1) 关键绩效指标是用于考核和管理被考评者绩效的可量化的或可行为化的标准体系。也就是说,关键绩效指标是一个标准化的体系,它必须是可量化的,如果难以量化,那么也必须是可以行为化的。如果可量化和可行为化这两个特征都无法满足,那么就不是符合要求的关键绩效指标。

(2) 关键绩效指标体现为对组织战略目标有增值作用的绩效指标。这就是说,关键绩效指标是连接个体绩效与组织战略目标的一个桥梁。既然关键绩效指标是针对组织战略目标起到增值作用的工作产出而设定的指标,那么基于关键绩效指标对绩效进行管理,就可以保证真正对组织有贡献的行为受到鼓励。

(3) 通过在关键绩效指标上达成的承诺,员工与管理人员就可以进行关于工作期望、工作表现和未来发展等方面的沟通。关键绩效指标是进行绩效沟通的基石,是组织中关于绩效沟通的共同"辞典"。有了这样一本"辞典",管理人员和员工在沟通时就可以有共同的语言。

## 二、设定关键绩效指标的目的

### 1. 使绩效考核客观、公正、有效

关键绩效指标为企业的绩效考核提供了更为客观、公正的基础性数据,最大限度地避免了各级主管因各种人为因素而造成的考评偏差,使绩效考核客观、公正,保证了员工对立足于关键绩效指标而建立的绩效考核系统的认同,从而使绩效考核更有效率,真正实现企业内全面业绩的提高和改进。

### 2. 提高员工的工作效率

有了关键绩效这个考评标准,员工们一方面对企业的战略目标、远景规划有了实实在在的认识和了解,同时,根据或对照关键绩效,员工们更清楚自己该做什么,哪些行为是最重要的行为,是对企业发展有利的行为,工作的目标是什么,该怎么做才能达到目标等,从而有利于提高员工的工作效率,使得整个企业像上足发条的机器一样有序、平稳、高效地向着目标运转。

### 3. 增进员工与管理人员的沟通

在很多企业中都存在这样的情况:员工与主管之间由于工作职责、工作权限、

工作内容等的不同，双方在目标和行为等方面难免会出现偏差。在绩效考核中也会因标准模糊或不明确而引起歧义，从而使部门乃至企业内部摩擦不断，严重阻碍部门工作的充分开展，降低企业发展、运作的有效性。而关键绩效指标考评方法的出现，为员工与管理人员明确了一致的目标，为他们之间的信息沟通构建了一个平台。通过在关键绩效指标上达成的承诺与共识，员工与管理人员可以就工作目标、工作期望、工作表现和未来发展等问题进行沟通。

**4. 增强企业的核心竞争力**

关键绩效在企业中有三个层次，遵循这三个层次发展，可以确保企业内每个岗位都按照企业要求的方向去努力，使众多分散的个人力量通过这种方向的牵引和层级的向上传递，最终在企业内部形成一股强大的企业合力，从而使企业的核心竞争力明显提高。

**5. 增强企业战略的执行力**

通过企业战略目标的层层分解，将员工的个人行为与部门的目标相结合，使关键绩效指标体系有效地诠释与传播企业的总体发展战略，成为实施企业战略规划的重要工具，进而增强了企业总体发展战略的执行力。

## 三、关键绩效指标的构成

**1. 企业关键绩效指标**

企业关键绩效指标是由企业的憧憬、价值观、使命和战略目标决定的，不同的企业有不同的关键绩效指标。例如：

A 公司的一个关键绩效指标是：利润第一；

B 公司的一个关键绩效指标是：客户满意度优先；

C 公司的一个关键绩效指标是：市场占有率第一；

D 公司的一个关键绩效指标是：员工满意度优先。

**2. 部门关键绩效指标**

部门关键绩效指标是根据企业关键绩效指标和部门职责来确定的，见表 10－2 所示。

**表 10－2　部门关键绩效指标**

| 部　门 | 关　键　绩　效　指　标 |
|---|---|
| 研发部 | 1. 与市场战略一致；2. 核心技术领导地位；3. 所选市场产品多元化 |
| 市场部 | 1. 市场份额；2. 销售网络的有效性；3. 企业品牌知名度 |
| 财务部 | 1. 短期资产运行；2. 长期资产运行；3. 利润 |
| 人力资源部 | 1. 员工知识/能力/素质；2. 员工满意度；3. 人力资源系统/程度；4. 合格员工的数量 |

续 表

| 部　　门 | 关　键　绩　效　指　标 |
| --- | --- |
| 客户服务部 | 1. 反应质量；2. 及时性；3. 客户满意度；4. 危机处理 |
| 生产制造部 | 1. 产品质量；2. 产品数量；3. 生产成本；4. 存货控制 |
| IT 部 | 1. 集成性；2. 信息提取及时性；3. 内部客户满意度；4. 信息录入及时性 |

3. 岗位关键绩效

岗位关键绩效指标是由部门关键绩效指标落实到具体岗位的业绩衡量指标。因此,关键绩效不仅因企业不同而不同,也因部门与岗位的不同而各异,主要根据工作分析来确定。例如,新产品设计工程师的关键绩效指标与关键绩效标准如下:

(1) 上级考评。创新性,至少有三种以上产品与竞争对手不同;体现公司形象,使用高质量的材料、恰当的颜色和样式,代表和提升公司形象。

(2) 客户考评。性价比,产品的价值超过它的价格;顾客相对竞争对手产品对本产品的偏好程度;产品使用的时间足够长。

## 四、关键绩效指标的设计思路和程序

### (一) 关键绩效指标的设计思路

虽然很多企业都说,我们有考核,但如果不能很好地解决绩效指标设计的问题,考核对企业绩效提升的支持作用可能是非常有限的。

1. 绩效指标设计不合理所导致的两个严重问题

(1) 不能有效支持企业的目标和绩效,甚至会把企业带到错误的方向;

(2) 不能够执行。

2. 绩效指标系统的几个标准

(1) 准确反映企业的目标;

(2) 大多数指标是能够量化的;

(3) 成为激励员工良好业绩的指标标杆;

(4) 并非是越多越好。

四条标准归纳起来,就是一个观点:量化正确的事情,并且是我们有限的精力能够做好的事情。

3. 设计思路

(1) 明确企业的战略目标,并在企业会议上利用头脑风暴法和鱼骨分析法找出企业的业务重点,也就是企业的价值考核的重点。然后,再用头脑风暴法找出这些关键业务领域的关键绩效指标(KPI),即企业级 KPI。

(2) 各部门的主管需要依据企业级 KPI 建立部门级 KPI,并对相应部门的 KPI 进行分解,确定相关的要素目标,分析绩效驱动因素(技术、组织、人),制订实现目标的工作流程,分解出各部门级的 KPI,以便确定考核指标体系。

(3) 各部门的主管和部门的 KPI 人员一起再将 KPI 进一步细分,分解为更细的 KPI 及各职位的业绩衡量指标,这些业绩衡量指标就是员工考核的要素和依据。这样,管理者给下属订立工作目标的依据来自部门的 KPI,部门的 KPI 来自上级部门的 KPI,上级部门的 KPI 来自企业级 KPI。这一 KPI 体系的建立和测评过程本身,就是促进全体员工朝着企业战略目标努力的过程,也必将对各部门管理者的绩效管理工作起到很大的促进作用。

(4) 指标体系确立之后,还需要设定考核标准。一般来说,指标指的是从哪些方面衡量或考核工作,解决"考核什么"的问题;而标准指的是在各个指标上分别应该达到什么样的水平,解决"被考核者怎样做、做多少"的问题。

(5) 必须对关键绩效指标进行审核。比如,审核这样一些问题:多个考核者对同一个绩效指标进行考核,结果是否能取得一致?这些指标的总和是否可以解释被考核者 80%以上的工作目标?跟踪和监控这些关键绩效指标是否可以操作?等等。审核主要是为了确保这些关键绩效指标能够全面、客观地反映被考核者的绩效,而且易于操作。

### (二) 关键绩效指标的设计程序

**第一步:明确企业的目标**

因为关键绩效指标是与企业目标的实现关系紧密的那些工作内容,因此在确定员工的关键绩效指标时,首先要明确企业在当前一个阶段内的经营目标是什么,只有明确了企业的目标,才能逐步分解落实个人的关键工作内容。企业的目标不同,个人的关键绩效指标也相应地会不同。

例如,有两家公司,甲公司是刚刚成立的,它近期的目标就是要扩大市场的占有率,提高产品知名度,对于其他方面暂时可以不予考虑。而乙公司成立的时间比较长,它的目标和甲公司就不同,是要提高销售的质量,维持良好的客户关系。因为两家公司的目标不同,所以它们的销售部经理的关键绩效指标也是不同的,甲公司销售部经理的关键绩效指标应该是市场占有率、销售额、产品知名度,而乙公司销售部经理的关键绩效指标则应该是销售额、销售费用、货款回收率、客户满意度。

**第二步:确定个人的关键工作内容**

在明确了企业的目标之后,就要把这一目标进行分解,逐步落实到员工个人,从而定出个人的关键工作内容。

在分解确定个人的工作内容时，应当遵循客户导向的原则。这里所指的客户，不仅指企业的外部客户，还包括所谓的内部客户。例如，财务部的出纳要按照采购部的要求划拨采购资金，那么采购部就是该出纳的内部客户。再比如，总经理办公室的秘书要为总经理提供秘书服务，那么总经理就成为该秘书的内部客户。

一般来说，我们是借助客户关系图来表示员工对企业内、外部客户所承担的工作内容的。通过客户关系图，我们可以看出一个员工为哪些客户提供了服务和产出，以及对每个客户提供的服务和产出是什么。

例如，对销售部的综合主管，其客户关系图如图 10－4 所示。

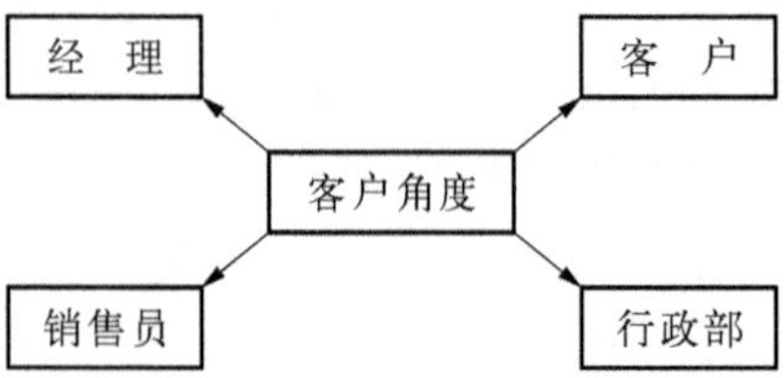


图 10－4 销售客户关系图

通过关系图我们可以看出，销售部的综合主管面对的客户主要有四类：一是部门经理，二是部门的销售员，三是公司行政部的相关人员，四是到公司来参观的外部客户。

综合主管向部门经理提供的服务主要有：起草相关制度；录入、打印文件；收发文件、传真。向销售员提供的服务主要有：销售员的差旅安排；销售费用的汇总报销；会议的后勤服务。向行政部提供的产出主要有：部门所需办公用品的清单；办公和销售费用报销的票据。向外部客户提供的主要是接待服务。

通过这样的逐步分解，就可以确定销售部综合主管的主要工作内容。

**第三步：建立考核指标**

在确定了主要的工作内容后，接下来就要确定应该从什么角度去评价这些工作内容，也就是要确定的指标。

**第四步：制订关键绩效的具体标准**

在确定了关键绩效指标后，需要制订相应的标准。一般来说，指标指的是从哪些方面对工作产出进行衡量或考评；而标准指的是在各个指标上分别应该达到什么样的水平。另外，在确定关键绩效的具体标准时，最好采取全员参与的方式，让每位员工都投入标准的制订工作中。这样，一来使员工对关键绩效标准有更好的理解，二来可以提高员工的工作积极性。采取全员参与的方式，使关键绩效的标准被每一位员工所认识、熟知和理解，从而更好地达到考评的目的。因此，让员工事先都清楚地了解关键绩效的标准是十分重要的。

**第五步：定期进行关键绩效考核**

制订了关键绩效指标和标准后，定期的考评当然是最重要的；在考评过程中，要注意识别被考评者的工作业绩这一点，通过有关记录的数据和事实等信息，正确有效地识别员工的工作产出，然后对照关键绩效标准进行考评。另外，考评的时间和频数也是需要严格把握的，一般来说，每年考评1～2次为宜。

**第六步：及时反馈关键绩效考核的结果**

及时反馈考核结果是考核工作得以起作用的关键。因为绩效考核不仅在于考评员工的工作业绩，借此为加薪、升职提供依据，从而达到激励员工的目的，更重要的是，绩效考核在于改进业绩，如果没有及时的反馈，那么关键绩效考核也就流于形式了。

许多企业的运作效果不好，究其原因，往往是没有有效的绩效考核，尤其是没有关键绩效考核。关键绩效考核的最大优点是企业花较小的代价可以获得较大的收获。

## 五、关键绩效指标的优势分析

KPI是指关键绩效指标，而不是一般的绩效指标，是指对业绩产生关键影响力的那部分指标，与其他指标相比，其优势有：

(1) KPI的考核指标少。根据建立KPI体系的二八原则，在制订KPI考核指标时，要从繁多的考核指标中找出最为关键的指标作为绩效考核指标，使员工在工作时不仅不会有如履薄冰的感觉，还会尽可能发挥自己的长处；使KPI体系不仅成为员工行为的约束机制，还能发挥战略导向的牵引作用。考核的指标少，有利于提高绩效管理的效率，减少绩效管理的成本，有利于增强企业的核心竞争力。

(2) KPI的考核指标目标值递进。KPI考核指标目标值的设立是根据实际情况而定的，每个月的KPI目标数据都会根据实际情况变化和年度目标进行调整。

(3) KPI的考核指标是动态的。KPI考核指标的设立是根据部门实际情况、管理水平而不断变化的。当某一项工作经过努力达到很好效果，已经没有上升空间时，它将不再作为KPI考核的重点或是不对它进行KPI考核。要将考核重点转入到其他相对薄弱、有上升空间的指标上。

(4) KPI的考核指标是关键性的。KPI考核指标的关键性，有利于考核者在考核的过程中掌握到关键的考核指标，有利于考核的操作；员工对工作的关键绩效指标的掌握，也有利于员工在工作中更好地把握自己的行为。

(5) KPI的考核指标具有可控与可管理性。KPI绩效考核指标的设计是基于公司的发展战略与流程，而非岗位的功能。这样可以使绩效考核与公司的发展方向一致，使员工的行为与企业的要求相符合，使企业的目标更快地达成。

另外，KPI绩效考核还具有目标明确、有利于公司战略目标的实现，提出了客户价值理念，有利于组织利益与个人利益达成一致等优势。

# 第五节 全面质量管理在考核中的应用

全面质量管理(TQM)是指企业全体职工及有关部门同心协力,把专业技术、经营管理、数理统计和思想教育结合起来,建立起产品的研究、设计、生产(作业)、服务等全过程的质量体系,从而有效地利用人力、物力、财力、信息等资源,提供出符合规定要求和用户期望的产品或服务。全面质量管理的基本核心是提高人的素质,调动人的积极性,人人做好本职工作,通过抓好工作质量来保证和提高产品质量或服务质量。

全面质量管理的特点:把过去的“以事后检验和把关为主”转变为“以预防和改进为主”;把过去的就事论事、分散管理转变为以系统的观点进行全面的综合治理;从管结果转变为管因素,把影响质量的诸因素查出来,抓住主要方面,发动全体员工、全企业各部门参加全过程的质量管理,依靠科学的管理理论、程序和方法,使生产(作业)的全过程都处于受控制状态,以达到保证和提高产品质量或服务质量的目的。全面质量管理的基本工作方法是指 P、D、C、A 循环,即把质量管理全过程划分为 P(计划 Plan)、D(实施 Do)、C(检查 Check)、A(总结处理 Action)四个阶段。

全面质量管理的一个显著特点是“四全”的管理思想,即全面的质量管理、全过程的质量管理、全员性的质量管理、全方法的质量管理。企业要想真正使绩效考核成为一种行之有效的管理工具,就必须把全面质量管理的“四全”思想贯彻于绩效考核过程的始终。此处仅简要阐述全面质量管理在绩效考核中的应用。绩效考核中的全面质量管理可以说成是一个以绩效为中心、以全员参与为基础,目的在于通过让员工满意及企业受益而达成的长期成功的管理途径。

## 一、运用全面质量管理理论确立绩效考核的原则

“中国质量管理之父”刘源张院士提出了“全员、全面、全过程”的全面质量管理理论,此理论同样适用于绩效考核。在绩效考核中,全员参与是基础,全面考评是内容,全过程控制是保证。

### 1. 绩效考核要全员参与

员工是企业绩效考核活动的主要参与者,员工对企业考评指标及办法的理解与合作对考评的成功与否至关重要,因此绩效考核需要全体员工的参与。此处的

全员考评包括上级领导、员工自己、下属、同事以及小组考评。全员参与的绩效考核可以激发员工对企业管理的参与热情和主人翁责任感,能有效地保证考评数据的真实性、有效性和客观性。

2. 绩效考核要全面考评

此原则体现了考评内容的全面性以及考评原则的全面性。绩效考核的目的不仅限于对员工进行奖惩,还要发现员工对不同岗位的适应能力,做到人尽其才,以提高企业的整体效率。因此,考评的内容应全面,要包括体现员工业绩的各个方面,主要有工作成效、工作复杂程度、工作态度、岗位要求、团队精神等诸多指标。通过全面的绩效考核,能全面反映各岗位员工的业绩和企业对人力资源的开发及利用水平。

3. 绩效考核要全过程控制

要使绩效考核结果真实、可靠,考评过程的控制非常重要。绩效考核过程包括考评计划与考评项目的制订、岗位职责的确定、考评标准的制订、限制性条款的设立、考评结论和考评结果的反馈、指标的进一步调整以及考评过程的控制等,以保证所有考评过程的合理性、科学性和规范性。

4. 绩效考核要运用全面方法

绩效考核要讲究方法,只有方法科学了,考评的结果才能有说服力和可信度。绩效考核方法的采用应根据不同行业、不同企业的具体情境而因地制宜,有所选择,具体包括试用期考评、适应性考评、事实性考评以及综合性考评。

## 二、运用全面质量管理理论进行绩效考核的步骤

要保证考评公正合理必须有可依赖的科学数据,而质量管理中的SPC(Statistical Process Control)即是一种科学的数据统计和分析方法。在质量管理中,就是运用统计工具,对产品质量进行管理。借鉴SPC理念,员工绩效考核的具体步骤可归纳为以下几个方面。

1. 确定考核指标和标准

通常考评的项目很多,不同岗位的考核内容也不尽相同,因此,必须对每一个岗位设计具体而详细的考核指标,同时要给出各指标的考核标准,以便进行数据的分析、比较和评价。

2. 根据所确定的指标进行统计

数据的质量直接关系到考评结果的合理性和客观性,所以在数据收集过程中必须坚持真实、及时、简洁、标准的原则。真实的数据才能反映员工真正的工作业绩;及时收集才能及时分析与反馈,保证有效性;简洁是为了分析方便,增加可操作

性;标准化是为了保证指标的可比性。

3. 数据的整理和分析

根据考核的内容及要求,可按两种方式对数据进行分析。一是分析某岗位员工的平均水平,以判断考核指标或标准的合理性及管理水平的高低;二是分析单个员工与考核标准的偏离程度,从而判断该员工的工作业绩及素质。

4. 运用 PDCA 方法进行绩效考核的持续改进

PDCA(Plan-Do-Check-Action)在质量管理中得到了广泛的应用,成为质量改进不可缺少的工具。它是对持续改进、螺旋式上升规律的一种科学的总结,可以广泛地应用于企业管理工作,包括绩效考核。PDCA 思想的核心实质,是确保完成今天的工作并开发明天的工作。根据这种思想创建的绩效考核体系,充分体现了现代绩效考核的动态性、系统性和发展性。

## 三、需注意的问题

运用全面质量管理进行绩效考核时应注意以下几个问题:

(1) 方法运用要灵活。虽然借鉴质量管理中对产品的管理方法来进行员工的绩效考核,但人毕竟与产品不同,具有很强的可塑性。因此,在考评过程中应加强沟通,方法的运用要灵活,因为绩效与员工的性格、文化水平、专业知识等综合素质有关。

(2) 定量化与定性化要合理搭配。运用 SPC 方法主要强调以科学的方法进行统计和分析,但绩效考核与产品管理还是有区别的,有些指标是无法定量化描述的。因此要合理掌握定性化考评与定量化考评的结合,对无法量化的指标不能强行量化,保证考评结果的公正合理和可操作性。

(3) 建立与绩效考核相符的激励机制。仅有考评,而没有与之配套的奖惩激励机制,则达不到考评的目的。只有建立了良好的激励机制,才能使员工的工作、学习积极性不断正向强化,以提高工作绩效。

(4) 注重员工与组织间的沟通。

(5) 注重组织与员工间的合作。

(6) 注重领导与下属间的辅导和协助。

## 本章小结

本章主要对 360 度绩效考核法、目标管理法(MBO)、平衡计分卡(BSC)、关键绩效指标(KPI)法以及全面质量管理在绩效考核中的应用这五种典型的系统绩效考核技术作了介绍。

针对360度绩效考核法，重点对360度绩效考核法实施的原则、实施的过程、实施中存在的问题以及其优缺点进行了分析。

针对目标管理法，主要阐述了目标管理法的目标要求、目标管理实施的SSMART原则、目标管理法的实施步骤，并给出了目标管理法的客观评价。

针对平衡计分卡，分别从平衡计分卡的内涵和原理、四维度要求、意义、建立步骤以及实施平衡计分卡需注意的问题等方面进行了介绍和说明。

针对关键绩效指标法，主要分析了关键绩效指标的内涵、设定关键绩效指标的目的、关键绩效指标的构成、关键绩效指标的设计思路和程序以及关键绩效指标的优点进行了论述。

最后简要地对全面质量管理思想在绩效考核中的应用进行了分析和阐释，主要包括运用全面质量管理理论确定绩效考核的原则、步骤及需注意的问题。

本章介绍的几种系统绩效考核技术各有其特点和优缺点，应该根据具体情境辩证地运用。

## 案例分析

本章案例中的绩效考核之所以没有达到预期的效果，主要问题出在绩效考核技术的选择，绩效考核实施前缺乏有效沟通，绩效考核实施过程中未得到高层管理者的足够支持，缺乏公正、有效、合理且广为认可的绩效评价指标和评价标准等方面。

(1) 高层管理者并没有对绩效管理的基本思想、理念真正理解和支持，绩效考核方案的设计与公司战略没有紧密联系。公司虽然制订了中长期战略规划，但并未将绩效考核技术与公司战略紧密结合。绩效考核以岗位责任制为基础，采取记分制绩效考核方法。绩效考核价值与目标同公司中长期发展战略有偏差。公司以绩效考核为核心的集团内部人员流动机制来建立人力资源考核与管理体系，完全背离了绩效管理的实质。一个有效的绩效管理系统首先应该根据公司的战略发展目标来制定各部门和员工的目标，促使每位员工都为企业战略目标的实现承担责任。

(2) 缺少培训与沟通。制订绩效计划时，考核者与被考核者需完全参与，而且要保证上下级之间的充分有效的沟通，保证在工作目标和考核标准方面形成明确的共识。在考核实施过程中，考核者不仅要充分掌握被考核者的工作进展情况，而且在出现问题时，要及时与被考核者沟通，帮助被考核者清除工作障碍，同时提供必需的培训、支持与帮助，并将被考核者的表现及时反馈给本人。

(3) 不能为考核而考核。考核评价指标和评价标准要明确，考核过程公开化，不仅将考核结果与员工奖惩、晋升等紧密结合起来，而且将制订个人发展计划和培训计划与实现组织目标结合起来，从而达到提高组织整体绩效的目的和作用。

绩效考核是人力资源管理实践中的一个复杂而又至关重要的环节，要保证绩效考核的有效实施，必须选择合适的绩效考核技术。绩效考核技术的选择应该结合企业的发展战略和目标。选择绩效考核技术只是实施绩效考核的起点，为了成功、有效地实施绩效考核，还必须加强上下级之间的沟通，制订公正、科学、合理的考评指标和标准。

## 思考题

1. 何谓360度绩效考核法？
2. 如何实施360度绩效考核？实施中应注意哪些问题？
3. 要保证目标管理法的有效实施，其目标应包含哪些要求？
4. 目标管理法的实施步骤有哪些？
5. 平衡计分卡的内涵和原理何在？
6. 在平衡计分卡的实施过程中，管理者们应该注意哪些问题？
7. 何谓关键绩效指标？其构成如何？
8. 关键绩效指标如何设立？

# 参考文献



1. [美] 加里·德斯勒. 人力资源管理. 彭剑锋,译. 北京：中国人民大学出版社,1999.
2. 张培德,肖建安. 现代人力资源开发与E时代——新理念、新方法、新发展. 北京：中国书籍出版社,2013.
3. 张培德. 现代人力资源管理(第二版). 北京：科学出版社,2010.
4. 彭剑锋. 人力资源管理概论. 上海：复旦大学出版社,2003.
5. 赵曙明. 人力资源管理. 9版. 北京：电子工业出版社,2006.
6. 卿涛. 人力资源管理概论. 北京：清华大学出版社,2006.
7. 方振邦. 绩效管理. 北京：中国人民大学出版社,2003.
8. 李明. 论企业人力资源管理中绩效考核存在的问题. 集团经济研究,2006(8)：13.
9. 吕永红. 绩效考核中难点问题的思考. 经济师,2006(1)：275.
10. 陈伟. 绩效考核中值得注意的几个问题. 中国科技信息,2005(18)：151-153.
11. 刘永安. 企业人力资源绩效考核存在的问题及解决对策. 商场现代化,2006(9)：248.
12. 叶陆艳. 对企业绩效考核问题的探讨. 商场现代化,2005(10)：18.
13. 夏恩君,霍海涛,孙兰. 浅析绩效考核在企业人力资源管理中的应用. 北京理工大学学报. 社会科学版,2006,8(5)：65.
14. 王相平. 企业绩效考核的典型问题分析及对策. 乡镇经济,2006(10)：18.
15. 高礼彦. 企业绩效考核问题分析. 市场论坛,2006(2)：207.
16. 陈晶瑛,贲雪峰,何苏华. 绩效管理的问题及解决途径. 企业经济,2004(5)：35.
17. 吴卫,张徽燕. 我国公务员绩效考核中的问题和对策分析. 云南行政学院学报,2006(2)：90-94.
18. 吴有伦,曹明华. 实施绩效管理中几个基本问题的探讨. 山地农业生物学报,2005(4):331-336.

19. 张洪. 国有企业绩效考核的问题及对策. 煤炭企业管理,2006(8): 32.
20. 鲁浩. 企业绩效考核问题. 中外企业家,2006(8): 33.
21. 简玉兰. 企业绩效考核存在的问题及对策研究. 集团经济研究,2006(4): 68－70.
22. 何丽鹏,毛家琼,胡蓓. 我国公务员绩效考核中存在的问题与对策分析. 西南交通大学学报,2006(10): 247－249.
23. 周传会. 对企业绩效考核中常见问题的探讨. 商场现代化,2006(12): 107－119.
24. 王阳. 公共部门人力资源绩效考核问题研究. 辽宁行政学院学报,2006(4): 57－59.
25. 赵筠. 绩效管理的问题及解决之道. 中国人力资源开发,2002(8): 52－58.
26. 戴良铁. 我国企业绩效考核中潜在的问题与解决的办法. 企业人力资源管理,2006(10): 34－36.
27. 王辉,苏立宁. 县级政府绩效考核的成就、问题及其改善. 中国行政管理,2006(12): 19－23.
28. 赵晓东. 绩效管理中的常见问题和解决途径. 技术经济,2006(2): 90－93.
29. 顾蕾,陈群平. 民营企业绩效管理存在的问题及对策研究. 科技创业月刊,2006(11): 114－116.
30. 赵日磊. 绩效管理,别让考核绊住脚[2008－04－03]. http://www.chinahrd.net.
31. [英] 约翰·伊特韦尔,等. 新帕尔格雷夫经济学大词典(中译本第三卷). 陈彪如,译. 北京: 经济科学出版社,1996.
32. [英] 理查德·科克. 帕累托 80/20 效率法则. 李汉昭,编译. 北京: 海潮出版社,2001.
33. 王建民. 人力资本产权研究(博士后研究报告). 收藏于中国博士后科学基金会和国家图书馆,2001.
34. 王建民. 人力资本生产制度研究. 北京: 经济科学出版社,2002.
35. [美] 盖伊·拉姆斯登,唐纳德·拉姆斯登. 群体与团队沟通(3 版). 冯云霞,等译. 北京: 机械工业出版社,2001.
36. [美] 斯蒂芬·P·罗宾斯. 组织行为学(7 版). 孙建敏,等译. 北京: 中国人民大学出版社,1997.
37. [美] Gary Dessler. Human Resource Management(8ed)(影印版). 北京: 清华大学出版社,2001.
38. 张德. 人力资源开发与管理. 2 版. 北京: 清华大学出版社,2001.
39. 付亚和,许玉林. 绩效管理. 上海: 复旦大学出版社,2008.
40. 颜世富. 绩效管理. 北京: 机械工业出版社,2008.

41. 杜映梅. 绩效管理. 北京: 中国发展出版社,2006.
42. 武欣. 绩效管理实务手册. 北京: 机械工业出版社,2001.
43. 付亚和,许玉林. 绩效考核与绩效管理. 北京: 电子工业出版社,2003.
44. 贺小刚. 绩效管理. 上海: 上海财经大学出版社,2008.
45. 胡君辰,宋源. 绩效管理. 成都: 四川人民出版社,2008.
46. 陈芳. 绩效管理. 深圳: 海天出版社,2002.
47. [美] 雷蒙德·A·诺伊,等. 人力资源管理. 3 版. 刘昕,译. 北京: 中国人民大学出版社,2001.
48. 王化成. 企业业绩评价. 北京: 中国人民大学出版社,2004.
49. 冯立平. 人力资源管理. 上海: 华东理工大学出版社,2006.
50. 陈军荣. 经理人如何实施有效绩效反馈面谈. 人才资源开发,2007(1): 46－47.
51. 陈毅敏. 论绩效反馈面谈中的原则与技巧. 现代商贸工业,2008(3): 5－15.
52. 刘伟. 绩效反馈面谈有技巧. 中国劳动,2005(5): 51－52.
53. 郭婧驰. 员工绩效反馈面谈的沟通艺术. 商场现代化,2008(8): 96.
54. 张培德. 现代理财方略与 HR. 上海: 华东理工大学出版社,2008.
55. 高洪. 当代中国人口流动问题研究. 上海: 上海人民出版社,2008.
56. 魏钧. 绩效指标设计方法. 北京: 北京大学出版社,2006.
57. 宋红超. 世界 500 强绩效考核准则. 北京: 中国经济出版社,2007.
58. 王雁飞,朱瑜. 绩效与薪酬管理实务. 北京: 中国纺织出版社,2005.
59. 俞明康. 关于公司员工绩效考核体系的研究. 石油化工管理干部学院学报,2007(1): 1－3.
60. 齐经民,刘恩峰,等. 人力资源管理. 北京: 经济科学出版社,2007.
61. 吕国荣. 破解中国企业的 10 大管理难题. 北京: 机械工业出版社,2005.
62. 周坤. 凭绩效说话: 目标、绩效与薪酬管理实务. 北京: 北京大学出版社,2007.
63. 张玉会,石磊石. 浅谈 360 度绩效考核. 商场现代化,2007(29): 94－95.
64. 王红义,韩发有. 360 度反馈评价在我国企业中的运用研究. 科技与管理,2007(3): 36－38.
65. 房艳君,贺亮. 如何使 360 度绩效考核制度更有效. 商业经济,2006(10): 42－43.
66. Becker. Brian E., Huselid. Mark A., Ulrich, D. The HR Scorecard: Linking people, strategy, and performance. Boston: Harvard Business School Press, 2001.
67. 古银华,王会齐,张亚茜. 关键绩效指标(KPI)方法文献综述及有关问题的探讨. 内江科技,2008(2): 26－27.

68. 易开刚. KPI考核：内涵、流程及对策探究. 技术经济,2005(1)：84－94.
69. 马振洲,佟仁城,崔永军. 全面质量管理理论与方法在绩效考核中的应用. 科学学研究，2004(3)：294－298.
70. 郑文力. 论绩效考核中的全面质量管理. 中国质量,2003(7)：6,9－10.
71. 李德伟、张培德. 人力资源绩效考核与薪酬激励. 科学技术文献出版社,2006.